素养教学论

化知识为素养

张 良◎著

华东师范大学出版社
·上海·

图书在版编目(CIP)数据

素养教学论:化知识为素养/张良著.—上海:华东师范大学出版社,2022
ISBN 978-7-5760-3296-3

Ⅰ.①素… Ⅱ.①张… Ⅲ.①素质教育-教学研究 Ⅳ.①G40-012

中国版本图书馆 CIP 数据核字(2022)第 184487 号

素养教学论：化知识为素养

著　　者	张　良
责任编辑	彭呈军
特约审读	单敏月
责任校对	黄欣怡　时东明
装帧设计	卢晓红

出版发行	华东师范大学出版社
社　　址	上海市中山北路 3663 号　邮编 200062
网　　址	www.ecnupress.com.cn
电　　话	021-60821666　行政传真 021-62572105
客服电话	021-62865537　门市(邮购)电话 021-62869887
地　　址	上海市中山北路 3663 号华东师范大学校内先锋路口
网　　店	http://hdsdcbs.tmall.com
印 刷 者	浙江临安曙光印务有限公司
开　　本	787 毫米×1092 毫米　1/16
印　　张	15.25
字　　数	191 千字
版　　次	2023 年 2 月第 1 版
印　　次	2024 年 1 月第 4 次
书　　号	ISBN 978-7-5760-3296-3
定　　价	48.00 元

出版人　王　焰

(如发现本版图书有印订质量问题,请寄回本社客服中心调换或电话 021-62865537 联系)

本书系2019年国家社会科学基金"十三五"规划教育学国家青年项目"化知识为素养的机理与教学实现策略研究"(CHA190268)的研究成果。

目　录

前言　核心素养导向的教学变革:化知识为素养 / 1

第一章　素养的观念谱系 / 1
　　第一节　素养的多学科话语 / 2
　　第二节　素养的教育实践 / 13
　　第三节　素养的观念谱系 / 42

第二章　素养的涵义辨析 / 54
　　第一节　素养的内涵 / 55
　　第二节　素养的辨析 / 64
　　第三节　把握素养的方法论 / 73

第三章　知识与素养的关系 / 80
　　第一节　知识与素养关系的远渊与近源 / 80
　　第二节　知识与素养的实体关系及其可能限度 / 83
　　第三节　知识与素养的生成关系及其表现 / 85
　　第四节　知识与素养的关系:实体与生成之间必要的张力 / 89

第四章　素养导向的知识观 / 92

第一节　传统知识观的限度：难以构筑素养生成的知识基础 / 92

第二节　生成主义知识观：素养导向的知识理解 / 94

第三节　知识作为工具、媒介与资源：素养导向的知识观念 / 98

第五章　素养的教学意蕴 / 105

第一节　素养的教学意义 / 105

第二节　素养的学习意义 / 112

第六章　化知识为素养的教学认识论 / 117

第一节　具身认识论的解释 / 117

第二节　情境认识论的勾勒 / 123

第三节　实践认识论的立场 / 134

第七章　化知识为素养的教学机理 / 144

第一节　复杂情境驱动下道德性的知识运用 / 144

第二节　学科知识转化为个人智慧的反思性实践 / 147

第三节　内容之知与能力之知、德性之知的创造性整合 / 153

第八章　化知识为素养的教学过程 / 158

第一节　情境创设与问题提出 / 158

第二节　知识运用与协作探究 / 164

第三节　观念表达与意义反思 / 168

第九章　化知识为素养的教学条件 / 173
　　第一节　源于真实性学习任务的设计 / 173
　　第二节　基于结构不良问题的驱动 / 182
　　第三节　立于运用为本的学科实践 / 191
　　第四节　归于表现性的学习质量评价 / 196

第十章　化知识为素养的教学策略 / 208
　　第一节　从简化到复杂情境的驱动策略 / 208
　　第二节　学科与跨学科相协作的策略 / 210
　　第三节　高阶思维包裹低阶思维的策略 / 213
　　第四节　嵌入学习过程的教师支持策略 / 216
　　第五节　认知与非认知的整合策略 / 218

参考文献 / 221
　　一、中文 / 221
　　二、英文 / 226

前言　核心素养导向的教学变革：化知识为素养

伴随着信息技术迅猛发展与广泛运用，知识更新、迭代的周期日益缩短，当今世界正处在急剧变革期。个体如何适应多变、不可预测的职业生活、学习生活的挑战，成为数字时代公民的生存焦虑。自上世纪末以降，经济合作与发展组织、欧盟委员会等在全球范围内，又一次以素养之名来定位未来教育的课程与教学目标，寄托处于大变革时代的众多教育期望与成功愿景，成为了摆脱时代焦虑，并能够胜任未来挑战与推动社会发展的主要方向。

自 2014 年，教育部印发的《关于全面深化课程改革落实立德树人根本任务的意见》(教基二〔2014〕4 号)中，首次提出"制订学生发展核心素养体系"，到 2022 年 4 月，教育部印发的《义务教育课程方案和课程标准(2022 年版)》，将党的教育方针具体化为相关课程应着力培养的核心素养，素养已经成为了我国基础教育改革与发展过程中最具生产性、指导性的概念。在此，素养导向的课程与教学变革不仅成为了我国基础教育为应对未来社会的挑战，对培养什么样的学习者或达到什么样的课程与教学目标的一次新的选择与定位，而且也是全面贯彻党的教育方针，落实立德树人的教育根本任务以及发展中国特色世界先进水平优质教育的重要抓手。核心素养落地生根的关键问题在于准确把握素养的内涵、深刻厘清知识与素养的关系及其转化的教学机理、过程、条件与策略等。

素养涵义的探寻应在中、西文化脉络中再概念化。在我国,素养指经常修习涵养或达到了一定的文化修养境界,即道德修养以成人。素养的拉丁语词根是"competere",由"com"(聚合)和"petere"(瞄准,追求)构成,意为聚集合力、满足需求、胜任挑战之义。前者指向化知识为德性以成人,后者针对化知识为能力以成事。从世界范围内,素养导向的教育改革肇始于20世纪五六十年代,在这场横跨世纪的教育改革浪潮中,对素养的理解、定位历经了行为范式下可观察到的胜任性行为、整体范式下心理属性与任务情境的整合体以及实践范式下运用知识、技能与态度成事与做事的能力等范式的变革,素养观念的变革历程愈发强调它的整体性、情境性、道德性、实践性等本质特征。在此,我们将素养视为道德性地运用知识能够成事、成人的能力。

在实体与生成中把握澄清知识与素养的复杂性关系。素养的涵义表明,它并非是脱离知识或与知识相对立的另一实体,但也不能将其直接等同于知识本身或知识的累积,而是作为知识的对象化、情境性、实践性等性质、属性的发现与彰显。这一关系表达决定了素养导向下需要重建实体性、现成性等表征主义知识观念,重估个体的具身经验、情境理解与实践探究等知识价值。如若仅以知识占有、授受的多寡定位教学的任务,势必会成为惰性知识、无用知识的同盟,必然降低、束缚学生进行知识运用的潜质与可能,难以实现从知识到素养的转化。在此,素养的内涵揭示出将知识视为探究、协作与自我实现的工具、媒介与资源,是一种以行动、实践、过程、情境等为关键词的生成主义知识理解。

"用以致学"即道德性地运用知识成事与成人的过程是化知识为素养的

教学机理。综合运用中国力行认识论、学习科学、现代认识论等，指出推动素养生成的过程是在教师引导下学生能够基于复杂情境的驱动，亲历道德性地知识运用、问题解决与协作性对话等学科实践，不断建构出关于知识如何运用、在哪运用以及为何运用等概念性理解，知识从作为孤立存在的客观实体，成为了帮助学生增长见识、启迪思维、观念建构的工具与资源，释放了知识的育人价值。从外在表现来看，历经这一基于知识运用，"以得自现实之道还治现实的认识过程"，推动了"化理论为方法，化理论为德性"的跃迁，内容之知转化为能力之知，实现知识的启智价值，并通过德性自证与意义反思，实现能力之知向德性之知的转化，进而实现了新知的建构与素养的生成。

建构出化知识为素养的教学支持体系。素养生成的教学过程要求重建教学的情境逻辑、实现教学的实践意义与彰显教学的个人维度，强调从内容之知的接受、知道转型到能够理解、建构知识如何运用的能力之知，体现出以运用为核心，倡导从先学后用到用以致学的学习方法论。化知识为素养的教学过程源于真实性学习任务的设计、基于结构不良问题的驱动、立于运用为本的学科实践以及归于表现性的学习质量评价，体现出真实情境创设与体现学科核心观念的问题提出、以知识运用与协作探究为核心的学科实践过程、观念表达与意义反思等阶段性特征，并在从简化到复杂情境的驱动策略、学科与跨学科相协作的策略、高阶思维包裹低阶思维的策略、嵌入学习过程的教师支持策略以及认知与非认知的整合策略等推动下，促进知识与素养间的转化，推动知识建构与素养生成的一体化。

本书系 2019 年国家社会科学基金"十三五"规划教育学国家青年项目"化知识为素养的机理与教学实现策略研究"（CHA190268）的研究成果。在综合运用中国传统哲学、第二代认知科学、学习科学以及现代认识论等理论资源基础上,力图走出将"素养有什么"等同于"素养是什么"还原论、要素论误区,基于力行认识论、德性认识论、智慧说等中国认识论资源基础上,建构出"用以致学"导向的化知识为素养的教学转化机理。当然,本书及其所基于的研究还存在很多不足,恳请读者批评指正。

张 良

写于西南大学教育学部,2022 年 6 月 15 日

第一章 素养的观念谱系

　　素养导向的教育改革的基础性理论问题之一在于追问"素养究竟是什么"或"如何理解素养的本质"。作为素养研究与推动的全球引领者,经济合作与发展组织发布的研究报告却悲观地指出:"'素养遴选与确定项目'最困难的方面是问一个看似简单的问题,即'什么是核心素养?',而对此却从来没有一个简单的答案。尽管有关定义、理论反思和抽象话语的辩论是学术活动和基础研究的重要议题,但却很少成为政治人物和决策者的头等大事。"[1] 可见,对素养内涵及其理解方式的追问并非是一无是处或不值一提的,尤其在积极推进素养导向下基础教育变革的实践过程中,有必要回到这次变革的原点,重新审视、再厘清这一概念本质。

　　素养这一概念广泛用于管理学、语言学和心理学等诸多学科领域。不同学科领域中,对其定义、内涵及特征的解读、把握也存在差异。美国心理学家杜鲁门·凯利(Truman Kelley)将这种用不同语言描述相同概念的现象称为"同实异名"(jangle fallacy)。[2] 为揭示素养的内涵实质,理解其复杂

---

[1] Domunique Simone Rychen, Laura Hersh Salganik, Mary Elizabeth McLaughlin. Contributions to the Second DeSeCo symposium [C]. Neuchâtel, Swiss Federal Statistical Office, 2003: 109.

[2] James W. Pellegrino, Margaret L. Hilton. Education for Life and Work: Developing Transferable Knowledge and Skills in the 21st Century [M]. Washington, D.C.: The National Academies Press, 2012:25.

性,有必要将素养置于不同学科话语体系之中,展现素养话语的多样性、丰富性与复杂性。

第一节　素养的多学科话语

素养是一个跨学科概念。不同的学科话语体系中,对素养的翻译、理解均存在差异。中文语境中,管理学领域中将其翻译为"胜任力",语言学领域中常翻译为"能力",心理学领域中将其理解为强烈而稳定的心理智能等。

一、管理学:素养作为胜任力特征,与专业资格相区别

管理学领域对素养问题的讨论始于美国哈佛大学大卫·麦克利兰(David McClelland)教授。他于1973年在《美国心理学家》发表《测量胜任力而非智力》(Testing for Competence Rather Than for Intelligence)一文,在全球掀起了"胜任力运动"(competency movement)。此后,胜任力的理论研究与实践探索随即风靡,逐渐延伸、拓展与运用到人力资源的管理、测评、绩效、考核、培训。尤其是世界顶尖咨询公司麦克伯(McBer & Company)将胜任力的概念与绩效提升关联起来使用,进一步使胜任力的概念得以大规模流行起来。[1]

---

[1] 在现代人力资本理论看来,胜任力的提出拓展了理解高绩效行为的分析视角,逐渐成为企业及其相关部分通过胜任力素质模型来分析相关工作岗位所具备的深层次特征。参阅:董克用,李超平.人力资源管理概论(第5版)[M].北京:中国人民大学出版社,2019:132.同时,胜任力这一概念的提出也深深影响相关人力资源管理等相关话题,如情商之父丹尼尔·戈尔曼(Daniel Goleman)在系统研究情商时,借鉴了他的研究生指导教师大卫·麦克利兰教授关于胜任力的理解,也将情商称为情绪胜任力(emotional competence)。如他指出,"情绪智力决定了我们学习自控等基础能力的潜能,而情绪胜任力代表我们掌握的这种潜能在多大程度上转化为职业能力。情绪胜任力是一种习得的能力,具有社会意识或关系管理的技能并不代表个体掌握了熟练处理客户关系或解决危机所需要的额外知识,只说明个体具备了掌握情绪胜任力的潜能。"参阅:(美)丹尼尔·戈尔曼.情商:为什么情商比智商更重要[M].杨春晓,译.北京:中信出版社,2018:9—10.

麦克利兰提出，传统对智力、人格等方面的测量手段，如智力测验、人格测评、性向测验、学术知识测验或等级分数等，难以预测个人能否实现成功和做出高绩效的工作业绩。他将视野聚焦在最直观的胜任性工作行为上，采用开放式行为事件访谈（Behavioral Event Interview），自下而上地揭示出哪些特征才能更好地胜任工作。访谈过程中，通过提出以下问题：是什么导致了这种情况？谁参与了？你在想什么，感受什么，并想在处理情况上有所成就？你实际上做了什么？发生了什么？事件的结果如何？在这一系列问题访谈基础上，麦克利兰挖掘出了表现优秀和表现一般的行为特征差异，进而识别出真正影响工作绩效的因素，或者说个人行为特征。对于这些与优秀表现、高绩效或高胜任性的行为特征，具有因果关系的、特定的、可持续的个人素质，他将其概括为胜任力。[1] 可见，麦克利兰借助胜任力这一概念，旨在识别、概括与定义高胜任性行为的特征本质或结构样态。在他看来，胜任力是一个复合性、综合性的概念，可以是动机、特质、自我形象、态度或价值观，也可以是某一特定领域的知识、技能等并具有潜在的、深层次等根本特征。这一概念还揭示出，作为胜任力的素养不是泛泛而谈的素质或才能，而是强调与工作岗位、情境任务或行为表现密切相关，并能够对工作绩效产生因果性，直接影响的个体素质或行为特征，而这一系列素质或胜任性特征的集合，称之为胜任力。

1973 年，麦克利兰提出了著名的冰山胜任力模型（Iceberg Competency Model），将胜任力特征形象描述为冰山，位于冰山水上的部分包括知识、技能，冰山水下部分包括社会角色、自我认知、特质、动机等。在他看来，后者是决定人们的行为及表现的关键因素，决定着能否表现出胜任性、高绩效的

---

[1] Lyle M. Spencer, Signe M. Spencer. Competence at Work: Models for Superior Performance [M]. New York, NY: John Wiley & Sons Inc., 1993:5.

行为。1993年,美国学者莱尔·斯宾塞(Lyle M. Spencer)等基于潜在特质(underlying characteristic)的分析视角,进一步拓展了这一冰山模型(如图1-1所示)。他们将胜任力理解为人们潜在的特质,是处于人格中深层且持久的部分。这一部分能够预测个体在复杂的工作情境及担当重任时的行为表现,并且与标准参照组的高效或出众的行为表现,具有高度的因果性关联。在他们看来:"动机是一种持续性的渴望、付诸行动的念头,能够驱使并引导行为抉择。特质意味着身体的特性以及对情境或信息的持续性反应。自我概念则是对自己的态度、价值观及自我印象。这三类位于冰山的底层,是胜任力发展与选拔的关键。"[1]

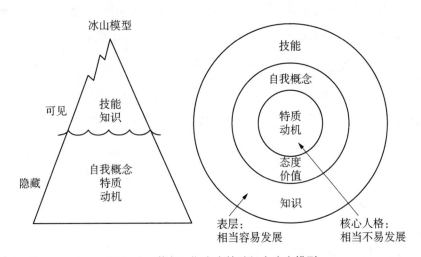

图1-1 莱尔·斯宾塞的胜任力冰山模型

麦克利兰与斯宾塞对胜任力的研究体现了两种截然不同的视角。前者侧重行为立场,将胜任力理解为一种高绩效的行为表现和行为模式。至于

---

[1] Lyle M. Spencer, Signe M. Spencer. Competence at Work: Models for Superior Performance [M]. New York, NY: John Wiley & Sons Inc., 1993:9.

如何产生这种高绩效、胜任性行为的内在原因,并不是探讨的要点。后者秉持潜在特质的立场,将胜任力理解为工作中表现出高绩效的内在特质。这一立场旨在深入地剖析胜任力的特征与机理。[1] 两者对胜任力的分析立场虽有差别,但胜任力的特征却具有一致性共识,都关注了高绩效行为表现,以一系列的高绩效行为表现和行为模式为核心,并能够对工作绩效与卓越表现具有一定的预测作用。同时,还强调胜任力的可观察性、可测量与可培养性。

管理学领域中,胜任力这一概念深深扎根于组织心理学和现代管理学思想之中,它区别于仅关注完成工作应具备的知识、技能、经验,或是否达到资格证书、任职资格,或通过职务分析来确定职业说明书等要求,而是强调能够在不确定和不可预测的情境之中,取得胜任性与高绩效性行为。以"资格"为导向的传统人力资源管理实践有以下特征:"资格由工作任务和工作过程以及由此产生的相关需求客观决定的;在获得资格的过程中,人是资格的载体,一种(人力)资源,通过培训获得从事特定活动的技能;资格描述的是尚未被客观化的或者说尚未被机械化的技巧与技能,人是工作过程所确定的资格的载体。胜任力则体现为,特定领域的能力和在心智行为倾向意义上的策略,它的应用性是开放的;它的获得是人格发展的一部分,其中也包括了教育目标确定的技能;胜任力聚焦那些难以或不能客观化的技能,这些技能远超当前职业任务,而以解决与处理未来的问题为目标。"[2] 早在1996年,联合国教科文组织在《学习——财富蕴藏其中》(Learning —— The Treasure Within)的报告中,为强调"学会做事""实践所学"的重要性,

---

[1] 诺姆四达集团.解码胜任力[M].北京:光明日报出版社,2014:8—9.
[2] Felix Rauner, Lars Heinemann. Competence Development and Assessment in TVET (COMET): Theoretical Framework and Empirical Results [M]. Springer, 2013:7.

提出从技能到胜任力(from skill to competence)的转变,并深深影响了教育场域中关于素养内涵的理解。如报告指出:"伴随着知识经济、工业社会的来临,逐渐加强了工作的知识性、理智性,经济社会中的未来取决于能否将知识的进步转化为创新企业和革新就业的机会,单纯的体力劳动正在被带有知识性、脑力性的生产劳动和具有设计、研究、组织等方面性质的工作所替代。在此基础上,各级各类企业、雇主们越来越注重胜任力方面的要求,而不仅仅关注是否具有某一技能等资格。在他们看来,资格和技能与实际中能够做成事之间的要求还有差距,素养或胜任力指向一种将培训所获得的技能资格、社会性行为、协作意识、首创精神和冒险精神有机结合起来。"[1] 可见,具备相关知识、技能与态度,与能够胜任复杂工作任务与情境的挑战,并产生高绩效的行为表现,这是两码事。概言之,管理学领域中的素养观念是作为高绩效性的胜任性行为,指向了能够做事、成事的胜任性表现。

二、语言学:素养作为语言能力,与语言表现相区别

语言学领域对素养问题的讨论始于美国当代语言学家诺姆·乔姆斯基(Noam Chomsky)。1965 年,乔姆斯基在出版的《句法理论的若干方面》(*Aspects of the Theory of Syntax*)一书中,对语言的素养(competence)与表现(performance)作了详尽的区分,进而建构出了素养理解的"素养—表现"模型。[2] 国内语言学界,常将乔姆斯基言下的"素养"翻译成"能力",本部分

1　UNESCO. Learning —— The Treasure Within [M]. Paris: UNESCO Publishing, 1996:89-90.
2　语言学领域中,不少学者指出,乔姆斯基语言能力的理论比较抽象,甚至还认为其仅一种假说,至今尚未得到证实。但他关于语言能力和语言运用的区分,为大多数语言学家所接受。参阅:(美)诺姆·乔姆斯基. 句法理论的若干问题[M]. 黄长著,等,译. 北京:中国社会科学出版社,1986:译者序.

论述的"能力",其英文表述实际上是"素养"。在乔姆斯基看来,"语言学就是研究语言能力,所谓语言能力是指说话人—听话人所具有的关于他的语言的知识。而语言表现指具体环境中对语言的实际使用。只有在那种理想化的情况下,语言行为才是语言能力的直接反映。实际上,语言行为不可能直接反映语言能力。"[1]可见,语言能力指理想的讲话/听话者对语言规则系统的掌握,这些规则决定句子的语音形式和语义内容;讲话/听话者根据他们掌握的语言的规则将语音与语义联系起来。语言运用不但涉及语言素养,还涉及诸多语言外的因素。[2] 乔姆斯基对语言能力与语言表现的区分,实际上深受理性主义、结构主义的影响,体现了发生学语言学(Generative linguistics)的基本假设,即人类的内心深处存在一种内在的语言结构,使他们可以自然和顺利地应用语言的语法结构。正如他指出:"从专门的意义上说,语言学理论是心灵主义的,因为它涉及揭示作为实际行为基础的心理现实(mental reality)。观察到的对语言的使用和假设的对反应、习惯等表现出的意向,可能给这种心理现实的性质提供了证据,但是肯定不能构成语言学的实际题材。"[3]在这个角度,"能力与表现的区别类似于内化语言和外化语言。在乔姆斯基看来,语言素养和语法是等量齐观的。语法就是一套明确的规则,虽有天生成分,但需要后天经验才能习得一个特定的语法系统"。[4]

乔姆斯基对素养与表现的区分,实际上是从心智的内在和外在的视角,

---

[1] (美)诺姆·乔姆斯基.句法理论的若干问题[M].黄长著,等,译.北京:中国社会科学出版社,1986:2.
[2] (美)诺姆·乔姆斯基.语言与心智(第3版)[M].熊仲儒,等,译.北京:中国人民大学出版社,2009:vii.
[3] (美)诺姆·乔姆斯基.句法理论的若干问题[M].黄长著,等,译.北京:中国社会科学出版社,1986:2.
[4] 陈嘉映.语言哲学[M].北京:北京大学出版社,2006:258.

来理解语言素养与语言表现的分别。内在视角所理解的素养,是遵循理性主义的心灵(mind)原理,这一原理区别于管理学领域中的胜任力特征,不同于行为主义的经验—反应模式。素养是内在于"约定语言"的框架之中,由隐藏在语言背后的语法规则构成的,掌握了这些规则就意味着掌握了语言规则或结构,并且当个人运用语言时就展示出了这种素养。[1] 哈佛大学教育研究生院罗伯特·凯根(Robert Kagan)教授认为,这一内在与外在区分的认识方式:"可以将我们的注意力引导到可观察到的行为表面之下,以探究创造行为的心理素养,将注意力从知识作为可存储的内容(我们所知道的)转移到探究我们创造知识的过程(我们如何知道)。这并不是说,我们的技能和知识储备并不重要。但这是在提醒我们,每位教师都知道的事情:教授技能或知识内容而未培养出内在心理素养,则会导致非常脆弱的结果。"[2]

综上,乔姆斯基对素养内涵的理解,将视野转移到关注个体内在的心理结构。在这个角度,素养可作为一种结构化的知识,或者是知识的结构化,通过知识的结构化增进对认知结构的升级与改造。这是一种典型的结构主义进路,其内在假设的依据在于:"结构是功能的基础,而功能又使结构从一般的存在变成具体的存在。"[3] 可见,结构主义的视角强有力地区分出素养与表现的差异,如漠视这种区别,会导致对素养的误解与误判,甚至深陷行为主义"表现模式"的发展路径。对此,正如美国著名课程论专家小威廉姆·多尔(William E. Doll)教授也指出:"这样一种基于内在结构理解素养的视

---

[1] William E. Doll, Jr. Developing Competence [A]. Donna Trueit. Pragmatism, Post-Modernism, and Complexity Theory: The "Fascinating Imaginative Realm" of William E. Doll, Jr. [C]. New York and London: Routledge, 2012:69-70.
[2] Domunique Simone Rychen, Laura Hersh Salganik. Defining and Selecting Key Competencies [M]. Göttinggen, Germany: Hogerfe&Huber, 2001:192.
[3] 高宣扬. 结构主义[M]. 上海:上海交通大学出版社,2017:73.

角,旨在发现潜藏在行为表现背后的素养结构,并认为基于这种假设的课程模式将有力避免当前的表现模式。"[1]对此,乔姆斯基对素养内涵研究的理论遗产在于如何正确看待素养与表现的区别与联系,进而从内在结构的视野,探究素养发展的路径。

三、 心理学:素养是稳定的心理智能,作为专家思维或专长

德国原心理学会主席、马斯克·普朗克(Max Planck)心理研究所创始主任、经济合作与发展组织"素养"研究的核心专家,海德堡大学教育心理学教授弗朗茨·魏纳特(Franz Weinert)指出:"心理学领域,对素养问题的讨论源自瑞士心理学家让·皮亚杰(Jean Piaget)提出的认知发展模式理论。在皮亚杰的个体认知发展进程中,有组织的适应过程起着核心作用,进而形成了具有普遍性的发展阶段序列,推动越来越灵活、抽象的知识和行动素养的发生,进而确保个体能够适应具体的环境条件。"[2]可见,皮亚杰是基于生物学的视角,超越行为表面,关注更深层次、结构性和一般层面的心理智能发展。他强调,素养的本质是一种认知能力或技能,包括个体用于满足不同内容领域中的任务,取得必要的陈述性和程序性知识以及能够实现良好的表现的所有智力资源,进而认为认知素养是强烈而稳定的,能够体现个体差异的一般性智力能力。[3]

---

[1] William E. Doll, Jr. Developing Competence [A]. Donna Trueit. Pragmatism, Post-Modernism, and Complexity Theory: The "Fascinating Imaginative Realm" of William E. Doll, Jr. [C]. New York and London: Routledge, 2012:69 - 70.

[2] Franz E. Weinert. Concept of Competence: A Conceptual Clarification [A]. Domunique Simone Rychen, Laura Hersh Salganik. Defining and Selecting Key Competencies [C]. Göttinggen, Germany: Hogerfe&Huber, 2001:46.

[3] Franz E. Weinert. Concept of Competence: A Conceptual Clarification [A]. Domunique Simone Rychen, Laura Hersh Salganik. Defining and Selecting Key Competencies [C]. Göttinggen, Germany: Hogerfe&Huber, 2001:46.

多尔教授曾指出："虽然皮亚杰自身并没有直接关注素养这一词汇,但他的'整体性结构'(structures-of-the-whole)本质上就是素养的概念,皮亚杰对素养的理解可概括为整体性结构取向的素养观。"[1]多尔教授所说的"整体性结构"实际上是图式(schema 或 scheme),它源自于主体对环境的同化、顺应,并能够与环境保持平衡。可见,所谓整体性结构即一种发生认识论或建构论取向的认知结构观,整体取向的核心是与环境间的适应与交互,是认知结构不断地在自我调节和平衡中实现的认知结构的跃迁与一般心理智能的发展。可见,"这一思路与行为主义注重可观察的、测量的行为,与达尔文式环境决定论有所区别,被认为是第三种方式,或称之为中间路线,强调有机体与环境之间的交互作用,并且在有机体的各种系统之间以及这些系统与环境之间保持一种和谐感或整体感。"[2]

皮亚杰所理解的素养是个体与环境的适应过程中发展出来的,以认知结构的高级形式为特征的认知智力或心理智能。此时,素养意味着一种高级智力或智能的表现形式。如在他看来:"智力的本质并非与认知过程相隔离与中断,智力并非一种官能(faculty),而是在思维的高级形式与认知或运动适应的低级形式整体之间,存在着一种根本性的功能连续性。智力是他们追求的一种平衡形式。智力意味着一个一般性名词,它表示着认知结构的组织或者平衡的高级形式。"[3]美国哈佛大学心理学教授罗伯特·W.怀特(Robert W. White)基于动机的维度扩充了皮亚杰的素养观念,旨在强调

1　William E. Doll, Jr. Developing Competence [A]. Donna Trueit. Pragmatism, Post-Modernism, and Complexity Theory: The "Fascinating Imaginative Realm" of William E. Doll, Jr. [C]. New York and London: Routledge, 2012:70.
2　William E. Doll, Jr. Developing Competence [A]. Donna Trueit. Pragmatism, Post-Modernism, and Complexity Theory: The "Fascinating Imaginative Realm" of William E. Doll, Jr. [C]. New York and London: Routledge, 2012:7.
3　Jean Piaget. The Psychology of Intelligence [M]. Translated by Malcom Piercy, D. E. Berlyne, London and New York: Routledge, 2001:7.

个体处于获得满足感或效能感的动机而展现素养。怀特在《对动机的再思考：素养的概念》（Motivation Reconsidered: The Concept of Competence）一文中指出："素养作为有机体与环境有效互动的能力（capacity）。这一能力并非靠着单纯的（生理）成熟就能达到，而是通过长期持续的学习而缓慢获得。显然，这一能力并非与生俱来，并非驱动力或本能，而是基于动机所开展的探索性、指导性、选择性和持续性的行为引发的。"[1]可见，怀特不仅坚持了皮亚杰所提出素养内涵的适应性、互动性、调节性等特征，同时并没有将素养概念仅限制在认知、智力、理智等层面，而是关注到了动机的意义与价值。在此，不仅丰富了素养的构成，更深化了对素养的发生过程、生成机理的理解。

皮亚杰所提出的素养即一种强烈而稳定的认知智力或心理智能，深深影响后续对核心素养内涵的理解。如比利时鲁汶大学心理学与教育科学学院埃里克·德科尔特（Erick de Corte）教授提出的，素养的本质即适应性（adaptive）。他用适应性来概括素养的本质——适应性意味着能够灵活性、创造性地在不同情境中运用有意义条件下所习得的知识和技能的能力，并强调将其作为教育与学习的终极目标。同时，适应性重要的原因在于，它涉及能够将核心素养不断在广度和深度上拓宽个体的专长的意愿和能力，进而成为了终身学习的中心。[2] 2019年，经合组织发布了《OECD学习罗盘2030》（OECD Learning Compass 2030）作为2015年启动的"未来的教育与技能：教育2030"（The Future of Education and Skills: Education 2030）项目的总结，在该报告中提出素养的"转化性"

---

[1] Robert W. White. Motivation Reconsidered: the Concept of Competence [J]. Psychological Review, 1959(5):297.

[2] Hanna Dumont, David Istance, Francisco Benavides. The Nature of Learning: Using Research to Inspire Practice [M]. Paris: OECD Publishing, 2010:45-46.

(transformative)这一提法,用转化性来增强适应性,强调素养是个体认知与非认知心理社会资源的调整、灵活与运用,进而帮助学习者能够适应复杂和不确定性的世界,能跨越一系列情境,能够帮助形成一个更好的未来。[1]

皮亚杰揭示出素养作为人类认知结构的高级形态,是一种稳定与强烈的心理智能。在心理学领域中,素养又称之为专家思维或专家专长(expertise)。2000年,美国国家研究理事会学习研究与教育实践委员会发布了《人是如何学习的:大脑、心理、经验及学校(拓展版)》(*How People Learn:Brain, Mind, Experience, and School:Expanded Edition*)的研究报告,该报告基于对国际象棋、物理、数学、电子技术和历史等领域已具备专业知识的专家研究,在深入剖析专家思维与新手思维的差异后得出:知识运用与迁移、创造性解决问题是专家专长的关键特征。素养则是左右迁移,能否将所学知识情境化、实践化的最核心因素。在这个意义上,某个领域称之为专家的人,其核心特征在于素养。[2] 同时,该报告指出,能够多样化地迁移与运用是专家的关键特征,"专家和新手之间一个明显的差异就是专家能够将新信息形成概念性理解。素养的发展需要学生亲历理解性学习的机会,进而能够对学科知识展开理解,将事实性信息转化为有用的知识"。[3] 可见,专家思维或专长的核心特质即能够将所学知识在复杂情境中深入、灵活地组织、运用。这与作为稳定、强烈的高级认知心智或心理智能的适应性、转

---

1. OECD. OECD Future of Education and Skill 2030:OECD learning Compass 2030 (A series of concept notes) [R]. Paris:OECD Publishing, 2019:25.
2. National Research Council. How People Learn:Brain, Mind, Experience, and School:Expanded Edition [M]. Washington, DC:The National Academies Press, 2000:51.
3. National Research Council. How People Learn:Brain, Mind, Experience, and School:Expanded Edition [M]. Washington, DC:The National Academies Press, 2000:16-17.

化性,以满足复杂情境的需求等素养的概念表达如出一辙。[1] 对此,张华教授也指出,专家思维可能是对"21世纪素养"最为浓缩的概括,在他看来,所谓"专家思维",亦可称为"专家决策制定"(expert decision making),是指在特定情境中,当所有标准化的解决问题的方法均宣告失败时发明新方法以解决困难问题的能力。[2] 概言之,在心理学领域中,素养作为稳定的心理智能,也称之为一种专家思维或专家专长。

第二节 素养的教育实践

素养导向的教育变革源自美国20世纪50年代末为应对二战之后在科技、军事、经济层面日益加剧的国际竞争,而启动的"素养本位教师教育"(competency/competence-based teacher education)。80年代之后,素养本位的教育改革实践又与新自由主义联姻,拓展到其他职业教育、技能培训等诸多领域,拓展为"素养本位的教育与培训"(competency/competence-based education and training),进而成为了世界职业教育课程改革的主要方向和主流趋势。90年代后,伴随全球化、知识经济、人力资本等浪潮的影响,素养本位教育改革愈发强调竞争力、高标准和学习结果的导向,并开始

---

[1] 美国21世纪技能合作伙伴(Partnership for 21st Century Skills)的董事会成员伯尼·崔林(Bernie Trilling)、查尔斯·法德尔(Charles Fadel)基于认知心理学、神经科学学等研究,在探讨21世纪素养时便指出"从技能到专长"(From skills to expertise),这一判断也支撑起美国21世纪技能重要的框架基础。在他们看来,21世纪工作价值链中最关键的一环便是具有专家型思维的专长。这个价值链是:数据→信息→知识→专长→市场→服务(产品)。专长成为了21世纪的愿景,学习可以被理解适当的方法,培养出各种各样专家型的人才。这些人才不仅对知识有深入的理解,而且能将所学知识成功地运用于解决当前时代的重大问题和难题上。参阅:Bernie Trilling, Charles Fadel. 21st Century Skills: Learning for Life in Our Times [M]. San Francisco, CA: Jossey-Bass, 2009:146.
[2] 张华.论核心素养的内涵[J].全球教育展望,2016(4):11.

席卷基础教育阶段,尤其在经济合作与发展组织、欧盟委员会等跨国组织的推动下,已经成为了世界基础教育课程与教学改革的核心趋势。

一、素养本位的职业教育改革

1957年,苏联卫星上天成为了推动美国深刻反思自身教育质量的关键性事件。在此背景下,如何破解教师教育、教师培训体系中长期存在的理论与实践相脱节,培养出适应教育实践需要的师资队伍等难题,成为了美国教师教育领域中迫在眉睫的关键性议题。1967年,美国教育总署(Office of Education)开始在全国范围内征求教师教育改革方案,在100多个上报的改革方案中,最终确立了10项素养本位教师教育改革方案,并于1968年由美国教育总署正式委托这10所机构,开始系统探索"素养为本"的教师教育改革。

1975年,美国"全国素养本位教育中心联盟"(National Consortium of Competency Based Education Centers)发布了一套描述和评估素养本位教师教育的标准,主要包括以下几方面:(1)素养是对专业角色的分析和/或专业责任的理论表述;(2)素养的陈述应包括对履行专业相关职能的行为表现中预期的结果,或是那些被认为是履行这些职责所必不可少的知识、技能和态度所预期的结果;(3)素养陈述需要标准来参考评估;(4)素养被视为专业有效性的初步预测因素,并接受持续地验证;(5)素养在教学实践之前应进行指定并公开;(6)完成素养本位教育计划的学习者应表现出所习得的广泛性素养。[1] 素养导向的教育变革实践中,是以预期、外显、具体的能力表现为目标,并强调这一系列能力应表现在行为之中,能够被直接观察、测量。有

---

1 John W. Burke. Competency Based Education and Training [M]. The Falmer Press, 1989: 12.

学者对此也评论到:"素养本位教师教育具有明确的目标导向,对于教师应具备的能力,加以通整,然后分散到各个单元,并追求客观的评价,学习后是否已经达到预定的目标。"[1]在这个角度,素养导向的教师教育是基于给定活动领域中具体的能力明细清单为前提的。当已确定了某种能力特征后,制定教学顺序,以使该教学活动更有效地实现他们的目标。[2]

素养导向的教师教育变革与传统教师教育采用的"学分—课程—学位取向"(credit—course—degree oriented)育人模式有着很大不同。传统教师教育模式是"基于经历的"(experience-based),"一个打算去从教的学生,只要在特定领域修过一定数量的课程,经历过某种教学实习,就视为做好了开始从教的准备",但却"没有规定未来教师需要能够做或完成什么"。相比之下,素养导向的教师教育则要求在教学之前,制定并公布详细的学习目标,并基于目标开展教学和对学生学习进行评估;学生在毕业时必须能够证明他们有能力促进令人满意的学习,或者表现出促进这种学习的已知行为。可见,素养导向教师教育的目的就是培养出能够展现为所有孩子带来积极教育成就的技能和行为的教师。[3]可以说,素养本位教师教育变革要解决的核心问题在于,预期培养的师资能够获得事先预设的素养水平。这些素养正是教师未来从事教育工作时能胜任工作的一种行为表现。换言之,素养本位教师教育改革的基础在于追问:未来教师能做什么,应做什么,以及应具备什么样的素养?[4]

素养本位教师教育改革运动具有强烈的行为主义印记,强调将要掌握

---

[1] 黄光雄.能力本位教师教育[M].高雄:复文图书出版社,1983:30—31.
[2] Yelena Butova. The History of Development of Competency-based Education [J]. European Scientific Journal, 2015(10):251.
[3] 饶从满.美国"素养本位教师教育"运动再探——以教师素养的界定与选择为中心[J].外国教育研究,2020(7):8.
[4] 黄孝棪.能力本位职业教育[M].台北:正文书局,1985:2.

的素养系统地分解成更简单的行为要素,并强调以"行为"方式表达、表现素养。该运动将学习者可观察到的行为作为评估的关键,这正是行为主义心理学最明显的思想遗产。[1] 不难发现,行为表现成为了这项改革运动的核心关键词,从预期的结果分析,到过程性的融入,再到针对行为表现的评估,都强调行为的改变是学习的主要结果,并认为只有通过操纵行为和观察结果的变化,才能识别和描述因果关系。[2] 这一基于行为主义的育人模式,成为了其他职业教育中改革与发展的典范,在进行职业分析的基础上,将职业能力进行分类与量化,然后进行课程组织和设计。在评价上,传统的以"书面考试"为主的常模参照,被就业取向、素养标准所代替,通过与这些标准相比较,就可以判断学习者的学业成就水平。这套教育模式深深影响了英国、加拿大、澳大利亚等国家在 20 世纪 80 年代后期所开展的职业教育改革以及相关职业国家能力标准建设。

二、素养本位的基础教育改革

素养本位的基础教育实践源于 1997 年经济合作与发展组织的推动,目前已经成为了全世界应对知识社会、信息时代挑战而做出的改革举措,也是我国义务教育段培养时代新人、构建高质量育人体系的核心方向与重大战略任务。

(一)为了成功人生和健全社会的核心素养:经合组织的教育探索

1997 年,在瑞士联邦统计局(Swiss Federal Statistical Office)和美国教育部教育统计中心(National Center for Education Statistics)的大力协

---

[1] Steven Hodge. The Origins of Competency-based Training [J]. Australian Journal of Adult Learning,2007(47):193-194.
[2] 饶从满.美国"素养本位教师教育"运动再探——以教师素养的界定与选择为中心[J].外国教育研究,2020(7):6.

助下,经济合作与发展组织启动了核心素养研究项目,即"素养界定与遴选:理论与概念基础"(Definition and Selection of Competences: Theoretical and Conceptual Foundations),简称"迪斯科"(DeSeCo)计划。该项目旨在为经合组织成员于同年启动的"国际学生评定项目"(Program for International Student Assessment, PISA,简称"匹萨"项目)提供科学的概念框架与理论基础,其核心在于面对经济全球化和信息化的进程中,应对不断多样化、复杂化的工作与学习以及经济增长与自然环境的平衡、增强社会凝聚力以及降低社会不平等的挑战与诉求。

"迪斯科"计划历时6年,汇集了社会学家、评价专家、哲学家、人类学家、心理学家、经济学家、历史学家、统计学家、教育学家、政策制定者、政策分析者、工会、雇主、国内和国际机构等近百名知名专家和利益相关者,于1999年、2002年举办了两次全球性学术论坛,出版了《定义与遴选核心素养》(*Defining and Selecting Key Competencies*)、《第二次迪斯科论坛的贡献》(*Contributions to the Second DeSeCo Symposium*)两本会议论文集。该计划于2003年发表最终报告《为了成功人生和健全社会的核心素养》(*Key Competencies for a Successful Life and a Well-Functioning Society*),又于2005年发布了《确定和遴选核心素养的执行摘要》(*Definition and Selection of Key Competencies: Executive Summary*)。

"迪斯科"计划的执行报告中指出:"素养(competency)不只是知识与技能。它是在特定情境中通过调动和运用心理社会资源(包括技能和态度)以满足复杂需要的能力。例如,有效交往的能力是一种素养,它可能利用一个人的语言知识、实用性信息技术技能,以及对其交往的对象的态度。素养必须为社会和个人贡献有价值的学习结果;帮助个人满足多种情境下的重要需求;不只对专家,而且对所有个人都是很重要的。"[1]该计划将核心素养划分为三个类别,建构了"互动地运用工具、异质的群体中互动和自主地行动"核心素养框架。如表1-1所示:

表1-1 经济合作与发展组织核心素养框架

素养的类别	素养的具体内容
互动地运用工具	• 能互动地运用语言、符号和文本 • 能互动地运用知识和信息 • 能互动地运用技术
异质的群体中互动	• 能与他者建立良好的关系 • 能以团队的方式合作 • 能管理与解决冲突
自主地行动	• 能够基于大局观而行动 • 能够形成和执行生活计划和个人的项目 • 能够辩护和维护权利、利益、局限和需求

"互动地运用工具"强调:应对全球化、信息社会的挑战,个体需要掌握知识、语言、信息等社会文化性的工具,还需要掌握计算机等物理性工具。个人需要创造和适应知识和技能,熟悉工具本身,并了解它如何改变人们与世界互动的方式以及如何用于实现更广泛的目标。从这个意义上说,工具不仅是被动的调解者,而且是个人与其环境之间进行主动对话的工具。"互动地运用工具"旨在紧跟信息技术的变化、有目的地运用工具和能够与实践开展积极的对话,这一类别包括能互动地运用语言、符号和文本,能互动地运用知识和信息,能互动地运用技术。"异质的群体中互动"强调:不管是物质上还是心理上,人类都高度依赖于他者,并在社会关系中获得自我认同。此类别的核心素养旨在强调个人能够更好地与他人学习、生活和合作,以应

---

[1] Organization for Economic Co-operation and Development. Definition and Selection of Key Competencies: Executive Summary [R]. Paris: OECD Publishing, 2005:4.

对多元社会的复杂性和强调同理心、社会交往资本的重要性。这一类别的素养包括与他者建立良好的关系、以团队的方式合作和工作以及能管理和解决冲突。"自主地行动"强调：个体并非是在社会中孤立行事。相反，他需要了解一个人的环境，社会环境以及他扮演和想扮演的角色，进而要求个人被赋予权力，通过对生活和工作条件进行控制，以有意义和负责任的方式管理自己的生活。该类别的素养旨在回应复杂的世界中如何实现自我认同和目标确定、实现自我的权利和责任。这一类别的素养包括能够基于大局观开展行动、能够形成和执行生活计划和个人的项目以及能够为权利、利益、局限和需求展开辩护和确证。

"迪斯科"计划强调这三个类别各有侧重，相互关联，并且共同构成了核心素养的基础。同时，具体素养之间存在联系，一个人不可能只运用一种素养。实际上，任何情况或目标都需要一组素养。这些素养对于特定情况是不同的。个人需要反思性思维和行动是这一素养框架的核心。[1]

（二）为了终身学习的核心素养：欧盟委员会的教育探索

2000年3月，欧盟委员会在葡萄牙里斯本召开的欧洲理事会会议上提出了适应知识经济需求的"新基本能力"——通过终身学习发展IT技能、外语能力、技术能力、创业精神和社会技能，应成为欧洲教育和培训领域优先发展的目标之一。2005年11月，欧盟委员会向欧洲议会和欧盟理事会提交了关于推荐8项核心素养的提案，该提案名称为"为了终身学习的核心素养：欧洲参考框架"（The Key Competences for Lifelong Learning —— A European Framework），2006年12月，欧洲议会和欧盟理事会通过了此提案，并向各成员国推荐该框架及其8项核心素养，建议各国将其作为推进终

1　Organization for Economic Co-operation and Development. Definition and Selection of Key Competencies：Executive Summary [R]. Paris：OECD Publishing, 2005：4.

身学习、教育与培训改革的参照框架。[1]

该参考框架中,素养被定义为适应于具体情境的知识、技能和态度的组合,旨在推动个体自我成就的发展和实现、积极的公民权以及社会包容和提升就业。该框架所遴选、确立的8大核心素养分别是:(1)母语交际(communication in mother tongue);(2)外语交际(communication in foreign language);(3)数学素养与基本科学技术素养(mathematical competence and basic competences in science and technology);(4)数字素养(digital competence);(5)学会学习(learning to learn);(6)社会与公民素养(social and civic competence);(7)首创精神和创业意识(sense of initiative and entrepreneurship);(8)文化意识和表达(cultural awareness and expression)。这些核心素养同等重要,因为它们中的每一个都有助于知识社会中个体的成功。许多素养间是交叉和重叠的:在某个领域是至关重要的,并能够支持另一领域的素养。语言技能、读写算的能力以及信息和通信技术(ICT)等基本技能是学会学习素养必不可少的基础,学会学习也将支持所有学习活动。在整个参考框架中,批判性思维、创造力、主动性、解决问题、风险评估、决策和情感的建设性管理在所有八个核心素养中都发挥着作用。[2]

核心素养被视为统领欧盟教育和培训系统的总目标,其核心理念在于使全体欧盟公民具备终身学习力,从而在全球化浪潮和知识经济的挑战中能够实现个人成功与社会经济发展的理想。这一目标体系的突出特点在于

---

1 裴新宁,刘新阳.为21世纪重建教育——欧盟"核心素养"框架的确立[J].全球教育展望,2013(12):91.
2 European Union. The Key Competences for Lifelong Learning — A European Framework [R]. Luxembourg: Office for Official Publications of the European Communities, 2007:3.

统整个人、社会和经济三个方面的目标与追求。在个人的自我实现与发展方面,核心素养必须为人们追求个人生活目标提供支持,为个人兴趣、梦想及终身学习的愿望提供动力;在社会生活方面,核心素养应该满足每个人建立公民身份、行使公民权利、积极融入社会的需要;在经济方面,核心素养应该使每个人都具备在劳动市场上找到一份合适工作的能力,为欧盟能够具备知识社会中的全球竞争力提供保障。[1] 这八大核心素养的内容如表1-2所示:

表1-2 欧盟委员会核心素养参考框架

母语交际	• 能以口头和书面形式(听、说、读、写)表达和解释概念、想法、感受、事实和观点,并能以适当和创造性的方式,在教育和培训、工作、家庭和休闲等情境中互动性地开展语言交际
外语交际	• 广泛地具有母语交际的主要技能。用外语交流所需的技巧,如调解和跨文化理解
数学素养与基本科学技术素养	• 数学素养是发展和运用数学思维能力以解决日常情况下一系列问题的能力。数学素养涉及使用数学思维方式(逻辑和空间思维)和表示方式(公式、模型、构造、图形、图表)的能力和意愿
	• 科学素养是指使用知识体系和方法来解释自然世界、识别问题和得出循证结论的能力和意愿
	• 技术素养被认为是应用知识和方法,以响应人类的需求。科学技术素养涉及对人类活动和作为公民的责任所引起的变化的理解
数字素养	• 数字素养是能够自信地、批判性地将信息社会技术(IST)用于工作、休闲、娱乐和交际。它的基础是(ICT)信息和通信技术方面的基本技能:使用计算机检索、评估、存储、制作、呈现和交换信息,以及通过互联网交流和参与协作
学会学习	• 是一种追求和坚持、组织自己学习的能力,包括个体理解学习的过程和需求,识别可用的机会,以及克服障碍以成功学习的能力。这种能力意味着获得、处理和吸收新的知识和技能以及寻求和利用指导

---

1 裴新宁,刘新阳. 为21世纪重建教育——欧盟"核心素养"框架的确立[J]. 全球教育展望,2013(12):96.

续 表

社会与公民素养	• 社会素养包括个人、人际和文化间的素养,涵盖各种形式的行为,使个人能够有效和建设性地参与社会和工作生活,尤其是在日益多样化的社会中,并在必要时解决冲突
	• 公民素养基于对社会、政治概念与结构的理解,以及基于积极和民主性参与的承诺,使个体能够充分参与公民生活
首创精神和创业意识	• 涉及个体将想法付诸实现的能力,包括创造创新能力、风险承担能力、计划和管理项目的能力
	• 能够支持个体,不仅在日常生活和社会生活中,同时在工作场合中,能够抓住机会,是建立或有助于社会或商业活动的其他具体化技能和支持的基础,还包括对道德价值观的认识和促进好的治理
文化意识和表达	• 能够在一系列媒体(包括音乐、表演艺术、文学和视觉艺术)中,欣赏创意表达、经验和情感的重要性

(三)为了 21 世纪工作和生活的核心素养:美国 21 世纪学习伙伴协会的探索

为应对 21 世纪日益激烈的全球经济竞争,回应信息技术愈发的自动化、智能化以及企业界对劳动者技能的新要求,2002 年,美国联邦教育部连同时代华纳基金会、苹果、思科、戴尔、微软、全美教育协会等有影响力的私有企业和民间研究机构,成立了"21 世纪技能伙伴协会",简称"P21",开始系统研制适应信息时代和知识经济所需要的"21 世纪技能"。美国核心素养教育改革实践也正是从遴选、确立 21 世纪技能开始。2009 年,在不断遭到忽视知识的质疑与批判声中,该机构更名为"21 世纪学习合作组织"(Partnership for 21st Century Learning)。

2007 年 9 月,P21 发布了 21 世纪学习框架、学生学习结果与支持系统,如图 1-2 所示:

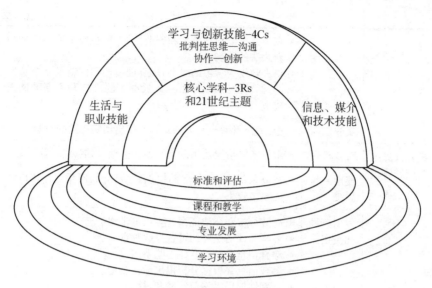

图1-2 21世纪学习框架[1]

21世纪学习框架中的21世纪技能包括：学习与创新技能，信息、媒体和技术技能以及生活与职业技能。学习与创新技能（4Cs）包括：创造与创新、批判性思维与问题解决、沟通与协作。这些技能是区分是否为21世纪工作和生活做好准备的关键。具体内涵与内容见表1-3。

表1-3 学习与创新技能

创造与创新	创造性地思考	• 运用各种各样技巧创造新的观点（如头脑风暴） • 创造有价值的新想法（包括渐进式和激进式概念） • 阐述、提炼、分析和评估自己的观点，改进和最大限度地发挥创造性
	与他人一起创造性地工作	• 有效地开发、实施并与他人沟通新想法 • 对多样化的新观点保持开放并做出反应；将群体智慧和反馈纳入工作中

---

1 Partnership for 21st Century Learning. Framework for 21st Century Learning [R]. Partnership for 21st Century Learning, 2009:2.

续 表

		• 在工作中展现独创性和创造性,理解在现实世界中采纳新想法的限制 • 将失败视为学习的机会;理解创造性和创新是一个长期的、循环的过程,并由一系列细小的成功和不断的试误构成
	实施创新	• 把创意付诸行动,为创新领域作出切实有效的贡献
批判性思维与问题解决	有效推理	• 根据不同情况使用适当类型的推理(归纳、演绎等)
	使用系统思维	• 在复杂系统中,分析整体的各个部分如何相互作用以产生整体效果
	做出判断和决定	• 有效分析和评估证据、论点、主张和信念 • 分析和评估主要的可选择的观点 • 综合信息和论点并建立联系 • 解释信息并根据分析得出最佳结论 • 批判性地反思学习经验和过程
	解决问题	• 以传统方式和创新方式解决各种不熟悉的问题 • 确定并提出重要问题,以阐明各种观点并寻求更好的解决方案
沟通与协作	清晰地沟通	• 在各种形式和环境下,有效地运用口头、书面和非言语沟通技巧表达思想和想法 • 有效地倾听,解读含义,包括知识、价值观、态度和意图 • 将交流用于多种目的(例如,告知、指导、激励和说服) • 利用多种媒体和技术,并知道如何事先评估其有效性以及评估其影响 • 在多种环境(包括多语言)中进行有效沟通
	与他人协作	• 与不同团队有效、相互尊重地开展工作的能力 • 表现出灵活性和乐于助人的精神,做出必要的妥协以实现共同目标 • 承担协作工作的共同责任,重视每个团队成员的个人贡献

21世纪技能包括信息、媒体和技术技能,该技能是能够在技术和媒体驱动的环境中,获取大量信息、适应快速变化的技术工具以及以前所未有的

规模进行合作和作出个人贡献的能力。具体内涵与内容见表1-4。

表1-4 信息、媒体和技术技能

信息、媒介和技术技能	信息素养	获取和评估信息	• 高效地获取信息(时间上)和有效地访问信息(来源) • 批判性和胜任性地评估信息
		使用和管理信息	• 准确并创造性地使用信息解决当前遇到的问题 • 管理来自各种来源的信息渠道 • 能够对信息获取和使用过程中的道德/法律问题有基本的了解
	媒介素养	分析媒介	• 了解媒体消息是如何、为何以及出于什么目的被构造出来 • 反思个人如何以不同的方式解读信息,价值观和观点如何被纳入或排除,以及媒体如何影响信念和行为 • 对媒体访问和使用的道德/法律问题有基本的了解
		创造媒介产品	• 理解和利用最合适的媒介创作工具、特征和惯例 • 在多元文化环境中理解并有效利用最恰当的表达和解释
	ICT(信息、通信和技术)素养	有效地应用技术	• 能将技术作为研究、组织、评估和交流信息的工具 • 使用数字技术(计算机、PDAs、媒体播放器、GPS等),通信/联网工具和社交网络技术访问、管理、集成、评估和创建信息,并能在知识经济中获得成功 • 能够理解信息技术的获取和使用中的道德/法律议题

21世纪技能包括生活与职业技能,涉及如何在全球竞争激烈的信息时代,驾驭复杂的生活和工作环境,要求学生能够具有足够的生活与职业技能。

表1-5 生活与职业技能

灵活性和适应性	适应变化	• 适应不同的角色、工作职责、时间表和环境 • 在模棱两可和优先级不断变化的环境中有效工作
	灵活性	• 有效整合反馈信息 • 积极应对赞美、挫折和批评 • 在多元文化环境中,了解、协商和平衡各种观点和信念,以寻求可行的解决方案
主动和自我指导	管理目标和时间	• 用明确和不明确的成功标准设定目标 • 平衡短期战术性和长期战略性目标 • 利用时间并有效地管理工作量
	独立工作	• 在没有直接监督的情况下监控、定义、优先排序和完成任务
	成为自主的学习者	• 超越对技能和/或课程的基本掌握,去探索和扩展自己的学习和获得专业知识的机会 • 表现出将技能水平提升到专业水平的主动性 • 表现出终身学习的决心 • 批判性地反思过去的经验,以便有助于知晓未来发展
社会与跨文化技能	与他人有效互动	• 知道什么时候该听和说些什么 • 以尊重、专业的态度行事
	在多元化的团队中有效工作	• 尊重文化差异,并能与各种社会和文化背景的人有效合作 • 以开放的态度回应不同的想法和价值观 • 利用社会和文化差异创造新想法并提高创新品质和工作质量
生产力与问责制	管理项目	• 即使遇到障碍和竞争压力,也能制定并实现目标 • 优先安排、计划和管理工作,以实现预期结果
	产出成果	• 展示与生产高质量产品的相关属性,包括以下能力:积极而有道德地工作、有效地管理时间和项目、多任务处理能力、积极参与、可靠守时、以专业和适当的礼仪展示自己、与团队进行有效合作、尊重和欣赏团队的多样性、对成果负责
领导与责任	引导和领导他人	• 使用人际关系和解决问题的能力来影响和指导他人实现目标 • 利用他人的力量实现共同的目标 • 通过榜样和无私激励他人达到最佳状态 • 在运用影响力和权力时表现出正直和道德性行为
	对他人负责	• 以更大社区的利益为出发点,采取负责任的行动

21世纪学习框架中提出每一项技能的发展都需要学生掌握关键的核心学科(3R)和21世纪主题。核心学科是关键学科,包括:英语、阅读或语言艺术、世界语言、艺术、数学、经济学、科学、地理、历史、政府与公民。除了这些学科之外,该组织认为,学校不仅应将重点放在掌握核心学科上,而且还应将21世纪的跨学科主题编制到核心学科中(表1-6),以提高对学术内容的理解。[1]

表1-6 21世纪主题

跨学科主题	具 体 要 求
全球意识	• 利用21世纪技能来理解和解决全球问题 • 在个人、工作和社区环境中,本着相互尊重和开放对话的精神,向代表不同文化、宗教和生活方式的个人学习并与之合作 • 理解其他国家和文化,包括使用非英语语言
金融、经济、商业和创业素养	• 知道如何做出适当的个人经济选择 • 了解经济在社会中的角色 • 利用创业技能来提高工作场合的生产力和职业选择
公民素养	• 通过知道如何保持知情权和理解政府程序,能够有效参与公民生活 • 能够在地方、州、国家和全球各个层面行使公民权利和义务 • 理解公民的决定对当地和全球的影响
健康素养	• 获取、解释和理解基本的健康信息和服务,并以增进健康的方式使用这些信息和服务 • 了解身心健康的预防性措施,包括适当的饮食、营养、锻炼、风险规避和减压 • 运用相关信息,做出适当的健康决定 • 建立和监测个人和家庭健康目标 • 了解国家和国际公共卫生与安全问题
环境素养	• 具有环境的知识和理解,以及影响它的情况和条件,特别是有关空气、气候、陆地、食品、能源、水和生态系统

---

[1] Partnership for 21st century learning. P21 Framework Definitions [R]. Partnership for 21st century learning, 2015:2-9.

续 表

跨学科主题	具体要求
	• 能展示社会对自然世界影响的知识和理解(如人口增长、人口发展、资源消耗率等) • 调查和分析环境议题,并对有效解决方案做出准确结论 • 能够采取个人和集体行动以应对环境挑战(例如:参与全球行动、设计能够激发人们就环境问题采取行动的解决方案)

21世纪学习框架还从21世纪标准和评估、课程和教学、专业发展与学习环境四个方面建构出21世纪学习的支持系统,具体如表1-7所示。

表1-7 21世纪学习支持系统

21世纪标准	• 专注于21世纪的技能、内容知识和专业知识 • 在关键学科以及21世纪跨学科主题之间建立理解 • 强调深刻的理解而不是浅薄的知识 • 让学生接触他们在大学、工作和生活中将遇到的真实世界数据、工具和相关专家;当学生积极参与解决有意义的问题时,学习效果最好 • 允许掌握多种方法
21世纪技能评估	• 能在高质量的标准化测试与有效的形成性和总结性课堂评估中取得平衡 • 强调对学生表现的有用反馈嵌入到日常学习中 • 能够在测评21世纪技能时,平衡技术增强、形成性和总结性等评价方式 • 开发学生作品档案袋,以证明他们掌握相关21世纪技能 • 实现一个平衡性的组合措施,在评估21世纪技能方面提升有效性
21世纪课程与教学	• 在核心学科和21世纪跨学科主题的背景下,严谨地教授21世纪技能 • 能在各学科领域中提供应用21世纪技能和素养导向的学习方式的机会 • 支持创新性学习方法,将支持性技术、探究和基于问题的方法以及高阶思维技能结合起来 • 鼓励整合校外社区资源

续 表

21世纪专业发展	• 强调教师将21世纪的技能、工具和教学策略融入课堂实践中 • 在直接讲授与项目式教学之间取得平衡 • 能举例说明学科知识的深入理解是如何提升问题解决、批判性思维和其他21世纪技能的 • 为教师提供21世纪的专业学习共同体,使他们形成促进学生发展21世纪技能的课堂 • 培养老师识别学生特定学习风格、智力、优点和缺点的能力 • 帮助教师发展运用各种策略(例如形成性评估)的能力,能创设支持差异化教学的学习环境 • 支持对学生21世纪技能发展的持续评估 • 能以面对面、虚拟和混合交流的方式,在专业发展共同体中共享知识 • 采用可扩展、可持续的专业发展模式
21世纪学习环境	• 为促进21世纪技能的教与学能够创建学习实践、教师支持和物理环境 • 支持专业的学习社区,能使教育工作者之间协作、共享最佳实践并将21世纪的技能融入课堂实践中 • 使学生能够在现实的学习环境中学习(如通过项目本位的或其他工作样态) • 公平地获得优质的学习工具、技术和资源 • 提供21世纪的建筑和室内设计,以供小组、团队和个人学习 • 支持学习上的延展性社区和国际参与,包括面对面和在线方式

综上,该组织机构发布的21世纪学习报告等都以"技能"为题,但其改革的诉求、措施与全球核心素养教育变革的核心旨趣是一致性的。正如经合组织的研究报告指出:"素养意味着满足需求和任务完成时所需的一定程度的复杂性,那些前提条件原则上可以完全自动化为技能。因此,技能和素养之间的界限是模糊的。"[1] 同时,德国图宾根大学的汉娜·杜蒙(Hanna Dumont)教授也提出模糊性地对待两者的差异,如她指出:"为应对知识社

---

1 Franz E. Weinert. Concept of Competence: A Conceptual Clarification [A]. Domunique Simone Rychen, Laura Hersh Salganik. Defining and Selecting Key Competencies [C]. Göttinggen, Germany: Hogerfe&Huber, 2001:62.

会、知识经济的挑战,未来学校应将 21 世纪技能或素养作为优先性的学习结果。"[1]

(四)为了胜任数字时代的核心素养:澳大利亚墨尔本大学领导的21 世纪技能的教学与评价

2008 年,美国思科、英特尔和微软三家公司领衔成立了联合教育工作小组,开始关注中学生和大学生应具备何种技能以应对数字时代的就业挑战。联合教育工作组成员包括这三家公司的教育部门主管,如思科公司的比尔·福勒(Bill Fowler)和安德鲁·汤普森(Andrew Thompson)、英特尔公司的玛蒂娜·罗斯(Martina Roth)、乔恩·K.普莱斯(Jon K Price)以及劳拉·吉尔马尼斯(Lara Tilmanis),微软公司的格雷格·巴特勒(Greg Butler)、史蒂芬·科勒(Stephen Coller)以及拉内·约翰逊(Rane Johnson)。工作组还咨询了相关教育政策制定者、权威教育专家、评价组织,包括经济合作与发展组织 PISA 项目与国际教育成就促进协会(International Association for the Evaluation of Educational Achievement,简称 IEA)等组织的相关专家,由此启动了 21 世纪技能的教学与评价(Assessment and Teaching of 21st Century Skills,简称 ATC21S)项目,美国密西根大学教育技术专家罗伯特·柯兹马(Robert Kozma)博士被委托制定行动纲领和支持评价改革的最初计划,墨尔本大学教育研究生院的巴里·麦克高(Barry McGaw)博士担任执行主席。

2009 年 1 月,英国伦敦举办的学习与技术世界论坛(Learning and Technology World Forum)正式宣布该项目的启动。该项目提出,迅猛发展与无处不在的信息技术正改变现代社会人们的工作、生活及娱乐方式,如

---

[1] Hanna Dumont, David Istance, Francisco Benavides. The Nature of Learning: Using Research to Inspire Practice [M]. Paris: OECD Publishing, 2010:23.

何通过技术实现团队合作、提出新观点、创造新产品与提供新服务,成为应对信息时代、人工智能挑战的新的工作与学习方式。与此同时,现代社会也正遭遇着无数亟待解决的问题,如持续贫困、艾滋病、食品安全、能源短缺、全球气候改变以及环境污染等。在这种背景下,对复杂问题做出灵活反应、有效沟通、动态化管理信息、团队工作以及合作创建解决方案、有效使用技术、生产新知识等,就成为人们生活在21世纪所需要的技能和核心素养。[1] 基于这些考虑,该项目旨在为数字时代所需要的21世纪技能的评估与教学建立基准和方法论。[2] 整个项目包括森塔·雷曾(Senta Raizen)等主持的21世纪技能项目、加利福尼亚大学伯克利分校马克·威尔逊(Mark Wilson)博士主持的21世纪方法项目、匈牙利赛格德大学贝诺·凯泽普(Beno Czapo)博士主持的21世纪技术项目、华盛顿大学的约翰·布朗斯福特(John Bransford)博士与多伦多大学的玛琳·斯卡德玛丽亚(Marlene Scardamalia)博士共同主持的21世纪学习环境项目、斯坦福大学的达琳·哈蒙德-琳达(Linda Darling-Hammond)博士主持的21世纪教育政策项目。来自世界各地的超过250位研究者投入到工作组的审议工作,整个项目组除澳大利亚、芬兰、葡萄牙、新加坡、英国和美国六个试点国家外,还有其他执行董事会的相关政府代表参加。[3]

2010年1月,墨尔本大学帕特里克·格里芬(Patrick Griffin)教授被任命为该项目执行主席,墨尔本大学埃斯特·凯尔(Esther Care)副教授被任命为国际研究协调员。由此,项目正式进入研发阶段。2012年,由格里

---

[1] Patrick Griffin, Barry McGaw, Esther Care. Assessment and Teaching of 21st Century Skill [M]. Springer:2012:17-18.
[2] Patrick Griffin, Barry McGaw, Esther Care. Assessment and Teaching of 21st Century Skill: Methods and Approach [M]. Springer:2015:8.
[3] Patrick Griffin, Barry McGaw, Esther Care. Assessment and Teaching of 21st Century Skill [M]. Springer:2012:Ⅴ-ⅷ.

芬教授、麦克高和凯尔共同发布该项目的最终结果——《21世纪技能的教学与评价》(*Assessment and Teaching of 21st Century Skills*)、《21世纪技能的教学与评价：方法与路径》(*Assessment and Teaching of 21st Century Skills: Methods and Approach*)。该项目建构出四类10种21世纪技能，如表1-8所示。[1]

表1-8 ATC21S项目21世纪技能

类别	技能
思维方式（ways of thinking）	1. 创新与创造 2. 批判性思维、问题解决与决策 3. 学会学习与元认知
工作方式（ways of working）	1. 交流 2. 协作（团队合作）
工作工具（tools for working）	1. 信息素养 2. ICT素养
在世界生存（living in the world）	1. 地方公民与全球公民 2. 生活与职业 3. 个人与社会责任，包括文化意识与文化素养

该项目认为，每一种21世纪技能都是由知识、技能、态度、价值观和伦理(ethics)构成，并由这几项内容的英文首字母建构出"KSAVE"模型。在此基础上，该项目还系统建构出21世纪技能标准与评价的原则，其中包括：

第一，与21世纪重要发展目标保持一致。学习的评价必须明确地传达理想学习的本质，标准和评价必须明确提出学生需要理解和运用的21世纪知识与技能的范围。

---

[1] Patrick Griffin, Barry McGaw, Esther Care. Assessment and Teaching of 21st Century Skill [M]. Springer: 2012: 18.

第二,融合适应性和不可预测性。21世纪的重要标志是能够适应不断变化的环境,能够在这种情境中做出决策并采取行动。

第三,以表现(performance)为依据。21世纪技能的关键是需要在新情境中整合、综合和创造性地运用内容知识。因此,21世纪评价必须系统地要求学生在他们整个教育过程中都能够运用内容知识进行批判思维、学会问题解决以及分析学习任务。

第四,赋予教、学以价值。评价任务要能够融合迁移与真实性运用,要能为学生提供解释和多元表征的机会来促进组织和深化理解,提升学生的学习能力。

第五,使学生思维可视化。评价应该为学生理解和使用概念策略来解决问题打开一扇窗。此外,通过学生思维的可视化,评价还可以为高质量实践提供模型。

第六,公平。公平的评价能够使所有学生展示他们所知道的,要给予那些难以胜任和适应测试题目的学生以合适的方便之处。

第七,合理运用技术。评价必须为决策者使用数据提供准确、可靠的信息,在没有合理的测量精确度的情况下,对结果的推论和基于此的各项决策很可能是错误的。

第八,目的的有效性。评价数据应以推动决策为目的,提供精准和可靠的信息。

第九,能够生成可以采取行动的信息,并为所有参与者提供富有成效的反馈。教师要能够理解评价是如何揭示学生如何思维的。学校管理者、政策制定者和教师要能使用这些评价信息来决定如何才能为学生的学习创造更好的机会。

第十,为所有目的用户提供富有成效的可用反馈。所有利益相关者必须获得准确、可理解和可用的报告。

第十一,为教师、学生发展能力。反馈能促进对学生表现本质的理解,并能够从这个过程中学习。

第十二,作为全面而完善的评价体系的一部分,应以支持不同层次的教育机构进行学习改进为设计宗旨。[1]

(五)适应终身发展和社会发展需要的正确价值观、必备品格和关键能力:核心素养导向课程变革的中国实践

2014年4月,教育部印发的《关于全面深化课程改革落实立德树人根本任务的意见》(教基二〔2014〕4号)中,首次提出"制订学生发展核心素养体系",明确学生应具备的适应终身发展和社会发展需要的必备品格和关键能力,强调把核心素养和学业质量要求落实到各学科教学中,并依据学生发展核心素养体系,修订课程方案和课程标准。同时,北京师范大学林崇德教授承担了教育部哲学社会科学研究重大委托专项,领衔5所高校90余名研究人员联合攻关项目组,共同负责研究中国学生发展核心素养体系。2016年2月,受教育部基础教育二司委托,中国教育学会就《中国学生发展核心素养(征求意见稿)》(以下简称"征求意见稿")面向各省市学会和相关分支机构征求意见。2016年9月,该项目举办中国学生发展核心素养研究成果新闻发布会,公布了包括三大领域六种素养十八个要点的中国学生发展核心素养框架(图1-3)。2019年2月,中共中央、国务院印发的《中国教育现代化2035》提出,明确学生发展核心素养要求,并将其作为发展中国特色世界先进水平的优质教育的战略任务。

中国学生发展核心素养是关于学生知识、技能、情感、态度、价值观等多

---

[1] Patrick Griffin, Barry McGaw, Esther Care. Assessment and Teaching of 21st Century Skill [M]. Springer, 2012:24-26.

图1-3 中国学生发展核心素养的框架

方面要求的综合表现,是每一名学生获得成功生活、适应个人终身发展和社会发展都需要的、不可或缺的共同素养。从育人愿景的角度来看,"学生发展核心素养是对教育方针中所确定的教育培养目标的具体化和细化,是连接宏观教育理念、培养目标与具体教育教学实践的中间环节。党的教育方针可以通过核心素养这一桥梁,转化为教育教学实践中可用的、教育工作者易于理解的具体要求,进而贯穿到各学段,体现到各学科,最终落实到学生身上。明确学生应具备的必备品格和关键能力,从中观层面深入回答了'立什么德、树什么人'的根本问题,用于指导人才培养具体实践"。[1] 同时,六大素养之间相互联系、互相补充、相互促进,在不同情境中整体发挥作用。为方便实践应用,该框架将六大素养进一步细化为十八个基本要点,并对其主要表现进行了描述。根据这一总体框架,可针对学生年龄特点进一步提出各学段学生的具体表现要求。如表1-9所示。

---

[1] 林崇德.中国学生发展核心素养:深入回答"立什么德、树什么人"[J].人民教育,2016(19):14—17.

表 1-9　中国学生发展核心素养的维度与主要表现[1]

维度	核心素养	基本要点	主要表现描述
文化基础	人文底蕴	人文积淀	• 具有古今中外人文领域基本知识和成果的积累；能理解和掌握人文思想中所蕴含的认识方法和实践方法等
		人文关怀	• 具有以人为本的意识，尊重、维护人的尊严和价值；能关切人的生存、发展和幸福等
		审美情趣	• 具有艺术知识、技能与方法的积累；具有发现、感知、欣赏、评价美的意识和基本能力；具有健康的审美价值取向；具有艺术表达和创意表现的兴趣和意识，能在生活中拓展和升华美等
	科学精神	理性思维	• 崇尚真知，能理解和掌握基本的科学原理和方法；尊重事实和证据，有实证意识和严谨的求知态度；逻辑清晰，能运用科学的思维方式认识事物、解决问题、指导行为等
		批判质疑	• 具有问题意识；能独立思考、独立判断；思维缜密，能多角度、辩证地分析问题，做出选择和决定等
		勇于探究	• 具有好奇心和想象力；能不畏困难，有坚持不懈的探索精神；能大胆尝试，积极寻求有效的问题解决方法等
自主发展	学会学习	乐学善学	• 能正确认识和理解学习的价值，具有积极的学习态度和浓厚的学习兴趣；能养成良好的学习习惯，掌握适合自身的学习方法；能自主学习，具有终身学习的意识和能力等
		勤于反思	• 具有对自己的学习状态进行审视的意识和习惯，善于总结经验；能够根据不同情境和自身实际，选择或调整学习策略和方法等
		信息意识	• 能自觉、有效地获取、评估、鉴别、使用信息；具有数字化生存能力，主动适应"互联网＋"等社会信息化发展趋势；具有网络伦理道德与信息安全意识等

---

[1] 林崇德.构建中国化的学生发展核心素养[J].北京师范大学学报(社会科学版),2017(1):66—74.

续 表

维度	核心素养	基本要点	主要表现描述
	健康生活	珍爱生命	• 理解生命意义和人生价值;具有安全意识与自我保护能力;掌握适合自身的运动方法和技能,养成健康文明的行为习惯和生活方式等
		健全人格	• 具有积极的心理品质,自信自爱,坚韧乐观;有自制力,能调节和管理自己的情绪,具有抗挫折能力等
		自我管理	• 重点是,能正确认识与评估自我;依据自身个性和潜质选择适合的发展方向;合理分配和使用时间与精力;具有达成目标的持续行动力等
社会参与	责任担当	社会责任	• 自尊自律,文明礼貌,诚信友善,宽和待人;孝亲敬长,有感恩之心;热心公益和志愿服务,敬业奉献,具有团队意识和互助精神;能主动作为,履职尽责,对自我和他人负责;能明辨是非,具有规则与法治意识,积极履行公民义务,理性行使公民权利;崇尚自由平等,能维护社会公平正义;热爱并尊重自然,具有绿色生活方式和可持续发展理念及行动等
		国家认同	• 具有国家意识,了解国情历史,认同国民身份,能自觉捍卫国家主权、尊严和利益;具有文化自信,尊重中华民族的优秀文明成果,能传播弘扬中华优秀传统文化和社会主义先进文化;了解中国共产党的历史和光荣传统,具有热爱党、拥护党的意识和行动;理解、接受并自觉践行社会主义核心价值观,具有中国特色社会主义共同理想,有为实现中华民族伟大复兴中国梦而不懈奋斗的信念和行动等
		国际理解	• 具有全球意识和开放的心态,了解人类文明进程和世界发展动态;能尊重世界多元文化的多样性和差异性,积极参与跨文化交流;关注人类面临的全球性挑战,理解人类命运共同体的内涵与价值等
	实践创新	劳动意识	• 尊重劳动,具有积极的劳动态度和良好的劳动习惯;具有动手操作能力,掌握一定的劳动技能;在主动参加的家务劳动、生产劳动、公益活动和社会实践中,具有改进和创新劳动方式、提高劳动效率的意识;具有通过诚实合法劳动创造生活、成就人生的意识和行动等

续 表

维度	核心素养	基本要点	主要表现描述
		问题解决	善于发现和提出问题,有解决问题的兴趣和热情;能依据特定情境和具体条件,选择制定合理的解决方案;具有在复杂环境中行动的能力等
		技术应用	理解技术与人类文明的有机联系,具有学习掌握技术的兴趣和意愿;具有工程思维,能将创意和方案转化为有形物品或对已有物品进行改进与优化等

为了推动学生发展核心素养的落地生根,教育部于2013年启动普通高中课程方案,2014年启动普通高中课程标准的修订工作,并于2017年12月印发《普通高中课程方案和语文等学科课程标准(2017年版)》,首次针对各学科课程凝练了学科核心素养。如《普通高中课程方案(2017年版)》中指出:"中国学生发展核心素养是党的教育方针的具体化、细化。为建立核心素养与课程教学的内在联系,充分挖掘各学科课程教学对全面贯彻党的教育方针、落实立德树人根本任务、发展素质教育的独特育人价值,各学科基于学科本质凝练了本学科的核心素养,明确了学生学习该学科课程后应达成的正确价值观念、必备品格和关键能力,对知识与技能、过程与方法、情感态度与价值观三维目标进行了整合。课程标准还围绕核心素养的落实,精选、重组课程内容,明确内容要求,指导教学设计,提出考试评价和教材编写建议。"[1] 2020年5月,教育部为深入贯彻党的十九届四中全会精神和全国教育大会精神,落实立德树人根本任务,完善中小学课程体系,对《普通高中课程方案和语文等学科课程标准(2017年版)》进行了修订,新印发《普通高中课程方案和语文等学科课程标准(2017年版2020年修订)》,对学科核心

---

1 中华人民共和国教育部.普通高中课程方案(2017年版)[S].北京:人民教育出版社,2018:4.

素养的表述上，重点就上文中提到的正确价值观念修改为正确价值观，其他部分未做修改。[1]

表1-10 《高中课程方案和语文等学科课程标准(2017年版2020年修订)》学科核心素养一览表

学科	核心素养
语文	语言建构与运用、思维发展与提升、审美鉴赏与创造、文化传承与理解
数学	数学抽象、逻辑推理、数学建模、直观想象、数学运算、数据分析
英语 日语 俄语 西班牙语 德语	语言能力、文化意识、思维品质、学习能力
政治	政治认同、理性精神、法律意识、公共参与
历史	唯物史观、时空观念、史料实证、历史解释、家国情怀
地理	人地协调观、综合思维、区域认知、地理实践力
音乐	审美感知、艺术表现、文化理解
物理	物理观念、科学思维、科学探究、科学态度与责任
化学	宏观辨识与微观探析、变化观念与平衡思维、证据推理与模型认知、科学探究与创新意识、科学态度与社会责任
生物	生命观念、科学思维、科学探究、社会责任
体育	运动能力、健康行为、体育品德
美术	图像识读、美术表现、审美判断、创意实践、文化理解
体育与健康	运动能力、健康行为、体育品德
艺术	艺术感知、创意表达、审美情趣、文化理解
信息技术	信息意识、计算思维、数字化学习与创新、信息社会责任
通用技术	技术意识、工程思维、创新设计、图样表达、物化能力

2022年4月，为深入落实习近平总书记关于教育的重要论述，全面培养有理想、有本领、有担当的时代新人，教育部印发《义务教育课程方案和课

---

[1] 中华人民共和国教育部. 普通高中课程方案(2017年版2020年修订)[S]. 北京：人民教育出版社，2020：4.

程标准(2022年版)》,该课程方案基于义务教育培养目标,将党的教育方针具体化细化为本课程应着力培养的核心素养,体现正确价值观、必备品格和关键能力的培养要求。[1] 可见,新颁布的课程方案和各学科课程标准是以核心素养为手段、载体支撑起有理想、有本领、有担当的时代新人的培养重任。

表1-11 《义务教育课程标准(2022年版)》课程核心素养一览表

学科	核心素养
语文	文化自信、语言运用、思维能力、审美创新
数学	数学眼光、数学思维、数学语言
英语	语言能力、文化意识、思维品质、学习能力
历史	唯物史观、时空观念、史料实证、历史解释、家国情怀
地理	人地协调观、综合思维、区域认知、地理实践力
化学	化学观念、科学思维、科学探究与实践、科学态度与责任
物理	物理观念、科学思维、科学探究、科学态度与责任
艺术	审美感知、艺术表现、创意实践、文化理解
科学	科学观念、科学思维、探究实践、态度责任
劳动	劳动观念、劳动能力、劳动习惯和品质、劳动精神
日语	语言能力、文化意识、思维品质、学习能力
俄语	语言能力、文化意识、思维品质、学习能力
生物学	生命观念、科学思维、探究实践、态度责任
信息科技	信息意识、计算思维、数字化学习与创新、信息社会责任
体育与健康	运动能力、健康行为、体育品德
道德与法治	政治认同、道德修养、法治观念、健全人格、责任意识

各课程的核心素养与学生发展核心素养之间是下位概念与上位概念的关系,学生核心素养是基于适应终身发展和社会发展的考虑,对人的发展、素质结构等做出的综合要求。各课程则是立足于学科的本质与育人的独特性,体现出对学生核心素养发展的独特贡献与具体价值,或者说是学生发展

---

[1] 中华人民共和国教育部.义务教育课程方案(2022年版)[S].北京:北京师范大学出版社,2022:3.

核心素养在特定课程内部的具体化,两者间也可以说是共性与个性、抽象与具体的关系。进一步来说,各课程的核心素养是将党的教育方针中关于人的全面发展要求具体化、细化到各课程之中,引导各学科教学在传授学科知识的过程中,更加关注学科思想、思维方式等,克服重教书轻育人的倾向。[1] 在此,中国学生发展核心素养是学科核心素养研制与确立的总要求与总目标,各课程核心素养成为了中国学生发展核心素养在课程、教学中的具体化载体与实践路径,旨在发挥学科的育人优势,体现学科的育人特色与价值旨趣。

以正确价值观、必备品格和关键能力为培养要求的核心素养导向课程变革的中国实践,体现出的教育改革特色在于:一方面,体现了整体的人的教育诉求。将核心素养理解为正确价值观、必备品格和关键能力,指向了道德与能力维度的整合,兼顾认知与非认知维度,甚至提出这两大维度的融合性、综合性与整体性。这是基于"全面发展的人"的教育目的,是整体视野下的育人观。正如有学者指出:"品格与能力又互相支撑。能力应当有方向感、价值感和道德意义,缺少价值判断与道德支撑的能力,很有可能让这把双刃剑的另一刃显得更危险。品格与能力是并列关系,品格又具有引领能力发展方向的意义。"[2] 概言之,作为必备品格与关键能力的核心素养体现了理智与德性、认知与非认知的相互交织,体现了整体性和整合性的人的教育诉求。另一方面,体现了中国传统的育人智慧。将核心素养区分为道德与能力两大维度,这一对未来学习者的分析想象体现了中国传统的教育智慧。用中国学习传统表达即"仁智统一说"。孔子将仁与知(智)并提,说:"知

1　教育部基础教育课程教材专家工作委员会.普通高中课程方案和课程标准修订情况说明[J].基础教育课程,2018(1):11—16.
2　成尚荣.核心素养的中国表达[J].中国教育报,2016-9-19(3).

(智)者利仁""未知,焉得仁?"(《论语·公冶长》),强调仁智的统一。其弟子亦以"仁且智"称道孔子人格。秦以后,董仲舒提出"必仁且智"。指出:"莫近于仁,莫急于智","仁而不知,则爱而不别也;智而不仁,则知而不为也"(《春秋繁露·必仁且智》)。[1] 冯契则将这一整体的定断概括为"仁智统一说",突出强调"仁"与"智"的统一,就是伦理学与认识论的统一。"知"主要是指认识人们之间的伦理关系,认为有了这种认识,就利于实行"仁"。冯契以为认识论即是伦理学,所以这一教育传统的认识论命题都具有伦理学意义。[2] 张岱年曾指出:"中国人认为真理即是至善,求真乃即求善。真善非二,至真的道理即是至善的准则。即真即善,即善即真。从不离开善而谈真,并认为离开求善而专求真,结果只能得妄,不能得真。"[3] 可见,将核心素养理解为正确价值观、必备品格与关键能力体现了"仁且智"的育人智慧,追求道德与能力的综合,其本质上是真与善、人道原则与理性原则、认识论与理性的结合。

第三节 素养的观念谱系

素养导向的教育改革肇始于 20 世纪 60 年代,在这场横跨世纪的教育改革浪潮中,对素养的理解、定位历经了行为范式下可观察到的胜任性行为、整体范式下心理属性与任务情境的整合体以及实践范式下人本质力量对象化的成事能力等范式的变革。素养观念的变革历程表明,对它的理解逐步超越要素思维、构成思维与实体思维,愈发强调它是一个整体性、生成

---

1 参阅:张岱年.中国哲学大辞典[Z].上海:上海辞书出版社,2014:78—79. 冯契.中国古代哲学的逻辑发展(上)[M].上海:华东师范大学出版社,2016:71—72.
2 冯契.中国古代哲学的逻辑发展(上)[M].上海:华东师范大学出版社,2016:72—78.
3 张岱年.中国哲学大纲[M].北京:中国社会科学出版社,1982:7.

性与实践性概念。对此,有必要厘清把握素养概念的理论基础或观念谱系,以期更好地理解素养这一概念本身。

一、行为取向的素养观:素养作为可观察到的胜任性行为

管理学中的素养定位和素养导向的职业教育改革实践中,素养作为可观察到的胜任性行为成为了引领教育改革的原初性素养观念。20世纪90年代,有学者在反思英国推行的素养本位职业教育变革实践中指出,"职场中的素养(on-the-job competence)是教育或训练方案所应明确界定的,被视为是一个相对于通识/普通/博雅教育的概念或甚窄化为一个强调行为主义的概念"。[1] 多尔教授引用吉恩·霍尔(Gene Hall)和霍华德·琼斯(Howard Jones)出版的《素养本位的教育:改进教育的过程》(*Competency-based Education: a Process for the Improvement of Education*)中对素养的定义,来证明素养本位教育改革深陷行为主义的泥潭,"素养是一种描述具体技能之复合体的可观察到的相关表现,强调按照行为目标来具体陈述学习者的学习结果"。[2] 可见,素养这个概念具有浓烈的行为主义色彩,理解这一概念的"解释重点是公开的行为和发展行为的条件,同时避免提及任何假定的'内在'实体,例如心理状态等"。[3] 胜任性行为成为了素养理解的原初性话语体系和基本尺度。在此,行为取向的理解意味着素养始终是和具体的、可操作且能够表现出来的技能或各类职业所需

---

1 林永丰.迈向素养导向的课程教学改革[M].台北:五南图书出版股份有限公司,2019:6.
2 William E. Doll, Jr. Developing Competence [A]. Donna Trueit. Pragmatism, Post-Modernism, and Complexity Theory: The "Fascinating Imaginative Realm" of William E. Doll, Jr. [C]. New York and London: Routledge, 2012:67.
3 Paul Hager. The Integrated View on Competence [A]. Martain Mulder. Competence-based Vocational and Professional Education: Bridge the Worlds of Work and Education [C]. Springer, 2017:203.

的能力密不可分，它成为了一个可以被观察到、能够确定性把握与测评的胜任情境、活动或工作中个体的行为表现。这一观念关注将所学知识、技能、态度表现、外化出来，素养的教化与培养甚至成为了外显、纯粹行为性、技术性的实践，这一预期结果的目的与意义始终是追求高绩效、高胜任性的行为表现。

可观察到的胜任性行为作为素养理解的原初范式，其背后暗含着要素思维、实体思维以及还原论思维，旨在将整体、复杂的心理过程、实践过程简单分割成若干可观察的行为表现，忽视了胜任性行为发生的心理基础与心理过程，难免陷入表层化、碎片性的素养观，进而也难以全面理解素养。对此，行为取向素养观的限度有以下几个方面。

其一，实体思维的限度。素养作为胜任性行为表现，它成为了独立于个人存在、情境无涉、封闭性的实体，成为了外显的、纯粹技术的行为表现。这一理解却忽视了情境、实践对它的影响与意义，简化了对行为表现与心理认知结构等复杂关系的理解。欧用生教授曾指出：行为主义的理解范式中素养被窄化为技术性的表现，或可以买卖的物件，知识、能力的社会文化和情境的脉络性即社会建构、实践和批判的意义都被忽略了。[1]

其二，还原论假设的限度。行为范式下的素养观旨在将素养还原和分解成多层次和具体化的行为表现，将一个复杂、抽象的整体分割成许多精确的小单位行为要素，并以此来确立预期的学习目标。显然，还原论的理解与实践是对素养的割裂和碎片化处理，难以全面、整体解释素养的内涵与实质。正如学者指出，早期素养本位教育经常隐含原子论（atomism）和化约论（reductionism）的观点，认为所有事物都可以层层解析成最基本的单位，

---

1 欧用生.深度的核心素养观.引自：杨俊鸿.素养导向课程与教学：理论与实践[M].台北：高等教育文化事业有限公司，2018：1.

然后加总所有单位就得到整体,其具体做法就是将核心能力分解成多层次和多项目的行为表现,然后要求学习者熟练底层所有具体的小单位行为。但要将一个复杂、抽象的能力分割成许多精确的小单位其实并不容易,其分割结果经常成为繁琐的行为表现,组合结果又经常无法等同于高层次的能力,尤其以工作成分分析所得的能力,是针对目前社会的工作或需求所界定出来的,可能不包括因应未来社会所需的潜力,所以不符合终身学习脉络下的素养。[1]

其三,表现主义思维的限度。早在1980年,美国宾夕法尼亚州立大学举办的课程研究大会上,多尔教授就指出:"素养本位教育运动在20世纪那么长的时间里支配着美国的学校教育和课程,这场运动深受更加广泛的行为主义影响,错误地将素养与表现等同起来,这样不仅损害了素养这一词汇和概念,而且损害了一种非常激动人心的思想。"[2]行为取向的素养观将素养等同于胜任性行为,实际上混淆了素养与表现的差异,"表现本质上是'做',特指完成了、结束了和实现了的'做',表现是已完成的任务,它不带有关于任务完成得多好的价值判断,只是做了而已。而素养本质上指的是一种存在状态或者才能,是有特定适合性、充足性和倾向性的人,让他或她充分应对某种情境。简言之,表现是潜藏和内在力量向外和公开的展示。"[3]美国教育哲学家内尔·诺丁斯(Nel Noddings)曾深入反思20世纪60—70年代在美国兴起的素养本位教育改革运动中,将素养简化为学习者若干行为表现

---

[1] 吴碧纯,詹志禹.从能力本位到素养导向教育的演进、发展及反思[J].教育研究与发展期刊,2018(2):35—64.
[2] William E. Doll, Jr. Developing Competence [A]. Donna Trueit. Pragmatism, Post-Modernism, and Complexity Theory: The "Fascinating Imaginative Realm" of William E. Doll, Jr. [C]. New York and London: Routledge, 2012:66 - 67.
[3] William E. Doll, Jr. Developing Competence [A]. Donna Trueit. Pragmatism, Post-Modernism, and Complexity Theory: The "Fascinating Imaginative Realm" of William E. Doll, Jr. [C]. New York and London: Routledge, 2012:67 - 68.

的思维误区,在她看来:"这一误区假定那些行为表现好的人就是具有素养的,而缺乏表现的人则意味着素养匮乏。表现既不是必需的也不是充分的素养标准。"[1]

二、整合取向的素养观:素养作为心理属性与任务情境的整合体

1990年,澳大利亚理工大学保罗·海格(Paul Hager)教授、墨尔本大学大卫·贝克特(David Beckett)教授在反思行为主义取向的素养观时,提出了一种整合(integrated)取向的素养观,认为素养的本质是人的心理属性(attribute)与任务情境的整合体。[2] 整体取向的背后是一元整体论的哲学观,认为个体的素养作为一个整体性的结构,不能将其分解为一项项任务技能,事物分解得太琐碎就会失去它作为一个整体时所具有的本质特征。[3] 简言之,在整合取向的视野中,素养被视为心理属性与任务情境的整合体,或者视为个体心理属性和情境交互的结晶。[4]

与行为主义素养观寻求去情境化,仅关注胜任性行为等思维有所差异,整体取向的素养观将视野关注到情境与个体内部心理属性或心理特质(trait)之间的互动关系,聚焦在具有综合性、整体性、复合性的心理属性这一概念上。心理属性是人的心理现象的综合,包括心理过程、心理现象、心理状态、个性心理特征与个性意识倾向等,以凸显个体心理现象和心理过程的整体性、整合性。在此,素养可以概括为涉及从业者各种属性

---

1 William E. Doll, Jr. Developing Competence [A]. Donna Trueit. Pragmatism, Post-Modernism, and Complexity Theory: The "Fascinating Imaginative Realm" of William E. Doll, Jr. [C]. New York and London: Routledge, 2012:67-68.
2 Paul Hager, David Beckett. Philosophical Underpinnings of the Integrated Conception of Competence [J]. Educational Philosophy and Theory, 1995(1)2-3.
3 石伟平.比较职业技术教育[M].上海:华东师范大学出版社,2001:299.
4 Domunique Simone Rychen, Laura Hersh Salganik. Key Competencies for a Successful Life and a Well-Functioning Society [M]. Göttinggen, Germany: Hogerfe&Huber, 2003:46.

相整合的情境化能力。这些属性包括认知技能（知识、批判性思维、解决问题的策略）、人际关系技能、情感属性和技术/心理运动技能等。[1] 由此，素养并非是抽象的能力，始终与具体的情境、任务、工作、活动相关。简言之，整合取向的素养观是关注心理属性与完成任务之间的互动关系及其结合体。[2]

整合取向的素养观深受皮亚杰建构主义心理学的影响，成为了反思行为取向素养观的首次探索。这一取向关注心理属性的适应性、转化性，通过情境的涉入，反思行为取向对个体心理属性与情境的割裂。在此，素养意味着与任务情境间共存共生的整体性、一体化的学习结果。整体范式拓展了理解素养新的视野，也影响当下对素养内涵的把握。如经济合作与发展组织关于素养研究的报告指出，"素养是一个整合性（holistic）和有机性（organic）概念，包括复杂需要，社会心理条件（包括认知、动机、道德）以及能够确保素养表现或素养能够可能发生复杂系统情境"。[3] 2020年，日本实施的新学习指导纲要中，将英文的"competencies"翻译成日文的汉字"能力・资质"，将素养定义为整体性的资质（quality）与能力，不仅包括知识，也包括技能与态度。[4] 同样，这一理解也是整合性素养观念的体现。因此，整合取向下的素养观念，有助于突破分析式、还原论式等理解范式的限度，深度把握素养的整体性、整合性、有机性等属性。

1　Paul Hager. The Integrated View on Competence [A]. Martain Mulder. Competence-based Vocational and Professional Education: Bridge the Worlds of Work and Education [C]. Springer, 2017:206.
2　Paul Hager. The Integrated View on Competence [A]. Martain Mulder. Competence-based Vocational and Professional Education: Bridge the Worlds of Work and Education [C]. Springer, 2017:207.
3　Domunique Simone Rychen, Laura Hersh Salganik. Key Competencies for a Successful Life and a Well-Functioning Society [M]. Göttinggen, Germany: Hogerfe & Huber, 2003:46
4　Daisuke Kimura, Madoka Tatsuno. Advancing 21st Century Competencies in Japan [R]. New York: NY, Asia Society, 2017:4.

整体范式下素养观的理论贡献在于,借情境的卷入、结构的互动来超越胜任性行为定位的简化限度,揭示出了影响素养的个体心理要素的复杂性及其与情境互动的过程性与行动性等,进而澄清了素养的交互性、整合性、有机性等本质特征。可见,整体范式从素养内部的心理特征、外部的情境来揭示影响胜任性行为的复杂性,同时还揭示出素养发展、生成的情境性交互机制。整体范式成为了反思、拓展素养原初观念的第一次努力,这一理解突破了行为范式下胜任性行为定位的简化思维,即仅将其还原为割裂情境的行为表现。概言之,整体范式下的素养观是首次反思素养原初范式中将其简单定义为胜任性行为的观念误区,通过心理属性与情境的涉入反思行为范式的脱离情境的实体主义假设,反对行为取向对个体心理属性整体性的割裂。在此,素养意味着与任务情境间共存共生的整体性、一体化的学习结果。

三、实践取向的素养观:素养作为人本质力量对象化的成事能力

自 20 世纪末以来,为应对信息时代、知识社会的挑战,经济合作与发展组织、欧盟委员会与联合国教科文组织等在全球范围内,再次掀起素养本位教育改革的浪潮。2003 年,经济合作与发展组织发布《为了成功人生和健全社会的核心素养》的总报告,提出了一种理解与定位素养的实践范式(conceptual pragmatism),强调素养是作为运用认知、非认知等心理社会资源,解决问题、满足复杂需要、实现自我,并有益于社会福祉的能力。[1] 2009 年,欧盟委员会发布的研究报告指出,"素养是一种能够被证实的能力,这一能力能够在工作或学习情境、在专业和个人发展中,运用知识、技能和个人、

---

1 Domunique Simone Rychen, Laura Hersh Salganik. Key Competencies for a Successful Life and a Well-Functioning Society [M]. Göttinggen, Germany: Hogerfe & Huber, 2003:42-43.

社会或方法层面的技能的能力。"[1] 2015 年,联合国教科文组织颁布的《反思教育:向"全球共同利益"的理念转变?》报告中指出,"核心素养是指在特定情况下运用知识(从广义上可以理解为涵盖信息、理解、技能、价值观和态度)和满足需求的能力"。[2] 可见,新世纪以来,素养作为预期的学习结果成为了应对信息时代、知识社会挑战,刻画时代新人的一次全球共识。实践取向的素养观是基于人作为类主体的本质出发,突出从主客体相互作用的过程、人的知识、技能与价值信念等本质力量对象化的成事行动等视野理解素养的内涵。这一取向有助于凸显素养内涵的功能性、生成性、实践性等本质,也成为近年来对素养内涵进行再概念化的核心趋向。

基于实践的视域理解素养的内涵,不仅在于人作为类主体的实践本质,而且这一思维更有助于凸显素养这一预期学习结果所内蕴的实践特性。既然人的存在及其方式、社会生活本质上是实践的,因此应始终站在现实历史的基础上,不是从观念出发解释实践,而是从物质实践出发来解释观念的形成。[3] 在这个角度,实践取向并非是脱离、外在于素养之外的思维方式,而是一种积极回到素养自身,直面素养本身的举措。

实践取向素养观的突出特征在于,素养是一种基于自身所具备的认知、非认知等心理社会资源展开对象化、反省性、情境性的成事行动,进而解决问题、胜任需求与实现自我的高级能力。这一取向将视野聚焦在实践,以实践来凸显素养的本质。一般来讲,实践的核心在于"把存在诠释为由主体能

---

[1] Jean Gordon, Gabor Halasz, Lagdalena Krawczyk et al. Key Competences in Europe: Opening Doors for Lifelong Learners across the School Curriculum and Teacher Education[R]. Warsaw: Center for Social and Economic Research, 2009:39.
[2] United Nations Educational, Scientific and Cultural Organization. Rethinking Education: Towards a Global Common Good? [R]. Paris: UNESCO Publishing, 2015:40.
[3] 欧阳康. 马克思主义认识论研究[M]. 北京:北京师范大学出版社,2017:5.

动的实践显现的,并以此为前提把握一切的那种思维,是'用实践的眼光看待一切'的思维:它把主观和客观、本质和现象、关系和过程视为主客体互动中原本不可分割的动态整体的分别抽象,因此对存在、本质、价值等等的解释应该从这一动态整体中去理解。"[1]可见,这一观念取向明确地概括出了实践——人的本质力量对象化的行动与过程的角度理解素养的内涵。实践取向的立场表明,素养不是独立存在的固定化实体,而是主体创造性、本质力量对象化以及情境性建构出的一种实践性实体。由此,实践的取向有助于揭露素养的内涵实质,这一预期学习结果的关键之处在于个体能够运用所学的知识、技能、态度,在广泛、复杂的情境中有效地激活、迁移,即走向现实生活复杂的情境,满足复杂需要并能够解决问题。显然,基于这一内涵实质,与其说素养具有实践的本质,还不如说素养的本质就是实践性的。

实践取向的素养观不仅有助于理解人作为类主体存在的实践本质,还在于这一预期学习结果所具有的实践性。概言之,实践取向有助于揭露素养作为预期学习结果的以下实践特征。

首先,功能取向。实践取向突出功能的立场,"强调事物的质和属性不是自在的,而是在主体对客体的作用中表现出来"。[2] 对此,素养作为预期的学习结果体现出学生能够满足复杂情境需要,与问题解决的成事行动相联系,在外在需求的满足、情境问题的解决中建构而来。在此,素养具有明确的功能取向,并非是脱离需求、情境以及两者间的互动与关系的实体。经合组织关于素养的定义也强调功能的立场,它"诉求学习者能够基于已有的知识资源,在复杂、多变的复杂问题情境中灵活自如地激活、联系、反思、调动、

---

[1] 孙美堂.从实体思维到实践思维——兼谈对存在的诠释[J].哲学动态,2003(9):6—11.
[2] 孙美堂.从实体思维到实践思维——兼谈对存在的诠释[J].哲学动态,2003(9):6—11.

迁移、运用。这一理解清晰地表达出需求导向和功能取向作为核心素养的基本特征"。[1]

其次,行动立场。实践取向强调"只有在主客互动关系中,事物才能向我们呈现它之所是;离开主体及其实践来描述事物'自在的'形态是不可能的"。[2] 对此,素养强调学生能够基于个体心理社会资源开展对象化行动,知行合一是其另一种表达。"素养始终与运用、问题解决、满足需求等行动密切相关,甚至素养的学习只能发生在和通过行动获得。"[3] 由此可见,素养是一个关于行动的概念。同时,行动立场还强调学生能够通过运用知识解决现实生活中的问题,体现对现实问题的敏锐感知和深度关切,进而实现参与、改善现实生活世界。也就是说,通过情境问题的解决过程生成了关心生活、参与生活与重建生活的信念、责任与道德。概言之,素养的行动性是德性取向的,不仅在于实现其对知识经济、未来职业与生活的工具价值,同时旨在帮助学生获得优质生活、成功人生与自我实现。

最后,生成过程。实践是主客体相互作用、双向构建的对象化、过程性、创生性方法论。对此,"核心素养是一个动态生成的过程。这是因为素养涉及选择、激活、组织、协调相关心理社会资源,在适当地和有效地适应情境的需求的基础上,通过某种行为得以应用。"[4] 可见,素养内蕴情境性、动态生成的特征,是一个生成性的概念,这一预期的学习结果是生成在问题解决的实践进程中,生成在个体的知识运用行动中,生成在情境性的外在需求满足实

1　Domunique Simone Rychen, Laura Hersh Salganik. Key Competencies for a Successful Life and a Well-Functioning Society [M]. Göttinggen, Germany: Hogerfe&Huber, 2003:43-44.
2　孙美堂. 从实体思维到实践思维——兼谈对存在的诠释[J]. 哲学动态,2003(9):6—11.
3　Domunique Simone Rychen, Laura Hersh Salganik. Key Competencies for a Successful Life and a Well-Functioning Society [M]. Göttinggen, Germany: Hogerfe&Huber, 2003:58.
4　Council of Europe. Competences For Democratic Culture: Living Together as Equals in Culturally Diverse Democratic Societies [R]. Council of Europe Publishing, 2016:24.

践之中。正如有学者所言:"核心素养始于生活情境,用于生活情境,永远活于生活情境中。所有核心素养不是终点或产品,而是一个过程,在过程中不断地生成(becoming),因其发挥的特定时空脉络而实质化。"[1]这意味着,在实践的取向中,素养不可被视为一个或一些现成之物,亦即已经形成的实体。而应追问"如何是",视野更关注"是"的生成、动态过程,亦"成为素养、生成素养"的过程,以此凸显素养所具有的明确的参与性、行动性特征,即一种反思性、创造性运用知识、解决问题的实践能力。

综上,素养观念历经了行为取向下可观察到的胜任性行为、整体取向下心理属性与任务情境间的整合体以及实践范式下人本质力量对象化的成事能力。素养观念的变革历程呈现出对于素养概念的思维方式有如下趋势:

首先,超越简化思维,强调素养是一个整体性概念。整体范式从情境、结构的视野丰富了素养的内在心理属性与外在情境的互动性,实践范式从技能、态度与价值观等心理资源的视野拓展与丰富了对心理属性的认识,强化了非认知因素的作用,同时还从功能、行动等角度,拓展、丰富了对情境性互动的理解。素养观念的变革愈发强调它作为一个整体性概念,包括知识、技能与态度等心理资源,复杂、不可预测的问题情境作为条件,知识运用、迁移与问题解决为互动方式或过程,并最终在结果层面表现为胜任性行为。可见,素养体现为由资源、条件、过程与结果等情境性交互、生成的复杂性整体。

其次,超越构成思维,强调素养是一个生成性概念。整体范式从情境互动的角度,揭示出素养的适应性、建构性与生成性品质,实践范式下则是从功能、行动与实践等视野,揭示出这一预期学习结果是建构、生成在复杂情

---

[1] 欧用生.深度的核心素养观.引自:杨俊鸿.素养导向课程与教学:理论与实践[M].台北:高等教育文化事业有限公司,2018:1.

境之中,发生在个体的知识运用、问题解决、任务完成与成事的动态过程之中。素养观念的变革体现为不断超越行为范式下将其定义为静态性、构成性的胜任性行为,而是从整体性、情境性互动与功能性、实践性行动来揭示出素养并非一个构成之物,不可简单对其条件、内容、要素等进行叠加或拼凑,而应从情境性、过程性等生成的视野来把握胜任性行为的生成性实质。

最后,超越实体定位,强调素养是一个实践性概念。整体范式揭示出素养源自内在心理属性与外在情境互动的过程,这一过程旨在增强知识与行动、理论与实践之间的协调性与适应性。实践范式从人的本质力量对象化、反思性、行动性的视野揭示出素养所内蕴的知与行相统一的意义与要求。同时,实践范式还强化了素养的德性维度,凸显了这一预期学习结果的道德意义,体现为理智与道德的统一。简言之,素养观念的变革历程体现为超越行为范式下对素养的胜任性行为表现的定位,而是从知与行、理智与德性相统一的视角,揭示出素养所具有的情境适应性、反思性、过程性等实践性本质。[1]

---

[1] 请参阅:张良.核心素养的生成:以知识观重建为路径[J].教育研究,2019(9):65—70.

第二章 素养的涵义辨析

在这场素养导向的世界教育改革浪潮中,各个跨国组织、国家或地区等遴选与确定出的核心素养框架、结构或要素不仅千差万别,甚至采取的核心素养的英文称谓也不尽相同。美国、奥地利、比利时、丹麦、芬兰、法国、德国、荷兰、新西兰、挪威、瑞典、瑞士等国开展的素养本位教育变革,并不区分核心知识与技能、核心资格、标准、基本素养或核心素养等术语之间在语义和概念上的微妙之处,甚至将这些都视为同义词。在大部分教育改革文件中,素养并没有明确的定义,只是被表述为总体教育目标。[1] 弗朗茨·魏纳特教授用"概念的通货膨胀"(conceptual inflation)来概括素养一方面成为了时髦的术语,另一方面却缺乏精确的定义,并且还伴随着相当多含义的现象。[2] 由此,明晰素养的涵义,辨析相关近似表达,是探究化知识为素养的教学机理等基础性的理论问题。

---

[1] Domunique Simone Rychen, Laura Hersh Salganik. Key Competencies for a Successful Life and a Well-Functioning Society [M]. Göttinggen, Germany:Hogerfe&Huber, 2003:37.
[2] Franz E. Weinert. Concept of Competence: A Conceptual Clarification [A]. Domunique Simone Rychen, Laura Hersh Salganik. Defining and Selecting Key Competencies [C]. Göttinggen, Germany:Hogerfe&Huber, 2001:45.

第一节 素养的内涵

在我国,素养一词早在《汉书·李寻传》中就有记载:"马不伏历(枥),不可以趋道;士不素养,不可以重国。"素养是指经常修习涵养,也指平日的修养。[1]《现代汉语词典》将其解释为:"素养"作为名词即"平日的修养",[2]强调其是后天习得和养成的。汉语中素养更指向一个人的修养或内涵达到了一定的文化修养境界,素养的教育学意义就在于如何通过学科知识的学习实现德性修养的提升,即化知识为德性,学以成人。

素养的拉丁语词根为"competere",由"com"(聚合)和"petere"(瞄准,追求)构成,意为适合于、适当的或能够胜任,该词在后来的运用时表达出:与他人合力奋斗之意。[3] 多尔教授分析素养的拉丁词源时指出,一个有素养的人意味着拥有某种(人或物的)的聚集,各种力量的"对称、联合和汇聚",能够让他或她"充分地应对特定情境"。[4] 弗朗茨·魏纳特教授结合拉丁语的词根和素养含义的历史变化指出,素养应理解为"认知"(cognizance)与"责任"(responsibility)。[5]《韦伯斯特英文大词典》(*Webster's Dictionary*)中对素养的解释是:做好某事的能力,或者描述出能够做好某事的品质或状态。[6]

---

[1] 辞海编辑委员会. 辞海[Z]. 上海:上海辞书出版社,1999:3300.

[2] 中国社会科学院语言研究所词典编辑室编. 现代汉语词典(第7版)[Z]. 北京:商务印书馆,2016:1248.

[3] C. T. Oninos, G. W. S. Friedrichsen, R. W. Burchfield. The Oxford Dictionary of English Etymology [Z]. Oxford: Oxford University Press, 1966:197.

[4] William E. Doll, Jr. Developing Competence [A]. Donna Trueit. Pragmatism, Post-Modernism, and Complexity Theory: The "Fascinating Imaginative Realm" of William E. Doll, Jr. [C]. New York and London: Routledge, 2012:67.

[5] Franz E. Weinert. Concept of Competence: A Conceptual Clarification [A]. Domunique Simone Rychen, Laura Hersh Salganik. Defining and Selecting Key Competencies [C]. Göttingen, Germany: Hogerfe&Huber, 2001:45.

[6] https://www.merriam-webster.com/dictionary/competence.

可见,素养的原初概念是指恰当地应对情境之需要的综合能力。它本质上是人的存在状态(a state of being)或能力。一个有素养的人,就是当他或她置身于特定情境的时候,有满足情境之需要的"恰当性、充分性或态度"。[1]在此,素养的教育学意义在于它能够将所有认知、非认知资源整合起来,胜任情境挑战与目标达成,实现知识的实践价值,即化知识为方法、为实践,学以成事。

1997年,经济合作与发展组织启动的"迪斯科"项目中提出:"素养不仅仅是知识和技能。它涉及通过在特定情况下利用和调动社会心理资源(包括技能和态度)来满足复杂需求的能力。例如,有效沟通的能力是一种能力,可以依靠个人的语言知识、实际的IT技能以及对与之沟通的人的态度。"[2] 2018年,该组织发布的《未来的教育与技能:教育2030》中指出,"素养的内涵意味着不仅仅是掌握知识和技能;而是涉及能够调动知识、技能、态度和价值观满足复杂需要。学生将需要在未知和不断变化的情况中运用知识。"[3] 2019年,该组织发布《OECD学习罗盘2030》指出:"素养不仅意味着知识和技能的获得,更涉及知识、技能、态度与价值观的综合运用。素养是一种整体性的观念,包括知识、技能、态度和价值观。素养不只是技能,技能是发展素养的前提条件。为了胜任2030年的挑战,学生需要能够运用他们的知识、技能、态度和价值观,能够一致性地、以有责任心的方式创造美好的未来。素养和知识并非竞争或相互排他的概念。学生需要学习核心知识构建出基础性的理解,并基于知识发展素养、运用所学的知识不断深入理解和

---

1 张华. 论核心素养的内涵[J]. 全球教育展望,2016(4):19.
2 Organization for Economic Co-operation and Development. Definition and Selection of Key Competencies: Executive Summary [R]. Paris: OECD Publishing, 2005:4.
3 OECD. The Future of Education and Skills: Education 2030 [R]. Paris: OECD Publishing, 2018:6.

发展素养。"[1]可见,经合组织对于素养的理解表明,素养作为最新的学习结果或学习经验的关键之处在于,个体能够运用所学的知识、技能,在广泛、复杂的情境中有效地激活、迁移,即走向现实生活复杂的情境,运用知识解决问题。对此,正如有美国学者研究指出:"素养有近百种称谓,是一个模糊、混淆的术语,其核心在于强调学生如何运用知识而非是掌握相关知识。"[2]可见,素养是作为在复杂情境中运用知识解决问题的能力,它作为预期学习结果的关键,不是能够掌握、记忆、回忆、准确识记,而是能否在复杂的情境中灵活自如地联系与运用。

受经济合作与发展组织对素养的界定与理解的影响,诸多国际相关教育组织、机构也表达出共识性的理解。欧盟委员会将素养定义为:"一种能够被证实的能力,这一能力是指人们能够在工作或学习情境、在专业和个人发展中,运用知识、技能和个人、社会或方法层面的技能的能力。"[3]"素养是动员和运用相关价值观、态度、技能、知识和/或理解以适当,有效地应对需求、挑战和机遇的能力。"[4]2015年,联合国教科文组织颁布的《反思教育:向"全球共同利益"的理念转变?》(Rethinking Education: Towards a Global Common Good?)中指出:"核心素养是指在特定情况下运用知识(从广义上可以理解为涵盖信息、理解、技能、价值观和态度)和满足需求的能力。"[5]由此可见,自上世纪末以降,素养再次成为教育改革的方向标,以"素养"之名

---

[1] OECD. OECD Future of Education and Skill 2030:OECD Learning Compass 2030(A series of concept notes) [R]. Paris: OECD Publishing, 2019:25.
[2] Elena Silva. Measuring Skills for 21st-century Learning [J]. Phi Delta Kappan, 2009(9):630.
[3] Gordon, Jean et al. Key competences in Europe: Opening Doors for Lifelong Learners across the School Curriculum and Teacher Education [R]. Case Network Reports, 2009:39.
[4] Council of Europe. Competences for Democratic Culture: Living Together as Equals in Culturally Diverse Democratic Societies [R]. Council of Europe, 2016:27.
[5] United Nations Educational, Scientific and Cultural Organization. Rethinking Education: Towards a Global Common Good? [R]. Paris: UNESCO Publishing, 2015:40.

概括新的预期学习结果,期望改变以读、写、算等为主的学习结果,提倡能够灵活运用所学知识、技能与情感,进而满足复杂情境,成就自我与推动社会福祉,以应对信息时代、知识社会对人的全新挑战。

综合素养的中国理解、拉丁词源以及经合组织等国际共识,我们将其概括为:素养作为道德性地运用知识成事与成人的能力。为深入解释这一内涵,有必要注意以下几点。

首先,素养作为运用知识成事的能力。素养指向了个体运用已有知识等资源,开展高阶思维导向的情境性互动进行做事,实现成事,进而满足需求。这里的知识是一种广义立场的理解方式,包括事实知识、概念知识、程序知识、策略知识以及信念知识等。[1] 可见,素养作为一种运用知识能做事、成事的能力,强调知行合一、学以致用,其内涵与"学会做事"密不可分,有助于根治"高分低能"的教育症结。在此,素养表现出个人与知识的关系发生了转型,从浅层次、被动的知道、掌握,到情境性的、适应性的迁移、运用,实现批判性、创造性、反思性地做事与成事。

其次,素养作为道德性运用知识成事的能力。素养作为运用知识成事的能力,这一能力本身具有道德属性,是以关心现实生活、向往美好生活和改善生活质量为价值导向。正如经合组织的研究指出,"素养这个预期学习结果是一个社会建构的概念,意在反映和加强主流意识形态假设和价值观的方式建构现实"。[2] 在此,素养是一种关乎道德意义、善本身的能力。这里

---

1 这一广义的知识理解及其分类标准源自认知心理学家理查德·梅耶(Richard Mayer)。近年来,联合国教科文组织与美国国家研究理事会的相关研究也均采用这一理解与分类。请参阅:James W. Pellegrino, Margaret L. Hilton. Education for Life and Work: Developing Transferable Knowledge and Skills in the 21st Century[M]. Washington, D. C.: The National Academies Press, 2012:84. 以及 UNESCO. Rethinking Education: Towards a Global Common Good? [R]. Paris: UNESCO Publishing, 2015:40.

2 Domunique Simone Rychen, Laura Hersh Salganik. Key Competencies for a Successful Life and a Well-Functioning Society[M]. G?ttingen, Germany: Hogerfe&Huber, 2003:41.

的"事",是一种好事,体现出善事善为,始终需要与他者、异质群体相沟通协作,为了美好生活,体现出对现实生活的关心,实现生活质量的改善。素养旨在关心生活、参与生活与重建生活的信念、责任与伦理,在实现知行统一、学用一体的过程中,目的在于实现理智与德性的统一。需要指出的是,这里的"事"不仅是"好事",而且还是"大好事"。"大"区别于自我、个体工作与生活中的"小"事,而总是与国家、社会以及世界密切相关,借用教育家陶行知的名言则是"为一大事来,做一大事去",用明代思想家顾宪成的表达便是"家事国事天下事事事关心"。在此,素养体现出德性取向、价值导向,体现出将责任心、使命感、奉献精神等价值信念作为行事的导引,发挥其价值锚点的作用,旨在通过发展素养实现民主的价值观和社会的可持续发展,为建立一个公平的社会做出贡献。

最后,素养作为运用知识成事与成人的能力。素养作为预期的学习结果,包括成事与成人两个维度。成事指向了个体与外在世界的关系,要求能够运用心理资源解决问题、满足情境需求与胜任外在挑战;成人则指向个体与内在自我的关系,能够在成事中开展价值洞察、意义追问与德性反思,以成为有意义、有道德与有价值的人。这一维度重在发展内在的德性,为成事提供价值引领,将责任心、使命感、奉献社会等价值信念作为行事的导引,通过发展学生素养实现民主的价值观和社会的可持续发展,进而为建立一个公平的社会做出贡献。[1] 素养内涵中两个维度内外结合,相互补充。

综上,素养作为道德性地运用知识解决问题成事、成人的能力,能够胜任未来社会挑战的预期学习结果,具有以下特征。

第一,迁移品质。素养本位教育改革的愿景在于回应未来工作、生活与

---

[1] OECD. Definition and Selection of Key Competencies: Executive Summary[R]. Paris: OECD Publishing, 2005:7.

学习的复杂性,胜任信息技术的广泛运用而引发的高度职业流动性、工作与岗位转换、更替速度越来越快等挑战,确保个体在多种情境、工作、生活中能够具有胜任力。在此,"素养是一种知识运用、迁移的道德性能力,被寄予着多功能、跨领域、跨学科等信念,使其能够适应不同的场合"。[1] 不难理解,素养作为预期的学习结果,它本身具有迁移性,作为一种共通能力,具有适用于不同社会情境的"跨领域性""跨情境性"等迁移品质。其中,迁移品质蕴含了一种普遍性假设,即存在着某种对人类生存发展具有普遍意义的内在机制。美国国家研究理事会的研究成果也表明,"素养是指向跨情境,尤其在复杂情境、不可预测情境中的学习结果,甚至可以用迁移来概括"。[2] 在此,迁移不仅是素养的属性,也是素养的发展路径。澳大利亚核心素养研究专家安德鲁·戈沙齐(Andrew Gonczi)教授曾指出:当个体将所习得的知识迁移、运用到广泛性的问题情境之时,个体通过积极调动认知、情感或与身体相关的心理资源,历经问题解决实践之后,个体所习得的最终学习经验或学习结果将不再局限于知识本身,而是一种关于如何运用知识的能力之知,或称之为"know-how",即素养本身。[3]

第二,高阶思维。素养作为预期学习结果是回应知识社会、信息时代的挑战,尤其是针对常规认知、体力劳动正在被计算机替代的时代背景下,如何应对信息的爆炸、知识半衰期的降低、职业与岗位的流动性等挑战与压

---

[1] Franz E. Weinert. Competencies and Key Competencies: Educational Perspective [A]. Neil J. Smelser, Paul B. Baltes. International Encyclopedia of Social & Behavioral Sciences [C]. Amsterdam: Elsevier, 2001:2436.

[2] James W. Pellgrino, Margaret L. Hilton. Education For Life and work: Developing Tranferable and Skills in the 21st century [M]. Washington, D.C.: The National Academies Press, 2012:6.

[3] Andrew Gonczi. Teaching and learning of the key Competencies [C]//Domunique Simone Rychen, Laura Hersh Salganik. Contribution to the Second DeSeCo Symposium [M]. Neuchâtel, Switzenland: Swiss Federal Statistic Office, 2003:125.

力。它作为一种高阶思维能力,在面对复杂问题情境时,能够灵活、充分调动所学知识、技能与态度,作出明智、创造性的判断、反思,并能够成功解决问题。"高阶思维不仅是学生能够开展运用知识解决问题的关键条件,而且也是支撑核心素养发展与生成最为重要的构成性要素。"[1]对此,蔡清田也指出:"核心素养牵涉反省思考的高阶心智及复杂性行动学习的高阶复杂的难度。核心素养的内部深层结构具有高阶复杂的特性,已经超越行为主义层次的能力,其内涵比一般的能力较为高阶复杂且深邃。特别是,它统整了认知的技能或心智慧力,诸如分析或批判技能、做决定的技能、问题解决的技能,以及结合以认知为依据的个体内部情境的社会心智运作逻辑,并激发起动机、情绪与价值,有助于激发主体能动者个人行动的成就动机,提升其工作的质量。"[2]在这个角度,便很容易理解在全世界推动核心素养导向下课程与教学变革的实践过程中,核心素养常常与高阶思维、高阶思维技能或21世纪思维技能相互替换使用。

第三,整体取向。素养是一个整体性、整合性概念,不仅意味着相关要素的整合,[3]体现出知识、技能和态度的组合,[4]而且还包括以相关知识、技能与态度作为资源,以复杂的问题情境作为条件,以知识运用、迁移与有效

---

[1] Hanna Dumont, David Istance, Francisco Benavides. The Nature of Learning: Using Research to Inspire Practice [M]. Paris: OECD Publishing, 2010:23.

[2] 蔡清田.核心素养与课程设计[M].张咏梅审校,北京:北京师范大学出版社,2018:105—106.

[3] 整合意味着知识、技能、态度和价值观等要素并非相互竞争的观念,它们之间并非相互独立的发展,应基于整体、关系的角度培养三者才能更好地面对2030年的挑战。参阅:OECD. OECD Future of Education and Skill 2030: OECD Learning Compass 2030(A series of concept notes) [R]. Paris: OECD Publishing, 2019:101-105.

[4] European Union. The Key Competences for Lifelong Learning — A European Framework [R]. Luxembourg: Office for Official Publications of the European Communities, 2007.3. 同时,澳大利亚墨尔本大学领导的21世纪技能的教学与评价中对21世纪技能也采取整合性的分析模式,每一个21世纪技能都是由知识、技能、态度、价值观和伦理(ethics)所构成,进而由这几项内容的英文首字母建构出"KSAVE"模型。参阅:Patrick Griffin, Barry McGaw, Esther Care. Assessment and Teaching of 21st Century Skills [M]. Springer, 2012:36.

的问题解决为过程或方法,以能够胜任复杂问题的挑战为学习结果等一系列整体化的行动过程。可见,素养是一个关系性、整体性、一体化的实践。这里的整体性,并不等同于简单的要素分析或条件叠加,而是资源、条件、方法与结果一体化的整体思路。这是一种关系、整体优先的思路。这一高级能力的发生与建构需要个体评估、权衡认知资源、非认知资源与问题情境的关系,是诸多资源、条件、方法与结果相互关系的复杂体。素养正是多种因素涌现、生成的一个整体,作为预期的学习结果难以归结于相关心理条件、要素或行为表现的分解、拆分,而体现出问题情境与行动、心理结构与功能、过程与结果的交往互动、有机整合。

第四,德性导向。素养作为预期的学习结果旨在帮助学生获得优质生活、成功人生,推动自我实现与发展,实现社会的健全、经济的繁荣、政治的民主以及文化的多元等可持续性发展的共同理想。经合组织开展的"迪斯科"项目便源于对成功生活和良好社会需要哪些素养的深度追问,该项目引发一个深刻的问题便是"我们想象和渴望什么样的社会,成功的人生是什么,我们指的是什么样的社会和怎样的经济发展等。而素养的遴选与界定是基于成功人生和健全社会、美好生活的基本愿景和共同立场,关注德性的生活与道德的能力、技能"。[1] 甚至,"素养本身并不是目的,而是我们确定或选择的素养在多大程度上对成功的生活和良好的社会做出了贡献,改善了生活和社会的质量"。[2] 可见,素养所具有的知识经济、未来职业与生活等工具价值,本质上是基于善、伦理、道德的,具有强烈的德性特征。

---

[1] Domunique Simone Rychen, Laura Hersh Salganik, Mary Elizabeth McLaughlin. Contributions to the Second DeSeCo Symposium [C]. Neuchâtel, Swiss Federal Statistical Office, 2003: 106.

[2] Domunique Simone Rychen, Laura Hersh Salganik, Mary Elizabeth McLaughlin. Contributions to the Second DeSeCo Symposium [C]. Neuchâtel, Swiss Federal Statistical Office, 2003: 111.

在经合组织核心素养的研究进程中,法国哲学家莫尼克·坎托-斯佩伯(Monique Canto-Sperber)和吉恩-皮埃尔·杜普伊(Jean-Pierre Dupuy)就倡导将德性伦理学作为核心素养的哲学基础之一。他们将德性解读为:能够在特定情境下以适当方式行动、判断和感受的心理倾向和素养。从德性的角度来理解核心素养,就要将核心素养根植于人类本质的存在方式——共同生活的实践中。核心素养就是要求人按照人所应是的那样去生活,以实现人之本性的卓越为目的。好的生活必须通过追求实践的"内在利益",即实践本身的卓越而非外在的功利来达成。[1] 可见,素养内涵已经走出了知与行、学与用、理论与实践、逻辑与德性的二元对立,追求认知与非认知、逻辑与德性的统一。那么,素养就要求学生不仅需要具备知识迁移、运用与创造等高阶思维技能,而且还要对现实生活问题有敏锐的感知和关切。可见,这是一种更高境界的"知",这样的学习结果实现了知、情、意、行等方面的协调与统一。

第五,实践立场。素养作为个体能够基于个体心理社会资源开展对象化、情境性实践的能力,它始终与运用、问题解决、满足需求等行动密切相关,指向在问题情境中灵活自如地激活、调动,即将知识对象化、实践化的过程。素养的实践立场体现了人类实践的本质,实践这一词的希腊文含义是"行动",意味着采取过程视角,行动地看待人类知识。[2] 显然,素养不是抽象的能力,而是历史性、情境性与实践性的,强调个体能够运用所学的知识、技能、态度,在广泛、复杂的情境中有效地激活、迁移,即走向现实生活复杂的情境,并通过情境问题的解决过程生成关心生活、参与生活与重建生活的信念、责任与伦理,即理智与德性的统一。

---

[1] 杨惠雯. 核心素养理论建构的人本论取向:德性伦理学的启示[J]. 中国教育学刊,2019(8):19—24.
[2] 郁振华. 人类知识的默会维度[M]. 北京:北京大学出版社,2012:36.

第二节 素养的辨析

国际教育政策或改革文件中,素养常和技能(skill)、能力(ability)等术语互换使用或并列使用。由此,深刻理解素养的内涵,有必要辨析素养与这些词汇的区别与联系。

一、素养与技能

一般来讲,技能涉及动作、行为方式,是关于如何做、怎么做。按照身心二元的分析,技能被描述为认知技能(涉及逻辑、直观和创造性思维的使用)或实践技能(涉及手工灵巧以及方法、材料、工具和工具的使用)。[1] 经合组织在《2030年教育和技能的未来:OECD学习罗盘2030》提出了三种不同类型的技能,分别是认知与元认知技能、社会和情感技能,以及实践和身体技能。认知与元认知技能是能够使用语言、数字、推理和获得知识的一套思维策略,包括语言、非语言和高阶思维技能。元认知技能包括学会学习的技能和能够识别一个人的知识、技能、态度和价值观的技能,包括批判性思维、创造性思维、学会学习和自我调节技能。社会和情感技能(social and emotional skills)是能够发展自己,在家庭、学校、工作和社区中发展他们的人际关系,履行其公民责任的一系列技能,这些技能可以体现在一致性的想法、感受和行为之中,其中包括同理心、自我效能感、责任感和协作技能等。实践和身体技能包括使用新的信息和通信技术设备的技能,实践技能是指

---

[1] Jean Gordon, et al. Key competences in Europe: Opening Doors for Lifelong Learners across the School Curriculum and Teacher Education [R]. Warsaw: Center for Social and Economic Research, 2009:56.

使用和操纵材料、工具、设备和人工制品以达到特定成果所需的技能。身体技能是使用身体工具、操作和功能的一套能力。[1] 综上,技能是关注动作、活动、操作等方式,指向动作方式和动作系统,涉及运用已有的知识经验,通过练习而形成一定的动作方式或智力活动方式。

在素养研究的国际进程中,素养与技能常常出现重叠,甚至美国课程再设计中心(curriculum redesign center)创始人,经合组织工商咨询委员会教育委员会主席查尔斯·菲德尔(Charles Fadel)指出,技能在不同国家的语言中意思并不完全相同,可能包括了素养、才干(savoir-faire)、水平(proficiencies)等意思,是指我们如何运用知识。为了使教育能够更好地帮助学生适应当前和未来的生活,培养和增强技能不可或缺。同时,他又将创新思维技能、批判性思维技能、交流与合作技能称之为高阶技能。[2] 联合国教科文组织更直接指出了素养与技能在语义上的重叠现象,"技能与素养的定义往往多样且常有重叠,也有各种分类方式……尽管两个字词也常交互使用,但素养的内涵范畴要宽广得多,素养常用以指能够在特定情境中,回应需求而运用知识的能力。广义来看,它还包括信息、理解、技能、价值观与态度"。[3] 针对这一语用重叠现象,经合组织曾指出:"批判性思维技能、分析性技能、一般问题解决技能和毅力等不能被视为素养。认知或动机层面也不能构成素养本身。但作为素养的成分而言,他们是有价值的,是必不可少的。"[4] 该组织又在《2030年教育和技能的未来:OECD学习罗盘2030》报告

---

1 OECD. OECD Future of Education and Skill 2030:OECD Learning Compass 2030(A series of concept notes)[R]. Paris:OECD Publishing,2019:86.
2 (美)查尔斯·菲德尔.21世纪素养[J].盛群力、吴新静译,课程教学研究,2017(4):8—11.
3 United Nations Educational, Scientific and Cultural Organization. Rethinking Education:Towards a Global Common Good? [R]. Pairs:UNESCO Publishing,2015:40.
4 Domunique Simone Rychen, Laura Hersh Salganik. Key Competencies for a Successful Life and a Well-Functioning Society [M]. Göttinggen, Germany:Hogerfe&Huber,2003:52.

中指出,"素养不仅仅是技能。技能是行使素养的先决条件。为 2030 年作好准备和胜任能力,学生需要能够运用自己的知识、技能、态度和价值观以连贯和负责任的方式行事,从而使未来变得更好。"[1]

综上,素养与技能的区别在于,技能是素养关键、核心的内容与条件,同时也是素养的一种情境性表现。从素养的内容或条件来看,素养涉及的内容要素、条件更为广泛,不仅需要高阶思维参与,而且还需要道德、情感与价值观等非认知因素作为导航与定位。同时,从素养表现的立场来看,当个体运用知识、技能、情感与态度价值观等心理社会资源,满足复杂情境需要和实现问题的解决之后,个体一定表现出技能上的娴熟与高超。

二、素养与能力

一般认为,能力作为一种心理特征,是顺利完成某种活动的心理条件。[2] 常称之为能量(capacity)或智力(intelligence);狭义的角度称之为性向(aptitude)。[3] 近年来,对能力的理解与定位问题上,常将其视为个人学习某事物所具有的潜在能力。联合国教科文组织主编的相关概念词典中,也突出对能力的潜在性、潜能性解释,将其视为个人获取和应用新知识或技能的潜力。[4] 可见,能力这一概念是从主体心理特征,问题解决的心理准备等角度,揭示出一个人所拥有的内在潜质或潜力,描述出可进行问题解决,完成某项任务的内在状态或必要条件。但能力这一概念还揭示出,拥有某种能力并不等同于能够有效处理、满足需求,其实力还有待不可预测情境、复

1　OECD. OECD Future of Education and Skill 2030: OECD learning Compass 2030(A series of concept notes). Paris: OECD Publishing, 2019:24.
2　彭聃龄. 普通心理学(修订版)[M]. 北京:北京师范大学出版社,2001:390.
3　张春兴. 张氏心理学辞典[M]. 台北:台湾东华书局,1991:1.
4　UNESCO International Bureau of Education. IBE Glossary of Curriculum Terminology [R]. Geneva: UNESCO Publishing, 2013:4.

杂问题的挑战与考验。

在素养研究的国际进程中,素养与能力常常相互替换使用。经合组织、欧盟委员会等机构的相关研究在对素养的定义中,常出现"作为(as)一种……能力"的表达。"作为"一词为副词时,表示"同样地,一样地";作为介词表示"以……身份";像、如同等。[1] 基于"作为"一词的内涵,可以看到素养与能力的联系,具有同样的、一样的属性。它们与知识的区别在于,都突出了主体能够运用知识等心理社会资源做事、成事,突出了主体的某种行动倾向性和完成任务的潜在性。它们强调能够就所学知识开展问题解决,能够对所学知识开展多样化、对象化、情境性的运用实践,在这一角度,两个概念间存在相似度。

素养与能力之间是现实性与可能性的区别。素养是从情境的胜任力、问题的完成度等角度来称谓个体的学习结果,强调基于心理社会资源,在复杂情境、不可预测的问题挑战下实现做事、成事。这一概念的焦点不在能否做事、成事,而是指向了结果,实现了做事、成事,具有现在完成时的意味。也就是说,素养一词揭示出主体运用所学的知识、技能,在情感、态度、价值观的启发、导引下,将潜在的资源变成现实胜任力。这与蕴含潜在性、潜能性能力的区别十分明显。同时,素养的内涵中还具有道德性,这与一般意义上的能力也有所不同。对此,如经合组织"迪斯科"项目的研究者在遴选、确定相关核心素养清单时指出,诸如回忆、积累知识或推理之类的能力肯定是必要的,但是对于现代生活的许多需求而言,还不够。[2]

素养基于能力,是一个整体性、复杂性概念。它涉及认知与非认知的整

---

[1] 陆谷孙.英汉大词典(上卷)[Z].上海:上海辞书出版社,1989:168.
[2] Domunique Simone Rychen, Laura Hersh Salganik, Mary Elizabeth McLaughlin. Contributions to the Second DeSeCo Symposium [C]. Neuchâtel, Swiss Federal Statistical Office, 2003: 111.

全、整合,尤其是情感、态度与价值观的规范、引领。如蔡清田教授指出:"素养是指个体为了健全发展,必须通过受教育而学习获得适应社会的复杂生活情境需求所不可欠缺的'知识'、'能力'与'态度',是由知识、能力与态度三者不可或缺所组合而成的复合理论构念。其所涉及的内涵,并非单一维度,而是多维的。素养不只重视知识,也重视能力,更强调态度的重要性。一个人即便再有能力,如果没有正当的态度,仍称不上具备'素养'。"[1]林崇德教授也曾指出:"核心素养是关于学生知识、技能、情感、态度、价值观等多方面要求的综合表现;是每一名学生获得成功生活、适应个人终身发展和社会发展都需要的、不可或缺的共同素养;素养内涵界定坚持必备品格与关键能力的有机统一,每种素养既具有品格属性,也具有能力特征。"[2]

三、素养与核心素养

素养与核心素养常常相伴而生,相互混用。自上世纪末以来,经合组织为实现"成功人生和健全社会"构建了三类核心素养框架;欧盟委员会以"终身学习"为核心提出八项核心素养;美国以"21世纪学习"为中心提出了四项核心技能;林崇德教授基于培养"全面发展的人"为目的建构出三个领域六大素养18个基本要点的中国学生发展核心素养框架;教育部于2017年颁布,2020年修订的《普通高中课程方案(2017年版2020年修订)》及20余门课程标准,以及2022年颁布的《义务教育课程方案和课程标准(2022年版)》,以正确价值观、必备品格和关键能力为维度确立了近80项相关课程核心素养等等。甚至有学者考察,"截止20世纪末,仅在有关职业教育与培

---

1 蔡清田.核心素养与课程设计[M].北京:北京师范大学出版社,2018:3—19.
2 林崇德.中国学生发展核心素养:深入回答"立什么德、树什么人"[J].人民教育,2016(19):14—17.

训的德国文献中就提出了至少654种不同的核心素养。范围涵盖从创造性、逻辑思维、解决问题的能力、成就准备、独立性和专注力、外语技能、沟通技巧和媒体能力"。[1] 素养导向的教育变革中,核心素养是位居基础性的,身处关键的、必备的、核心而重要的素养,亦指不可或缺的素养,也是个体开发潜能与产生社会效益所必须具备的素养,或是代表个体应普遍达到的共同必要素养,应达成的最低共同要求。正如有学者指出:"核心素养是核心的素养,也是社会成员都应共同具备的素养,而且这些所有社会成员都应该共同具备的素养,可以再区分为比较重要的而且居于核心地位的素养,以及由居于核心地位的素养所延伸出来的其他相关素养,这些居于核心地位的素养称为'核心素养'。"[2] 进而,我们较为习惯地追问这一系列核心素养框架如何体现了"核心"的意义,较为熟悉的是比较诸多核心素养框架的共识与区别以及如何、为何包括这些具体核心素养的条目等。基于素养与核心素养关系的比较判断时,实际上是有意地搁置了素养与核心素养的内在区别与联系,素养的内涵及其本身似乎成为了一个"不在场"的概念。[3]

素养与核心素养间区别是作为单数形式的素养(competence 或 competency)与作为复数形态的核心素养(key competencies 或 competences),[4] 其实质是素养与素养表现的区别。素养作为一种道德性地运用知识解决问题的能力,是从行动、实践的内部视角对个体心智结构、心

---

[1] Franz E. Weinert. Competencies and Key Competencies: Educational Perspective [A]. Neil J. Smelser, Paul B. Baltes. International Encyclopedia of Social & Behavioral Sciences [C]. Amsterdam: Elsevier, 2001:2424.
[2] 蔡清田. 课程改革中的"素养"与"核心素养"[J]. 教育研究月刊,2011(6):119—131.
[3] 张良. 热闹的"核心素养"与冷落的"素养"[J]. 教育发展研究,2018(6):3.
[4] 复数"competences"更倾向于整体概念,关于人的属性、能力和素质,"competencies"则接近于使用技能作为素养,通常是学会执行一项动作以达到预期的结果。参见:Jean Gordon, et al. Key Competences in Europe: Opening Doors for Lifelong Learners across the School Curriculum and Teacher Education [R]. Warsaw: Center for Social and Economic Research, 2009:54.

理特征的刻画与描述,表达出个体应具有的预期的心智能力。这是素养的本源、原初内涵。在多尔看来,作为复数的核心素养是对素养表现(performance)的描述,是心智能力在不同问题情境、任务行动中预期的诸多外部表现。[1] 可见,素养更多指向个体内部的心智能力,核心素养则是这一内部心智能力在问题情境中的外部表现。林崇德教授的理解也证实了这一论断,如他指出:"核心素养是关于学生知识、技能、情感、态度、价值观等多方面要求的综合表现。"[2] 由此可知,诸多核心素养框架的确立,是基于素养的不同心理社会资源、不同动作方式以及不同的情境需求与任务的表现情况而遴选、确立而来。核心素养回答的是个体在预期情境中具体、特定类别的素养表现,进而由于情境的复杂性,该词也就呈现为复数形态。

素养作为核心素养的内在心智基础[3]。核心素养则作为素养在不同情境中的预期表现,两者间是源与流的生成性关系。当个体历经知识运用、问题解决过程之后,个体具备了满足复杂任务挑战的胜任力。依据认知与非认知的维度对这一胜任力进行静态的划分时,便可以从能力与品格等维度进行描述、评价。但从过程性、生成性的角度来看,这些情境中的胜任力表现并非素养本身,而是作为个体历经问题解决、知识运用过程的衍生物和

---

[1] William E. Doll. Developing Competence. In Donna Trueit. Pragmatism, Post-modernism, and Complexity theory: The "Fascinating Imaginative Realm" of William E. Doll, Jr. [M]. New York and London: Routledge, 2012:67. 有学者也同样指出:复数意义上的核心素养强调个体在不同的工作情景或任务要求下,需要不同的能力表现,也显现能力之间的差异。参阅:郑雅丰,陈新转. 能力概念及其教育意义之探讨[J]. 教育研究与发展期刊,2011(6):27—57.
[2] 林崇德. 中国学生发展核心素养:深入回答"立什么德、树什么人"[J]. 人民教育,2016(19):14—17.
[3] 多尔教授引用心理学家皮亚杰、语言学家乔姆斯基的观点指出:在诸多核心素养背后潜藏着内在的能力结构,这一结构主义的立场将素养与表现区分开,进而避免行为主义与还原主义的理解或实践误区。引自:William E. Doll. Developing Competence. In Donna Trueit. Pragmatism, Post-modernism, and Complexity theory: The "Fascinating Imaginative Realm" of William E. Doll, Jr. [M]. New York and London: Routledge, 2012:66-67.

副产品。由此可见,素养与核心素养的关系并非空间意义上的"比较级",而是基于知识运用实践的生成性关系。由此,将两者的关系描述为,素养作为核心素养的内在心智基础,核心素养则作为素养在不同情境中的预期表现。

素养是源,核心素养是流。核心素养并非位居基础性、重要的素养,两者间是内部结构基础与预期情境多样化表现的生成性关系。"核心素养"(以复数形式)是指特定情况下,满足情境需要的具体心理特质条件或能力的表现。这意味着,素养(单数)是整个核心素养模型或框架的基础,核心素养(复数)是通过行为的动员和部署而来境。如果没有调动和部署素养(即如果没有将其用于行为的倾向),那么个人就不能被认为是有素养的。换句话说,有素养在行为中使用自己的能力是素养概念的本质,即没有这种能力就没有素养。[1]

理解素养与核心素养的区别,有必要深入理解素养与表现的区别。"有必要重新理解素养与表现之间的复杂关系:一种素养可以有多种表现,既包括不同人的个性化表现,又包括同一个人在不同情境中的表现;一种表现可能体现不同素养,既可能是不同类型的素养,又可能是不同发展水平的素养。"[2]基于此,两者间的复杂关系表明:即便学生的行为表现出了核心素养的心理特征,但如果仅模仿和训练这一外部表现,此时的心理特征或行为表现并非是核心素养本身。素养作为核心素养的内在心智基础,核心素养则作为素养在不同情境中的预期表现。两者之间是源与流的情境性、生成性关系,有必要充分理解、准确把握作为复数、框架意义上的核心素养,它们是

---

[1] Council of Europe. Competences for Democratic Culture: Living together as Equals in Culturally Diverse Democratic Societies [R]. Council of Europe, 2016:27.
[2] 张华.迈向素养本位教育评价观[J].教育发展研究,2019(6):3.

运用知识解决问题的情境性、生成性副产品。这就意味着唯有培育与发展运用知识解决问题的能力,个体才能在不同学科情境、问题情境中获得预期完满性表现。核心素养本身并非脱离过程、情境的外部表现或实体,而是个体心理社会资源与情境交互、知识运用的生成性产物。普通高中语文课程标准修订组的专家在分析语文学科核心素养所包括的语言建构与运用、思维发展与提升、审美鉴赏与创造、文化传承与理解四者的关系时指出:"语言建构与运用是语文学科独特的课程素养,也是其他要素的基础,只有这一项是唯一或主要属于语文的。其他三个方面既是从语言运用中生发出来的,又是语文课程不可缺乏的。"[1] 不难理解,这是对素养与核心素养生成性关系最有代表性的例证。

综上,核心素养的落地生根应先理解好素养与核心素养之间是源与流、本与木的生成性、复杂性关系。当然,国际上关于素养的测评实践中确有存在基于个体在情境中的胜任力表现作为判断、鉴别是否具备素养的案例。但作为素养的表现还深受偶然性、情境、文化乃至个体等复杂因素影响。[2] 可见,个体具备了素养在情境中的若干表现,却不能直接归咎于素养本身,两者间是复杂、动态的关系。对此,我们基于素养作为核心素养的心智基础这一论断提出:唯有素养即运用知识解决问题能力的培育,才能发展其在不同学科情境、问题情境中的预期表现。忽视了这一区别与联系,素养的培育与发展将仅为素养的情境性外在表现,难免深陷本末倒置的泥潭,引发行为主义、表现主义以及授受主义等误区。

---

[1] 王宁,巢宗祺.普通高中语文课程标准(2017年版)解读[M].北京:高等教育出版社,2018:56.
[2] United Nations Educational, Scientific and Cultural Organization, Mahatma Gandhi Institute of Education for Peace and Sustainable Development. Textbooks for Sustainable Development: A Guide to Embedding [R]. New Delhi: UNESCO MDIEP, 2017:21.

第三节 把握素养的方法论

对任一存在或概念的理解总是嵌入一定的思维视角或方法论假设。同时,一定的视角与方法论也构成了理解该存在或概念的理论假设与分析框架。为全面把握素养的本质,可采用以下方法论。

一、结构与功能一体化

结构是各个组成部分的搭配和排列。[1] 功能是事物或方法所发挥的有力的作用或效能。[2] 结构的方法论意义在于能够把握、确保素养所应具备的心理社会资源或先决条件(prerequisite)、内部心理结构(internal structure)。功能则关注如何发挥它的功能、效果,即如何实现、发挥素养作为道德性运用知识满足复杂需要的能力。在对素养的理解上,结构取向、立场的观点一直居于主导地位,常常伴有"具备""所需""有""不可或缺""包括"等表达。这一理解与追问的方式重在分析、解构素养的内在构成结构、要素内容等。虽然,"素养的种类或要素是多种多样的,如品德、智力、能力、创造力、情感、意志、理想、信念、价值观等等"。[3] 如若基于心理现象分析的认知与非认知维度,素养的结构便有了清晰的框架和线索。认知层面的能力代表着思维、概念、问题解决等认知发展稳定且最高的阶段。非认知层面包括情感、意志和道德、动力等因素,品格则是这些非认知因素相互连接、稳

---

1 中国社会科学院语言研究所词典编辑室.现代汉语词典(第7版)[Z].北京:商务印书馆,2016:666.
2 中国社会科学院语言研究所词典编辑室.现代汉语词典(第7版)[Z].北京:商务印书馆,2016:454.
3 陈佑清.在与活动的关联中理解素养问题——一种把握学生素养问题的方法论[J].教育研究,2019(6):60—69.

定与统一的人格特征。品格更多关注的是"个人的品行道德和风格。它是人格结构的一个重要组成部分,是个人有关社会规范、伦理道德方面的各种习性的总称,是不易改变的、稳定的心理品质。"[1]查尔斯·费德尔更愿意将品格定位于一种非认知层面的理解,它意味着所有的态度、行为、性情、心态、个性、气质和价值观。[2] 由此可见,基于对心理现象的认知与非认知维度的解析,将素养理解为必备品格与关键能力便顺理成章。如林崇德教授指出:"这一概念内涵同时强调了核心素养的品格属性和能力特征,体现出中国特色、中国风格、中国气派。"[3]由此,必备品格与关键能力构成了理解素养的两大支柱,这是从结构的角度细化、具体化育人目标与预期的学习结果。

结构的立场、要素的思路易于澄清素养的先决条件、内容要素或内部心理结构,却容易陷入实体论、要素论以及还原论等风险或误区,难以为把握知识与素养的关系以及两者间转化的机理提供合理的方法论支持。对此,功能的角度更有助于揭示出素养的本质、知识与素养的关系及其转化的过程,尤其是突出强调以"用"、实践、行动、成事等为核心的预期学习结果。素养具有清晰的需求导向和功能本质,是作为能够胜任知识社会、信息时代的预期学习结果,它的本质属性在于不仅要求学生能够掌握、具备相关知识,而且能在道德、价值观的导引下,开展多样化的知识迁移与运用。[4] 可见,素养是发生、建构与发展于复杂情境中,主体开展的道德性知识迁移与运用实

---

1 黄希庭.人格心理学[M].杭州:浙江教育出版社,2002:14.
2 Charles Fadel. 21st Century Curriculum: A Global Imperative [A]. James A. Bellanca. Deeper learning: Beyond 21st century skills [C]. Bloomington, IN, Solution Tree Press, 2015:225.
3 林崇德.构建中国化的学生发展核心素养[J].北京师范大学学报(社会科学版),2017(1):66—74.
4 张良.核心素养为何是必备品格与关键能力——基础教育改革中的核心素养观的反思与重建[J].南京社会科学,2021(5):154—160.

践,能够在学习过程与结果等层面实现知与行、理智与德性的统一,进而为知识教学的价值、角色带来了新的挑战与定位。

应以结构与功能一体化的方法论把握素养的内涵。其中,结构立场有助于澄清素养的内容、要素及其结构,秉持结构优先,结构决定功能的思维假设。功能的视角有助于突出素养的本质特征则在于知识运用、需求满足与问题解决,却难免存在模糊性、不确定性等。结构与功能一体化的方法论意味着结构与功能的并进,不仅有助于澄清素养的实践性、功能取向与行动诉求等本质特征,而且还有助于确立素养要素及其结构,探究发展素养的有效路径,并指出通过发挥素养自身的功能,才能确保相关要素、表现的生成与完善。

二、整体中定位部分

部分即整体中的局部,整体里的一些个体。[1] 部分的视野与结构的立场密切相关,是结构立场中的子项,旨在追问素养的要素、条件、单元等,其方法论误区在于用"素养有什么"替代了"素养是什么"。这一理解愈发远离素养本身,"究其根本,其原因在于人们在这一讨论之初就陷入到一种'要素主义'的氛围中,把核心素养的构成以及各种构成成分的教育路径作为思考的核心,最终'因为走得太快,忘记了出发的目的',忘记了对核心素养的本质规定以及教育价值的深入追问"。[2] 虽然,部分的视野也注重整体,但这一整体是通过部分、要素与构成成分来理解,即通过部分建构整体,是一种还原论、要素论、构成论思维假设下的整体性,忽视了整体与部分的区别与联系,

---

1 中国社会科学院语言研究所词典编辑室.现代汉语词典(第7版)[Z].北京:商务印书馆,2016:116.
2 于泽元,王丹艺.核心素养对课程意味着什么[J].现代远程教育研究,2017(5):21—28.

即作为整体的素养与素养的部分之间是两个概念。如果仅注重部分,实际上作为整体的素养成为了一个不在场的概念,进而深陷要素主义、还原论之中,难以一窥素养全貌。

　　整体常常蕴含着"全部""完全""所有"等多重意思,字面上,整体是一种基于部分、要素的完好、充足等。但实际上,整体具备关系性、生成性与情境性,是个复杂的概念。这一概念蕴含着一种基于整体的世界观、认识论与方法论。复杂科学研究重镇美国圣菲研究所(Santa Fe Institute)创始人考温(George Cowan)曾指出:"通往诺贝尔奖的辉煌殿堂通常是由还原论的思维取得的,也就是把世界分解得尽可能小、尽可能简单……但却因此背离了真实世界。"[1]"在花了三百年的时间把所有的东西拆解成分子、原子、核子和夸克后,他们最终像是在开始把这个程序重新颠倒过来。他们开始研究这些东西是如何融合在一起,形成一个复杂的整体,而不再去把它们拆解为尽可能简单的东西来分析。"[2]整体的方法论秉持着"真正的整体很有可能就是一种不可分割的连续性。确切地讲,我们从中切割出来的那些系统,因此根本就不是一个个部分;他们可能是对于整体的局部视角……将这些局部视角放在一起,你甚至连开始重建整体都谈不上。"[3]可见,整体超越了要素、部分,表现出一种难以分割、还原的连续性和有机性,此时的整体性意味着一种非加和性、难以还原、不可分割性的整体性。法国社会学家埃德加·莫兰(Edgar Morin)也指出:"整体还包含各个部分发展特有的潜在可能性,"[4]

---

[1]　(美)米歇尔·沃尔德罗普.复杂:诞生于秩序与混沌边缘的科学[M].陈玲,译.北京:三联书店出版社,1997:44.

[2]　(美)米歇尔·沃尔德罗普.复杂:诞生于秩序与混沌边缘的科学[M].陈玲,译.北京:三联书店出版社,1997:74.

[3]　(法)伯格森.创造进化论[M].肖聿译.北京:华夏出版社,1999:32.

[4]　(法)埃德加·莫兰.整体性思维:人类及其世界[M].陈一壮,译.北京:中国人民大学出版社,2020:125.

进而,"整体不是各个部分的相加,而是在整体的层次上由新的性质和性能所构成,这些新的性质和性能被称为'涌现'"。[1] 可见,整体并非部分的机械叠加或组合,而是作为一种情境性、关系性、涌现性的存在本身。

素养是一个整体性、整合性、关系性概念。素养的整体性意味着资源、条件、方法与结果的一体化,是以复杂的问题情境作为条件,以知识运用、迁移与有效的问题解决为方法,以能够胜任复杂问题的挑战为结果,最终表现为情境的胜任力,包括能力高超、思维卓越与品格高尚等。因此,把握素养的内涵,应基于整体与部分相结合的方法论,这是一种复杂性的思维与方法论,也是一种保护素养整体性的方法论承诺。

整体中定位部分的方法论意味着基于整体与部分一体化、双重性的逻辑理解素养内涵的复杂性。基于整体来理解、定位、发展部分,这就意味着部分是作为整体的部分,如仅站在部分、要素或条件的视野,不仅不能恰如其分地言说素养的本质,甚至是在误解、诋毁素养本身。同时,整体中定位部分体现出基于部分,又超越部分。如若缺乏具体要素、部分的支持,素养的整体性便如无源之水、无本之木。反之,如若仅将要素视为素养本身,全然将部分的叠加视为整体,实际上误解了部分与整体之间区别。整体中定位部分意味着基于整体的视野理解、判断部分的角色与地位,要素、部分的发展应依据整体功能的发挥才能得以实现。这就是说,部分并不是整体的终点。此外,还需要在强化整体的同时理解部分的角色、地位与意义,整体优先的视角,在整体中强化、发展部分,才有助于深度理解素养的本质,进而合理、有效把握素养的整体与部分之间的区分与联系。

---

[1] (法)埃德加·莫兰.整体性思维:人类及其世界[M].陈一壮,译.北京:中国人民大学出版社,2020:5—6.

三、过程中发展实体

实体蕴含着实体思维的方法论,旨在将存在预设为固定不变、独立存在的实体结合。这一方法论有助于把握素养的可确定的、可感知和可测评的要素与行为表现。在阿尔弗雷德·怀特海(Alfred Whitehead)看来,过程标志着现实存在自我生成的基本范畴,是现实存在自我创造的活动,意味着从一种现实存在向另种现实存在的转变。[1] 素养的内涵呈现出内蕴情境性、动态生成的过程特征,是一个生成性的概念,这一预期的学习结果生成在问题解决的实践进程中,生成在个体的知识运用行动中,生成在情境性的外在需求满足实践之中。可见,"素养是一个动态生成的过程。这是因为素养涉及选择、激活、组织、协调相关心理社会资源,通过在适当地和有效地适应情境的需求的基础上,通过某种行为得以应用。"[2] 由此,唯有基于过程的方法论才能够揭示出素养所具有的参与性、行动性、生成性以及情境性等过程特征,进而理解它存在并建构于内蕴行动、创生与情境性的过程,是在对复杂生活情境、不可预测情境驱动下,构成性要素获得充分激活,自组织地应用在解决问题的实践过程之中等特殊属性。

素养内涵的过程属性意味着应基于过程、生成等方法论去把握它的本质,把握的方式应追问"素养何以生成",而非是实体的方法论所追问的"素养是什么"。"素养是什么"实际上将素养视为一个或一些现成之物,亦即已经形成的实体,实际上在将素养的内涵物化、对象化与实体化,这样的追问必然将其构成要素、行为表现视为素养本身。"素养何以生成"关注"是"的

---

[1] 杨富斌,(美)杰伊·麦克丹尼尔. 怀特海过程哲学研究[M]. 北京:中国人民大学出版社,2018:247—250.

[2] Council of Europe. Competences For Democratic Culture: Living together as equals in culturally diverse democratic societies [R]. Council of Europe, 2016:24.

生成、动态过程,亦"成为素养、生成素养"的过程,在这个角度,素养不是独立存在的固定化实体,并非要素简单、静态组织的实体,而是主体创造性、本质力量对象化以及情境性建构出的一种实践性、过程性与生成性实在。显然,仅从实体的视角把握素养的内涵,素养的过程属性便成为了"不在场",逐而素养的生成与建构似乎与素养的过程本质及其特征毫无关系。可见,将素养视为若干要素或行为表现,素养便成为了一个构成性、机械性的实体,而非是实践、行动与生成的过程,素养的本质也彻底消散。

对此,为把握素养内涵的复杂性,应秉持在过程中发展实体的方法论意义,这意味着素养的相关实体——构成要素、行为表现,不能脱离学生对象化、情境性、道德性的知识运用实践过程,这些实体是作为学生道德性知识运用过程实践的副产品。过程中发展实体的方法论意味着基于过程发展实体,在对象化、反思性实践过程中发展相关要素或者素养的行为特征,进而才能确保素养的整体性生成。

第三章　知识与素养的关系

事物的属性是通过与其他事物间的关系表现出来，关系意味着认识事物属性、本质的一种抓手和途径。素养作为预期的学习结果，其落地生根的前提则应处理好知识与素养的关系。探讨知识与素养的关系不仅在为素养的落地生根提供理论基础，而且有助于更好地理解素养的本质、素养发展的知识基础以及两者间转化的机理等。鉴于此，有必要聚焦于知识与素养的关系这一议题，以期将知识与素养等相关理论问题嵌入关系之思的范畴内，丰富对知识与素养的内涵及其关系的把握与澄明。

第一节　知识与素养关系的远渊与近源

历史的角度来看，知识与素养的关系远渊来自"形式教育"与"实质教育"之争；现实的角度来看，知识与素养关系的近源即新课改进程中关于"轻视知识"的争论。

一、知识与素养关系的远渊："形式教育"与"实质教育"之争

将知识与素养的关系置于教育思想的发展历史之中，这对关系范畴源自关于形式教育与实质教育两种教育理论的论辩。两派教育理论在历史上

形成了相互割据的局面,形式教育理论以官能心理学为支撑,强调训练、发展各种官能。实质教育以联想主义心理学为依据,倡导获得丰富的知识。自19世纪以来,形式教育与实质教育受到了诸多教育学家的调和、否定,同时亦是20世纪教育学探讨的核心问题。"就实质教育与形式教育理论的本质——知识与能力的关系——而言,这是一个具有普遍意义的问题,也许甚至是一个永恒的课题。"[1]"虽然形式教育论和实质教育论早已成为过去,但在当今还可察觉到以一定形式的痕迹在反映着。关于知识与能力关系的问题,是一盘没有下完的棋。"[2]在素养导向的教育变革过程中,理解、定位知识与素养的关系旨在回应实质教育与形式教育、知识与能力的历史辩争。

二、知识与素养关系的近源：新课改"轻视知识"之争

将知识与素养的关系置于我国基础教育课程改革的语境之中,这对关系范畴源自于新课程改革实施过程中关于"轻视知识"的争论。新课程改革的目标在于改变强调接受学习、简单灌输,让学生能够学会学习、分析问题与解决问题,进而提升自主发展能力、创新精神与实践能力等。由"应试教育"向素质教育转轨过程中,新课程的理念基础与实践做法在解释知识问题的立场、信念与价值判断时出现了不同理论纷争与回答,这一系列不同立场、倾向的纷争也成为了教育学研究的热点问题。关于新课程是否存在"轻视知识"理论纷争的实质则是知识与能力何者优先及其两者间相互关系的不同判定。

当代教育变革的国际实践中,知识与素养的争论也在继续。美国"核心

---

[1] 瞿葆奎,施良方."形式教育"与"实质教育"(上)[J].华东师范大学学报(教育科学版),1988(1):9—24.
[2] 瞿葆奎,施良方."形式教育"与"实质教育"(上)[J].华东师范大学学报(教育科学版),1988(2):9—24.

知识基金会"(Core Knowledge Foundation)发起人、弗吉尼亚大学艾瑞克·赫希(E.D. Hirsch, Jr.)教授指出:美国21世纪技能委员会推动的素养、技能取向的教育变革,正在危害美国的教育质量。这场运动忽视了"事实"和知识内容的重要性,甚至否定了学生所需的通识教育,知识被边缘化,其症结在于缺乏事实将导致学生难以将所读信息与未言明的语境挂钩。[1]哈佛大学教育研究生院霍华德·加德纳(Howard Gardner)教授予以反驳,他指出:赫希是新保守主义的怪胎,这是肤浅的教育价值观,甚至是反智主义。学习应是对重要事件的深入探索,并学会如何运用学科思维的范式思考,而不是掌握预先设定的每学年五十或五百个课题。教育应关注学习者的学科心智能力或高级认知能力。[2]

近年来,我国基础教育变革的核心在于强调能力为重。2010年,颁布的《国家中长期教育改革和发展规划纲要(2010—2020年)》中明确提出,要以"能力为重",着力培养学生的学习能力、实践能力和创新能力。2017年9月,中共中央办公厅、国务院办公厅印发的《关于深化教育体制机制改革的意见》中强调:在培养学生基础知识和基本技能的过程中,强化学生关键能力培养,培养认知能力、合作能力、创新能力、职业能力等等。由此可见,对于知识与素养的关系问题一直是思想史中争论的理论问题,也是新课程实施进程中的本体性理论问题。尤其,我国基础教育实践中存在着"高分低能"——知识基础扎实,而创新思维与能力较为薄弱的现实症结,这两者的关系裁决与定夺不仅是一项承接教育思想史的历史探究,更是一项现实教育学的理论检讨,对于这一关系的厘清将有助于更好地推动素养本位的教

---

1 (美)艾瑞克·赫希.知识匮乏:缩小美国儿童令人震惊的教育差距[M].杨妮,译.福州:福建教育出版社,2017:1—18.
2 (美)霍华德·加德纳.受过学科训练的心智[M].张开冰,译.北京:学苑出版社,2008:11.

育改革。

第二节 知识与素养的实体关系及其可能限度

从实体的角度理解、定义知识与素养的关系,是以实体思维为假设,将知识、素养视为两个分别独立的实体,两者间呈现为构成论、联系说与排斥论等关系形态。这期间,实体思维即是一种理解知识、素养及其关系的方法论,又是一种关于知识、素养及其关系的表达称谓。

一、构成论及其可能限度

构成论旨在通过还原、分析、构成等视角理解素养与知识的关系。这一视野下,素养作为预期的学习结果具有了强烈的可分解性、还原性等特征,被还原为知识及其他要素所构成的实体性存在。知识与素养的关系成为了两个实体之间的构成性关系。如中国学生发展核心素养课题组指出:"素养涵盖了知识、技能及态度的集合。素养不只重视知识,也重视能力,更强调态度的重要性。"[1]基于构成论思维的理解,素养作为预期的学习结果可以静态性、结果性地还原为知识、技能与态度等相关实体性要素。构成论强调了素养作为一个实体,知识乃是其要素,两者间是实体论的关系。同时,构成论思维还假设了可分解性、线性因果关系和叠加原理等,默认了要素间的叠加之和便意味着素养本身。可见,这一具有实体性品质的构成论思维,通过化简、还原、归纳,忽略了素养与作为素养要素间本质的区别。素养的发生与发展需要以知识为基础、为要素或为条件,但两者间的关系不等于空间位

---

[1] 林崇德.21世纪学生发展核心素养研究[M].北京:北京师范大学出版社,2016:7—11.

次或时间顺序意义上的先后实体性关系,这是对素养作为复杂性、动态性整体的简化及其两者关系的机械性、线性误读。

二、联系说及其可能限度

联系说尝试基于联系的视角看待两者的关系。"素养离不开知识,没有知识,素养就是无源之水、无本之木。"[1]这一视角克服了构成论的局限,强调作为预期学习结果的素养与知识的相互联系。然而,联系说虽增强了知识与素养的关联,"揭示出了事物间的相互依赖性和普遍联系性,但它们仍然带有构成论的印记。特别明显地表现在实体主义观念上。他们强调的是实体之间的联系,或者可以说,它们未能从根本上摆脱实体主义这一窠臼"[2]。也就是说,这里的联系性依旧是两个实体间静态、割裂的关系表达,忽略了知识与素养转化的具身过程、实践卷入和创生实践等。显然,如若脱离过程、实践与情境,抽象地谈知识与素养的关联,两者的关系则是一种外在关联,是在根本性质固定不变、无涉的情况下来讨论,依旧是以实体为基础来理解、定位两者的联系。

三、排斥论及其可能限度

排斥论强调知识与素养之间是不对称、水火不容、非此即彼的对立、矛盾关系。这一立场指出素养的发展,应克服知识本位,以核心素养向知识本位宣战。教育变革应从知识走向素养,让位于素养。"从……到""改变""转向""告别""走向"等是这一关系范畴的核心表达。排斥论用对立甚至敌对的思维探讨知识与素养的关系,将素养的障碍、假想敌定义为知识,两者依

1　张华.论核心素养的内涵[J].全球教育展望,2016(4):19.
2　金吾伦.生成哲学[M].保定:河北大学出版社,2000:142.

旧是两个实体的关系,实际上忽视了素养生成的知识基础以及知识与素养的相互转化、动态生成等可能性、现实性。

综上所述,无论是构成论、联系说还是排斥论对知识与素养关系的判断均从静态、结果的视野来裁决,将两者视为现成之物,亦即已经形成的实体来言说两者的关系,蕴含着强烈的实体性思维。实体思维基于对象化、客观化的假设,知识与素养成为了某种实物,即"物"(something),是独立于个人存在的,是情境无涉、封闭性的实体。这一实体性思维将知识与素养从情境、实践中分离出来,两者的关系自然成为了某一实体与另一实体间的构成性、线性的或是敌对、排斥的关系,两者的转化甚至异化为实体间的空间转变,素养发展全然等同了知识掌握。实体论的定位实际上遮蔽了对两者丰富性、复杂性的把握,是一种简化的、单向度的关系理解。这一思维的背后是客观主义知识观、行为主义与表现主义素养观,实践上难免诱发知识授受主义与素养训练主义的症结。对此,我们提倡应基于方法论自觉的视野理解两者及其相互关系。

第三节　知识与素养的生成关系及其表现

哲学家怀特海曾指出:"现实存在的'存在'是由其'生成'所构成的。"[1] "存在"并非对象、客体、存在物,而是"未完成的",是"建构"在活动过程中,"发生并成为"或"生成"为自己。而且,这一"建构"活动不是权宜的、暂时的,而是本源的、生生不息的。所以事物就不再作为结果而是作为过程而存

---

[1] (英)阿尔弗雷德·怀特海.过程与实在(修订版)[M].杨富斌,译.北京:中国人民大学出版社,2013:29.

在。[1] 可见,生成作为一种思维方式,强调"不能再问'是什么',而只能问'如何''怎样'了。追问'如何''怎样'的思维方式,称之为生成论的思维方式。"[2] 生成的方法论将过程、历史、情境、实践等话语引入思维方式之中,在于对"如何是"的追问,强调存在的过程性、情境性与实践性。基于生成论,知识与素养及其关系的实质并非是静态的实体或实体论关系,而是处于生成过程中的一种未完成的存在,并在过程、情境与实践中逐渐呈现、生成自身及其关系。

一、生成中的知识与素养

素养概念的核心在于个人反省性思维的参与、迁移与运用心理社会资源,进而得以在问题情境中的建构与创生,它是基于个人的体知、情境的建构与实践的创生而来。[3] 这一内涵反映出素养是知识实践性、情境性的预期学习结果。那么,从学习结果的角度,知识与素养便并非两个实体,而是知识实践性、情境性的凸显。在此,知识与素养的关系类似于知识掌握与知识运用的分别,两者分析的实质强调从知识的实体性、客观性而逐渐过渡到注重情境性、实践性的转变。如世界经济合作与发展组织教育与技能部部长安德烈亚斯·施莱歇尔(Andreas Schleicher)指出:"人工智能时代我们深谙技不压身的古训,我们总是没有停下学习的脚步。教育成功不再是对内容知识的复制,而是将我们的所学外化和应用到新的情境中。"[4]

---

1 邹广文,崔唯航.论海德格尔"建构生成"的思维方式[J].社会科学战线,2001(5):68.
2 邹广文,崔唯航.从现成到生成——论哲学思维方式的现代转换[J].清华大学学报(哲学社会科学版),2003(2):1.
3 张良.论核心素养的生成——以知识观重建为路径[J].教育研究,2019(9).张良,靳玉乐.知识运用与素养生成——探讨素养生成的知识路径[J].教育学报,2019(5).
4 Andreas Schleicher. Why Rethinking the What of Education Matters So Much. In Charles Fadel, Maya Bialik, Bernie Trilling. Four-dimensional Education: The Competencies Learners Need to Succeed [M]. La Vergne, TN: Lightning Source Inc, 2015:1-2.

从学习结果的角度理解知识与素养,两者并非作为独立的实体,而是强调从知识认知、识记与建构,转向知识迁移、运用,实质是对知识实践性、情境性的彰显。当个体实现了在复杂情境下的知识运用,"素养"这一概念是对这一学习结果的称谓。这一学习结果体现为知识社会中知识价值定位的转向,"运用知识的求知、学习和实践将比知识本身更加重要。知识的价值将取决于在特定情境中知识的效用,或者知识可以产生的效果。"[1]可见,以知识认知为学习结果的背后是一种客观主义、实体主义、表征主义的知识信念,是一种启蒙理性视野下通过知识获得解放的乐观信条。知识社会、信息文明的来临,知识迁移、运用成为了新的预期学习结果,这期间意味着以情境、建构与实践为核心的生成主义知识观的表达。近年来,伴随着知识论研究的生成主义、实践立场的转向,知识的本质、价值逐渐从实体性、现成性等名词形式"knowledge"转化为内蕴运用、探究、问题解决为核心的动名词"knowing"形式,进而凸显知识本身即一种理智行动或社会实践。[2] 在此,知识并非作为结果式、完成时、现成性的实体,而是作为个人参与世界过程中,创造、生成的过程及其产物,内蕴具身性、情境性、实践性等维度。

生成视域中知识与素养之间并非两个水池的水,两者间的转化并非是从一个水池流经到另一个水池。当个体面对复杂问题情境的挑战,通过运用知识等心理社会资源,基于反省性思维与实践,历经问题解决与情境胜任,其学习结果表现为了素养。知识与素养的关系并非两个截然不同的实体,是人与知识、情境与知识、实践与知识间关系形态的变化,正是有了个人的体知、情境的需求和实践的转化,进而实现了知行合一、德性与理性的整

1　Jane Gilbert. Catching the Knowledge Wave? The Knowledge Society and the Future of Education [M]. Wellington, New Zealand Council for Educational Research Press, 2008:74 - 77.

2　张良. 从表征主义到生成主义——论课程知识观的重建[J]. 中国教育科学,2019(1):117.

合。此时,学生所获得的预期学习结果将难以截然划分为知识与素养,而是既表现为问题情境的胜任力——素养,又体现为个人知识的建构与创生。这里需要澄清的是,知识与素养并非先后的实体性关系,而是伴随着生成、实践而情境化建构的结果。简言之,知识与素养的关系并非两个实体的关系,而是基于新的学习结果的角度,来重新决定知识学习程度,要求知识学习由被动接受、认知到主动迁移与应用。在此,素养甚至作为知识另一种属性的表达。

二、生成视域中知识与素养的关系

知识与素养的生成关系决定了素养并非作为学习结果脱离于知识的另一个实体,而是作为知识的另一种性质、属性的发现,即知识对象化、实践性的表达。历经情境化的个体反思、迁移与建构,个体实现化知识为素养,知识便具有了素养性。知识与素养共同生成在这一动态的关系之中,生成构成了两者的内涵及其关系实质。这一生成关系不仅决定了知识与素养本质上并非脱离情境、经验以及实践过程的实体,难以直接传递与机械训练,而且也决定了素养具备着强烈的具身性、情境性与实践性。

首先,关系的具身性。知识与素养的创生始终伴随身体的参与,身体并非生理意义,而是认识论、实践论意义上的身体,意味着个人的经验、经历等"体知",知识与素养关系是一种具身性的。如缺失个人的体悟、反思与经验,知识难以构成情境性运用的资源与工具,素养作为知识运用、解决问题的预期学习结果也难以发生与生成。可见,知识与素养及其关系是个人性、具身性与默会性的,知识与素养的生成始终基于个人经验、理解,通过与个人经验的融合,实现深度理解与自由激活、迁移,进而实现问题解决与胜任复杂情境挑战,最终生成素养。知识与素养间无法客观化与对象化,两者有着鲜明的体悟性、经验性与具身性。

其次,关系的情境性。情境并非单纯是知识与素养形成与发展的时间、地点与环境等外在条件,这一知识运用的能力本质上是情境相关、发生在情境之中,并在与情境的交互中,得以建构与生成。[1] 概言之,知识与素养乃个体心智活动与情境共同建构的耦合性实践结果与过程。至此,情境不仅是知识、素养的一种属性,而且是两者本身与关系实质。正是有了情境的交互与建构,知识与素养便在情境中得以生成与建构。情境维度下,知识与素养关系便具有了历史与过程的视野。

最后,关系的实践性。知识与素养本身具有实践属性,甚至实践是生成论视域中知识与素养的核心属性。两者正是在实践、行动、问题解决、反思性实践的过程中发生关联与转化。这一实践性的转化决定了知识与素养关系的实践性。两者的生成论关系即实践性的,同时也是知识与素养的本质属性。

第四节　知识与素养的关系：实体与生成之间必要的张力

"必要的张力"是科学哲学家托马斯·库恩(Thomas Kuhn)关于科学哲学范式转型方法论的基本概况,强调应在对立的两极之间保持合理的平衡,在两极中寻求一条中介之路,而不应该将两者割裂看待或使两者绝对排斥。"必要的张力"是一种克服两极对立思维的互补性思维,是一种典型的复杂性思维范式。这一方法论对于理解处于关系中的知识与素养,探索两极的融合、过渡与相互转化提供了两重性逻辑或中介方法论,应秉持实体尺度与

---

[1] 张良,靳玉乐.核心素养的发展需要怎样的教学认识论?——基于情境认知理论的勾画[J].教育研究与实验,2019(5):32—37.

生成尺度的互相补充,相互融合,进而深入地理解知识与素养关系的复杂性。

知识与素养的关系既有实体性一面,又有生成性一面。实体论的视角强调知识、素养的静态性、结果性等实体维度。这一维度揭示出素养作为知识、技能与态度的综合体,可以通过行为表现、任务行动等得以体现与彰显。知识作为素养构成的要素,也具有可言说、可明述等特性,进而可以传递与授受。生成的视野有助于理解两者动态生成性的本质,两者的实体性不能缺失过程性、生成性。基于实体论与生成论之间,意味着"没有这种静态的把握,我们就不能认识这一事物的本质,实际上也无法把握这个事物。现在这个事物的状态是由其直接的过去状态转化而来的。这个事物的当下状态是由其直接的过去如何生成为现在这个现实所决定的。概言之,现实存在的'如何生成'与现实存在'是什么',这两个方面并不是相互独立、漠不相关的,而是相互关联、不可分割的,是同一个现实存在的变化过程的两个相互关联的方面,这两个方面是有机联系在一起的"。[1]

从实体角度分析知识与素养,两者及其关系确实存在着实体论特征,知识掌握的广度、深度与速度一定程度上会影响个体的知识运用与迁移,进而影响素养的建构与生成。同时,在情境化知识运用实践展开之间,也能辨别知识与预期学习结果——素养之间的实体性区别。生成的视域中知识与素养是一体化共生的关系,并非实体论所言之先后、基础等关系,而且也并非是作为预期学习结果的两端。伴随着问题情境的呈现,个体不仅更新、修正、建构出新的知识理解,而且伴随着问题解决,个体表现为对复杂情境的胜任。这一综合体表现为历经问题解决的情境性胜任力,即素养本身。

---

[1] 杨富斌,(美)杰伊·麦克丹尼尔. 怀特海过程哲学研究[M]. 北京:中国人民大学出版社,2018:261.

实体与生成之间的方法论原则有助于彰显两者间的复杂性关系。知识与素养不能被视为实体的总和与堆积,而一定是内蕴具身性、情境性、创生性。惟其如此,才能把潜在变成现实,通过知识以获得理智自由与个性解放。概言之,基于实体与生成之间的方法论有助于把握知识与素养间过程性、创造性与实践性的关系实质。

　　综上,实体思维从结果的角度定义两者的实体关系,难免引发两者关系的实体先后论,引发实践中的知识授受、素养训练等症结。生成的立场提供了过程、实践、情境等视角言说知识与素养的关系,拓展了两者关系的复杂性维度。实体论与生成论之间必要的张力,应注意到知识、素养的实体性与生成性是共同发生在情境性的知识运用实践过程之中,知识与素养正是在这一实践过程中实现了互为基础与前提的逻辑关系。这一方法论揭示出:知识与素养两者间构成了彼此的基础、目的,相互转化并互动生成。基于情境化的知识运用实践过程中,知识与素养的教学转化便发生在这一生成过程之中,并难以在时间、阶段上严格分解为两个实体或习得过程或环节,而是伴随着生成的过程,共同生成。概言之,实体论与生成论之间必要的张力作为方法论意味着,知识、素养及其关系两者间并非孰前孰后、孰轻孰重的矛盾、对立关系,而是相互转化并一体化的关系。

第四章 素养导向的知识观

素养作为预期学习结果的最新表达,同时还意味着对知识的新理解与新定位,蕴含着知识观的转型。课程与教学中的根本问题在于知识问题,素养的落地生根涉及课程与教学改革的方方面面,但却离不开对知识的新理解与新定位。换句话说,化知识为素养的教学实践需要以怎样的知识观为基础,素养导向的教学变革中,需要怎样的知识观念,知识又将扮演何种角色,素养背景下知识观重建的思路又将如何等,对这一问题的讨论成为了探究化知识为素养的教学机理的前提性、基础性理论问题。

第一节 传统知识观的限度:难以构筑素养生成的知识基础

伴随着新课程改革的深入推进,课程实践中已经实现了教育价值观的认同与重建,制约课堂教学尚未发生深度转型的关键性因素在于传统知识观的桎梏。当前困扰我国课程实践的根本问题依旧是:课堂教学中以"传递主义""传授主义"的方法论,"效率主义""控制主义"的价值论为表现形式,其背后是"客观主义""普遍主义"以及"反映论""符合论"等知识观的症结。这一传统知识观念的教育症结在于,将知识与个人的经验、理解等彻底分离,旨在寻求对知识原原本本地识记与掌握知识的技能训练,将知识与知识所内蕴的生活世界、应用的情境相割裂,知识成为生活世界的表征,进而教学中的知识与情境相割裂,文字、信息等被视为知识;将教学与知识探究、学科实践相脱离,进而知识教学仅为传递、讲授现成性、固定性的知识结论。可见,传统知识观的实质是一种表征取向的知识观,[1]强调知识是对生活世界真实、准确的表征,意味着规律性的、理性的与客观的化身。对此,与主体密切联系的生活、经验以及个体的探究、实践意味着知识过程中偶然、无序、混乱的源泉,不具备知识论层面的价值优先性,而必然加以祛除,其结果便是主体唯有扮演旁观者的角色才能获得客观的知识。那么,依据这一知识观的教育逻辑,教学便成为了传递、讲授现成性、固定性的知识结论,进而在个人经验、生活世界间建筑了一道隔离,这道隔离将导致学生在生活世界中的感受、体验或经验等与学校教育中的知识系统无法自由连接。概言之,这一传统知识观造成的教育症结便在于所获得的知识除了在课堂、应试等结构简单的情境中有效,而在其他复杂、不可预测的生活场域却难以迁移与运用,进而难以为素养生成奠定扎实的知识基础。

将知识视为个人对生活世界准确、客观的表征,却深陷知识与世界的表征论、个人与知识的反映论等误区,封闭了课程知识的情境性与知识探究、运用的空间,难以构成素养生成的知识基础。这一知识观念必然导致知识掌握愈发牢固,技能训练愈发熟练,知识运用能力便极度匮乏,就越无法实现知识的迁移、运用和创造。学生在这一逻辑下获得了更多的死知识、惰性知识甚至是无用知识,这是一种浅层次的知识学习。在杜威看来,这正是学生"无用知识"的主要来源。这一观点的局限在于:认为积累起来的知识即使不应用于认识问题和解决问题,以后也可以由思维来随意地自由运用,这是

---

[1] 张良.课程知识观研究——从表征主义到生成主义[M].重庆:西南师范大学出版社,2017.

十分错误的。[1] 显然,学生获得了知识但却无法自由、灵活地激活、迁移与运用,成为了困扰我国课堂教学最根本的知识难题。尤其"在知识经济时代,仅靠记忆陈述性知识和程序性知识是不够的。学习者必须具有对复杂概念更深层次的理解,以及掌握、利用复杂概念创造新概念、新理论、新产品的心智能力。他们更需要学习的是整合的知识、有用的知识"。[2] 基于此,素养导向教育变革中,传统知识观念深陷知识与世界的表征论、个人与知识的反映论,封闭了知识的情境性与知识探究、运用的空间,难以构成素养生成的知识基础。基于此,如何重建现成性、客观性以及实体性的传统知识观念,释放知识的生成性与创造性,不仅是一种变革知识观的努力,还体现了素养的核心诉求。

第二节 生成主义知识观:素养导向的知识理解

素养作为道德性运用知识解决问题的能力,其所蕴含的知识论意义在于将知识视为探究、协作与自我实现的工具、媒介与资源。简言之,在素养的话语中,知识是探究性、资源性与生成性的。这一知识观念可以简称为生成主义知识观。

自 20 世纪以来,西方哲学发生了向生成主义的世界观、知识论与方法论最重要的转向。[3] 生成主义哲学思潮为重建表征主义知识观提供了当代选择,同时亦诠释出素养导向的知识理解。生成主义反对现成、完成、预成等现成论,提倡"一切将成","从逻辑上讲,一切不可(可以、可能)完成的存

---

1 John Dewey. How we think——A restatement of the relation of reflective thinking to the educative process [M]. Boston, MA: D. C. Heath and Company, 1933:96.
2 (美)R. 基思·索耶. 剑桥学习科学手册[M]. 徐晓东,等,译. 北京:教育科学出版社,2010:2.
3 李文阁. 生成性思维:现代哲学的思维方式[J]. 中国社会科学,2000(6):45—53.

在都是未完成的。未完成性意味着永远处于生成变化的过程之中"。[1] 生成主义转向的基本共识在于恢复启蒙精神,即崇尚理性自由、探究创造与知识生成。最为系统的以生成主义之名理解知识问题的是智利学者弗朗西斯科·瓦雷拉(Francisco J. Varela)、加拿大学者埃文·汤普森(Evan T. Thompson)以及美国学者埃莉诺·罗施(Eleanor Rosch)。他们首先引入了"生成"(enactive)这一概念,"旨在批判表征主义知识观,进而构建了生成主义知识论(enactivism epistemology)。其中,'enactivism'的动词形式为'enact',意味着指定和颁布法律的行为,但是在更一般的意义上,也意味着试行或执行一个行动",[2] "而这种行为、做法是一个知觉主体创造性地使自己的行动符合所处情境的需要"。[3] 也就是说,生成在词根的角度意味着身处情境中的主体创造、生成的动作与过程。所谓生成主义知识论,如他们界定:"旨在强调一个日益增长的信念,即知识不是一个心智对既定世界的表征,它毋宁是在'在世存在'施行的多样性行动之历史基础上世界和知识的生成。因而,生成主义进路严格批判了将心智视为自然之镜的表征。"[4] 同时,汤普森所著的《生命中的心智:生物学、现象学和心智科学》(Mind in Life: Biology, Phenomenology, and the Science of Mind)还明确提出了生成主义知识论的基本信条:知识是体现在活动或行为中,具有情境性的、具身性的涌现与生成。生活世界并非预先规定的外部领域,而是

---

1 邹广文. 从现成到生成——论哲学思维方式的现代转换[J]. 清华大学学报(社会科学版),2003(2):1—6.
2 (智)弗朗西斯科·瓦雷拉,(加)埃文·汤普森,(美)埃莉诺·罗施. 具身心智:认知科学和人类经验[M]. 李恒威,等,译. 杭州:浙江大学出版社,2008:8.
3 John Protevi. A Dictionary of Continental Philosophy [Z]. New Haven, CT: Yale University Press, 2006:169-170.
4 Francisco J. Varela, Evan T. Thompson & Eleanor Rosch. The Embodied Mind: Cognitive Science and Human Experience [M]. Cambridge, MA: The MIT Press, 1991:10.

通过自主性的主体与环境耦合进而生成或产生的关系场域。[1]

基于上述生成主义的知识理解,知识被视为个人参与世界过程中,创造、生成的产物及其过程,或称为知识生成论。可见,"伴随着建构主义、实用主义和后结构主义知识论以及来源于复杂理论的生成知识论,共同认为知识既不是对于其他真实事物的表征,也并非从一个地方转移到另一个地方的客体。知识应该被理解为人类参与这个世界过程中创造性涌现、生成的产物。换句话说,脱离了我们的参与性行为、实践,知识便不存在"。[2] 这一知识信条中,知识意味着在与人类参与、行动、实践的基础上,创造、创生出具有情境性、具身性、复杂性品质的产物。这一认识论学说或理论体系对个人与知识、知识与世界、个人与世界、个人与社会以及个人与自我等认识论关系进行了全方位重构与重新认识,进而实现知识即创造、知识即生成的知识观转向。简而言之,"知识即来自认知主体与它所处的环境之间发生有机性、创造性、生成性的交互作用"。[3]

在生成主义知识观看来,个人并非消极地从他们所处的环境中"镜式"反映进而获得内部表征,而是亲身参与到对世界意义、自我理解与知识的创造之中。其间不仅是交互,更是生成了对世界、对知识的内在理解与主动创造,而知识就在这种理解、创造的过程和实践中得以产生、创造与生成。简而言之,知识即来自认知主体与它所处的环境之间发生有机性、创造性、生成性的交互作用。此外,在这一知识观看来,知识不是现成性、实体性的世

---

[1] Evan T. Thompson. Mind in Life: Biology, Phenomenology, and the Science of Mind [M]. Cambridge, MA: Harvard University Press, 2007:13.

[2] Deborah Osberg and Gert J. J. Biesta. The Emergent Curriculum: Navigating a Complex Course Between unguided Learning and Planned Enculturation [J]. Journal of Curriculum Studies, 2008(3):313 – 328.

[3] Evan Thompson. Mind in Life: Biology, Phenomenology, and the Sciences of Mind [M]. Cambridge, MA: Harvard University Press, 2010:1 – 65.

界表征，而是理解世界、探究问题的工具，意味着对世界探究、对生活理解的生成过程。这一过程中，知识与世界的意义共同生成。

基于生成主义知识观的视野，知识并非是表征世界的完成时、实体性的最后成果，而是探究的对象、运用的工具或资源。知识始终发生在探究、问题解决的过程之中，并通过进一步探究、运用，彰显知识意味着创造、生成的内在意义。简言之，知识作为探究的对象、问题解决的工具。对此，知识并非是确定的答案、现成的结论、固定的实体，而是探究问题、解决问题的过程及其生成的产物本身。可见，在这一知识观看来，知识由实体性、现成性的名词"knowledge"转化为探究、交往实践的动名词"knowing"，强调知识总是探究过程的一部分，甚至本身意味着一种探究实践。[1] 在此，知识作为探究的工具、手段与假设，在问题解决、探究实践过程中循环往复，不断生成，并内蕴着知识的社会性维度。问题解决的进程中，始终包含个人间、个人与群体间的对话、讨论，知识始终在社会性的探究、运用实践中生成。同时，实践性、社会性的背后，是个人性、默会性的恢复。基于生成主义知识观的理解，知识并非作为实体性、结果性以及独立存在于个体之外的表征，而是作为个人积极参与、主动介入的资源性、条件性存在。甚至知识唯有进入主体的视野，为我所用，才能理解知识，并发挥知识的育人价值。如若知识脱离个人的理解与判断、运用与转化，并视其为客观性、现成性的实体，这不仅忽视了个体自觉性、主动性等因素的发挥，而且知识本身难免异化为一种孤零零的符号、文本甚至信息而已。

生成主义知识观将知识理解为探究的对象或问题解决的工具，与素养导向的知识理解不谋而合，同时亦是素养的知识观基础。素养的生成需要

---

[1] 王成兵.一位真正的美国哲学家：美国学者论杜威[M].北京：中国社会科学出版社，2007：115.

将知识视为一种问题解决的工具,满足复杂需要的有效资源,学生才能够在不可预测的非结构化情境中,灵活、自由调动这些知识,实现问题解决。这意味着:知识必须从儿童的头脑中唤醒、自觉起来,具备活力才能够灵活、自由的迁移与应用。[1] 也就是说,素养作为运用知识解决问题的高级能力,它所内蕴的知识论意义便在于摒弃传统知识观将知识视为现成概念或客观实体的表征主义信念,期待知识从客观符号、规律定理转化为具备资源活力、能够迁移与运用的工具、资源,通过知识的灵活运用解决复杂问题,从而实现知识的价值,最终为素养的生成提供知识基础。在此,素养内蕴的知识论意义便在于知识必须从学生的头脑中唤醒、自觉起来,将概念、符号与信息理解为解决问题的工具、中介与手段,期待知识能够在不可预测的复杂情境中,供个体灵活、自由地迁移、运用于解决问题。这不仅是素养时代的知识观,而且也是知识社会、信息社会的知识观。

第三节 知识作为工具、媒介与资源:素养导向的知识观念

素养的内涵所内蕴的知识理解是一种以行动、实践、过程、情境等为关键词的生成主义知识观,期待着将知识视为一种问题解决的工具、资源,能够在不可预测的非结构化情境中激活、运用,并最终实现知识的内在价值与育人目的。

一、知识与自然的角度:知识作为问题解决的工具

在知识与自然的角度,知识意味着探究问题、解决问题的手段或工具。

---

[1] 张良.论素养本位的知识教学——从"惰性知识"到"有活力的知识"[J].课程.教材.教法,2018(3):50—55.

知识理解的工具观强调,将知识与自然的因果关系转变为手段与目的的探究关系,学校学科中的思想、观念、理论和概念等并非对客观实在的映现与表征,也并非独立存在、现成性的实体,而是为了达到预期的学习结果,有待运用、探究的一系列假设、工具。如杜威所言:"任何学科,从希腊文到烹饪学,从美术到数学,都是理智的学科,说他是全然的理智性,并非因为这些学科内部结构,而是它内在的特定功能——它具有启动、指导富有意义的探究和反思的作用。"[1]可见,将知识理解为一种问题解决的工具,通过凸显知识的理智价值,实现知识的育人功能。"过去知识为新的探究情境提供了有用的假设,它们是暗示进行新操作的源泉,进而指导着探究活动。但是这些过去的知识对象之所以参与反省认知,并不是由于在逻辑的意义上它们提供了前提,而是以在指导新的探究、问题解决时起调节作用和具有工具作用的观点为前提。"[2]这意味着,当学生与自然等问题情境相遇时,知识作为个体与自然的理智中介,个体与知识、知识与自然的交互便具有了理智特征,通过满足情境与问题解决,知识与问题情境、个人经验实现一体化,知识从作为实体性、结果性的信息与符号转化为情境性、探究性的工具与手段,知识的育人价值便实现其中。

将知识视为问题解决的工具也有案例基础。以经合组织"迪斯科"计划中"能够互动地运用工具"这一核心素养为例,这里的"工具"包括语言、符号、文本、知识、信息与技术等。能够互动地使用工具需要超出利用工具、技术技能的操作,个体还需要创造和应用知识和技能。这不但需要熟悉工具本身,而且还需要能够理解这些工具如何改变我们与世界之间的交互方式

---

[1] John Dewey. The Quest for Certainty —— A Study of the Relationship of Knowledge and Action [M]. New York: Minton, Balch & Company, 1929:186.

[2] John Dewey. How we think —— A Restatement of the Relation of Reflective Thinking to the Educative Process [M]. Boston, MA: D. C. Heath and Company, 1933.46-47.

和这些工具如何使用才能得以实现更加广泛的目标。在这个意义上,一个工具不只是一个被动的中介,而且是一个能在个体与他所处环境之间发生积极对话时的工具。[1] 由此可见,在经合组织的核心素养框架内,语言、文本与信息等是作为工具意义上的知识,唯有成为问题解决的工具、手段,并伴随着问题解决的过程,知识生成为素养才具有可能性。个体通过工具运用与问题解决,期待着能够批判性、创造性地运用知识,进而为发展理性思维、批判质疑、勇于探究等科学素养提供知识基础。同时,这一运用知识解决问题的过程亦是核心素养的生成过程。

二、知识与社会的角度:知识作为交往协作的媒介

在知识与社会的角度,知识并非是客观世界的符号表征与客观真理,而是建立在交往、合作视野中的沟通手段与对话中介,是作为建立在交往、合作等社会实践场域中的媒介。这一知识理解是自然维度的延伸,强化了工具观的社会维度。传统知识观强调知识是客观世界的表征,主要探讨知识与知识对象之间的因果关系问题,却封闭了知识作为经由确证的真实信念所应具备的"确证维度"。在美国哲学家理查德·罗蒂(Richard Rorty)看来,传统知识论在追求知识作为自然之境的过程中,忽略了知识作为一个命题结构,即知识自身需要内蕴人与人、人与群体的辩护、确证。同时,知识的辩护、确证总是一个参与语言族群内部的社会实践问题。由此,罗蒂得出"知识不是观念或字词与对象之间的特殊关系的问题,而是对话问题,是社会实践问题"[2]的结论。罗蒂对传统知识观的解构思路中,将社会的语境与

---

[1] Organization for Economic Co-operation and Development. Definition and Selection of Key Competencies: Executive Summary [R]. Paris: OECD Publishing, 2005:5.
[2] (美)理查德·罗蒂. 哲学和自然之境[M]. 李幼蒸,译. 北京:商务印书馆,2003:157—159.

视野中辩护、确证引入知识问题分析框架之中,知识成为了一种社会实践,一种人与人、个人与群体对话、讨论的社会媒介与手段。其间所指的社会,按照杜威的理解即"社会包括人们由合群而共同享受经验和建立共同利益和目的的一切方式"。[1] 也就是说,知识只有在人与人、人与他者、人与社会等共同体间的交流、谈话、对话中才得以实现辩护与确证,进而在这一交往性、互动性的社会协商、社会对话过程中知识得以发生构建与实现生成。与此同时,知识即交往互动的社会性对话这一概念重建的提法,将知识的确证全部置于一定的语境中、一定的共同体内部、一定的时间与空间内,知识始终处于社会性关系、互动、转化、创造等生成性的品质之内,逐而知识的身份俨然摆脱了实体性的表征与反映而成为了社会性关系场域中的行动或实践。

知识作为交往协作的媒介,意味着在语言社群、共同体场域内,与他人互动、辩护我们的主张、观念的手段与工具。这一辩护、证明旨在追求主体间、群体间、人与社会、人与他者关系问题,恢复了知识与社会、知识与群体的互动、协商维度,进而知识问题成为了人与社会、人与他者或群体的交往、对话、创造与生成的社会现象或社会实践。在这个意义上,协商、交往、对话、创造这一系列概念本身都在消解个体与群体、个人与社会的对立,传统知识的单子式、孤立式的私人性、个体性、个人性都在罗蒂的确证、辩护等语言转向路径下得以解构并获得重新阐释。在这些互动、交往、协商、创造与生成等辩护逻辑下,知识本身是一项道德性、社会性事件,期许群体间、社群间的交往、协作、倾听并尊敬别人的观点,而非单边权威或压服。逐而知识学习成为了交往与协作的对话过程,即集体创造知识的过程。尤其是,当人

---

[1] (美)约翰·杜威.哲学的改造[M].许崇清,译.北京:商务印书馆,2013:57.

类整体步入知识经济与信息社会后,知识的社会性被空前地赋予重要性,因为知识经济与信息社会时代的职业特征便在于协作沟通、协商共享与合作探究。世界主要核心素养框架中所提及的沟通与协商、在互动中与他人建立良好的关系、团队合作、表达观点并学会倾听、磋商与协调能力、统整不同观点并学会决策以及管理与解决冲突等,不仅体现出对知识社会的关注,同时亦是与这一知识理解密切相关的社会素养或软性技能。[1]

三、知识与个人的角度:知识作为自我实现的资源

在知识与个人的角度,知识并非客观性、非个人或防个人参与、介入的实体,而是意味着自我实现的资源。知识在此具有潜在性的教育价值,有待个人开发、运用与创造,它并非现成性的,可以直接通过知识传递而实现直接占有,进而实现其价值。作为自我实现的资源意味着知识并非作为实体性、结果性以及独立存在于个体之外的符号、概念,而是作为个人积极参与、主动介入的资源性、条件性存在。在这个角度,一旦缺失了个人系数,所获得的知识仅能满足常规问题的解决,或标准答案式的机械、自动化回应。也就是说,这一知识观强调知识作为影响个人发展、自我实现的外在条件,是具有可能性的教育价值,甚至唯有进入主体的视野为我所用,通过自我期待与判断、个人的参与和转化,才能促进个体发展与自我实现,其内蕴的教育价值才能从潜在性转化为现实性。

将知识理解为自我实现的资源,这一知识观是对个人与知识、知识价值的可能性与现实性关系的重新考量。在赫伯特·马尔库塞(Herbert

---

[1] Joke Voogt, Natalie Pareja Roblin. A Comparative Analysis of International Frameworks for 21st Century Competences: Implications for National Curriculum Policies [J]. Journal of Curriculum Studies, 2012(3):299—321.

Marcuse)看来,一旦过度强化知识的客观性、实体性及现成性,知识自然而然异化为一种扮演控制功能的新型意识形态,成为对人的理性、批判的否定性力量,进而造就单向度的人。[1] 显然,如若脱离个人的理解与判断、运用与转化,将知识视为客观性、现成性的实体,不仅忽视了个体自觉性、主动性等因素的发挥,而且还混淆了知识教育价值的潜在性与现实性,知识本身难免异化为一种孤零零的符号、文本甚至信息而已。知识所具备的教育价值甚至会彻头彻尾地异化为一种否定性力量。

迈克尔·波兰尼(Micheal Polanyi)通过反思17世纪科学革命以来所形成的客观主义知识观教条后提出,所有知识都依赖于个人的整合、判断,都渗透了个人的情感、信念。一切知识都具有个人维度,即便是诸精密科学的完全客观性也仅仅是一种错觉,一种虚假的理想。[2] 波兰尼的学术使命则力图展示、恢复我们知识过程中这种被掩盖、遗漏的自我、个人参与维度,即所有知识无不根植于个人维度,并不可避免地参与。尤其,伴随着通讯技术迅猛发展与广泛运用,人类社会已经迈入信息时代,无穷尽的信息洪流与以爆炸性态势急速更新的知识,在为个人的自我实现带来前所未有的机遇与挑战的同时,迫切要求个体能够主动地选择、利用、整合与创造各种信息、知识资源。这就意味着,人类知识在本质上并非原原本本地反映与识记,而是个人积极参与、主动介入并与知识进行对话,进而创生出自我的个人理解与个人知识的过程。显然,知识始终与知识的参与者、建构者融为一体。知识始终渗透着个人的理智判断、情感体验、价值信仰、经验感受以及个体独特的生活史。无论学科知识的抽象程度或结构化程度如何,知识的个人维度

---

1 (美)赫伯特·马尔库塞.单向度的人[M].刘继,译.上海:上海译文出版社,2006:5—11.
2 (英)迈克尔·波兰尼.个人知识——迈向后批判哲学[M].许泽民,译.贵阳:贵州人民出版社,2000:26.

只能掩盖、扭曲而无法消除,除非知识本身不再存在。

知识作为自我实现的资源意味着知识必须与个人相结合甚至融为一体,通过资源的有效运用,不断唤醒主体意识、激活自身潜能、成就自我的判断,才能促进自我实现,并最终发挥知识的育人价值。在这个角度,知识育人价值的实现过程中,知识成为了个体能够创造出自己思想、观念与知识的资源。在这一育人价值实现的过程中,个体所获得的将不仅有知识本身,而且还将包括能在快速变迁的信息时代自主行动,将个人的需求、想法不断付诸选择、决策与实践的核心素养。可见,知识作为资源意味着在问题解决、交往协作过程中,将始终渗透着个人的情感、价值、态度等个人系数,甚至融为一体。在此,无论知识的结构性、深度如何,知识的个人性、默会性只能被故意扭曲、遮盖却难以清除。这就是说,只有尊重每一个人对知识的理解,知识才会前提性地构成学生满足情境需要的心理资源,成为学生的探究对象或使用的工具,成为师生、生生交往与协作的对话。这一过程,是个人知识的体现。对此,如若缺失个人的经验与个人系数,知识就仅为信息,难以获得理解,并创造出自己的理解。而自己的理解就是个人知识,也就是素养的另一表达。

第五章 素养的教学意蕴

素养作为适应时代趋势,引领全球教育变革的课程与教学目标,为学科育人方式带来了系列改变,其中最核心的是对教与学角色、任务的更新与重构,推动着教学实践的创新与发展。

第一节 素养的教学意义

素养导向下教学的理念、角色与任务等面临的挑战是变革性的。教学角色与任务不再简单定位于知与不知,知的多与知的少,而是基于复杂情境、真实问题或任务的驱动,能够将知识视为问题解决的工具、待确证的结论与自我实现的资源,开展基于高阶思维参与下的迁移与运用实践,从而胜任挑战与实现自我,化知识为素养便生成其中。概言之,素养作为预期的学习结果要求改革传统的教学观,从接受、识记到知识多样化、情境性地运用与迁移。在此,教学变革的核心方向成为了如何指导学生基于所学知识开展多样化的运用实践,并通过多样化的运用实践搭建知识与素养间相互转化的中介以促进知识建构与素养发展的一体化。

一、重建教学的情境逻辑

知识始终诞生在一定的情境之中,知识自身亦内蕴情境性。课堂教学如仅关注实体性、结果性的知识信念,知识就成为了能够打包、简化的概念体系,窄化为一套概念系统、符号体系,进而割断了知识与情境的关联性、一体性关系,学生的学习更多的出自"word",而非"world"。对此,杜威指出:"如果思维不能与真实的情境发生联系,如果不能从这些情境中合乎逻辑地求得结果;那么,我们就根本不能创造或计划,或者不能懂得如何通过解决问题或做出判断。"[1] 显然,缺乏真实、复杂及非结构化的学习情境,抽象、符号化的知识就难以具备激活思维的力量,甚至会产生压抑思维的反作用。一旦课堂教学与知识情境、生活世界相割裂,难免导致知识活力的降低,并诱发惰性知识的产生。正如学习科学的研究表明,惰性知识的产生来自于知识与情境的割裂,将学科知识视为能打包、自给自足的实体,关注的是抽象的、简化的和去情境化的概念。[2]

素养导向的教学要求恢复教学的情境逻辑,为实现知识的迁移与应用以及素养的生成奠定情境条件。重建教学与生活情境的联系,知识才能获得转化、迁移、应用的情境。在怀特海看来:"过去知识的唯一用处在于武装我们的头脑以面对现实。儿童应该将知识变成自己的想法,应该理解如何将它们应用于现实生活的情境之中。"[3] 借用杜威的表达是"教材的心理学化",即如何将学科知识转化为儿童的现实经验或日常生活。如他所言:"改

---

[1] John Dewey. How we think —— A Restatement of the Relation of Reflective Thinking to the Educative Process [M]. Boston, MA: D. C. Heath and Company, 1933:79.
[2] John Seely Brown, Allan Collins and Paul Duguid. Situated Cognition and the Culture of Learning. Educational Researcher [J]. 1989(1):32-42.
[3] (英)阿尔弗雷德·怀特海.教育的目的(汉英双语版)[M].靳玉乐,等,译.北京:中国轻工业出版社,2016:123.

变学校科目中学院化的做法,有必要理解情境对知识的意义,必须想到日常生活中能够引起儿童感兴趣或思维的情境。无论是算数、阅读、地理、物理或外国语的教学,仅当它们返回到校外日常生活中引起学生思维的情境时,才会有效。"[1]可见,重建教学的情境逻辑意味着将概念化思维的学科知识与非概念性的生活世界建立联系,确保儿童能够在抽象与具体、知识与生活之间自由转化,从而增强知识的活力与迁移性。

重建教学的情境逻辑,一方面需要联系生活情境。这类情境是儿童在生活世界中所经历的非概念化的情境,与情境的联系需同时关注知识的获得与知识的应用两个环节。另一方面是学科情境,将学科知识或逻辑体系转化为适合学生探究的学科问题情境,即将学科知识设计为待验证的假设或要探究的学科知识问题。这一学科情境由学科知识的横向、纵向相互联系的问题情境所构成,同时还关注到学科知识产生的历史情境与发展的当下状况。这就意味着:知识本身并非脱离情境,作为文字、符号而存在,而一定是蕴含在情境之中,通过生活情境、学科情境的创设,激活儿童所学知识的活力,运用知识解决当前的问题,进而创生个人理解,从而生成素养。

概言之,重建教学的情境逻辑有助于提升知识的活力,为素养的发展奠定知识基础。素养蕴含在个体与情境的互动关系之中,情境逻辑的重建旨在将学科知识转化为生活情境中真实、复杂与结构不良的问题,将学科知识从与学科史、与其他学科知识相联系的角度转化为待验证的假设或要探究的问题。进而,以概念思维为核心的学科知识与非概念表征的生活体验建立了联系,学生便能够在抽象与具体、知识与生活之间的自由转化中获得情

1　John Dewey. Democracy and Education: An Introduction to the Philosophy of Education [M]. New York: The Free Press, 1916:154.

境支持,知识的活力与迁移性也获得了增强,并逐渐成为解决问题的工具与自我实现的资源,知识生成素养便具有了情境支持。

二、实现教学的实践意义

知识的实践意义是知识自身所内蕴的。"知识就是力量"是启蒙理性时代的知识信条,寄托于通过知识的获得创造现世的幸福生活。如何发挥知识的育人、生活、行动价值,也是生成素养的关键与前提。如果将知识仅视为实体性、结果性的符号、信息,知识将难以成为个人解决复杂问题、生成素养的基础。杜威在一个世纪前就明确提出建议,"脱离深思熟虑的行动的知识是死的知识,是毁坏心智的沉重负担。因为它冒充知识,从而产生骄傲自满的流毒,它是智力进一步发展的巨大障碍"。[1] 知识的实践意义意味着知识的获得并非依赖于单纯的静听、默视或心灵默记,而是体现为问题解决的探究实践和交往互动的社会性实践。正如杜威所言:"知识并不仅仅是我们现在意识到的东西,而且包含我们有意识地运用知识去了解现在所发生的事情的心理倾向。知识作为一个行动,通过有意识地调动我们的心理倾向以解决困惑的问题,进而考量我们自身和我们所在生活的世界之间的关联。"[2] 可见,在杜威看来,知识的实践、行动意义意味着知识本身由实体性、现成性的名词转化为了探究、交往实践的动名词,从而凸显知识本身内蕴着一种运用为本的理智行动或社会实践。

实现教学的实践意义体现了素养内涵的核心要求。经合组织的研究说明,"反思性行动的需求居于核心素养框架的中心。反思性思维不仅包括在

---

[1] (美)约翰·杜威.民主主义与教育[M].王承绪,译.北京:人民教育出版社,2005:167.
[2] John Dewey. Democracy and Education: An Introduction to the Philosophy of Education [M]. New York: The free press, 1916:344.

遭遇的情景之中,常规化地应用公式与方法,而且包括应对变化、从经验中汲取教训以及以批判性的立场思考与行动"。[1] 显然,反省性思维将知识视为一种探究、解决问题的资源、工具,在不确定的情境中通过尝试性解决问题,并将后续的结果与前有的知识资源建立起联系,从而识别我们所做的事情与所发生的结果之间的联系。[2] 可见,反省性思维正是素养得以生成与实现的核心。而这种能够识别前后联系的特定思维,在杜威看来正是人类思维以及经验发生的应有之义。这一思维过程即探究或问题解决的实践过程。[3] 也就是说,将知识视为一种心理资源,在实践中将知识与实践情境联系起来,亲历问题解决、创生知识与推动素养生成。这一过程中不仅内蕴反思性思维,同时也是素养的另一种表达。据此,实现教学的实践意义就在于弥合知识教学与知识探究的割裂,教学由此意味着一种探究性、社会性实践,而非割裂实践的静听、默视与心灵默记。这意味着,知识掌握与知识应用、迁移是一体化的,难以在时间、阶段上分解为两个过程或环节,通过探究性、社会性的问题解决过程,实现知识的工具、手段意义,同时激活知识所具备的活力,并通过合作性问题解决,更新对知识的个人理解。

实现教学的实践意义要求课堂教学过程中学生历经内蕴反省性思维的问题解决、社会交往等学科实践。对此,教学的实践意义就表现为:一方面包括问题解决的学科实践。知识唯有成为探究的对象或应用的资源,在问题解决过程中,调动学生的认知资源与非认知资源,并与面对的问题情景一体化,知识才由此具备了活力的可能,进而学习就成为批判性思维和问题解

---

[1] Organization for Economic Co-operation and Development. Definition and selection of key competencies: executive summary [R]. Paris: OECD Publishing, 2005:5.
[2] John Dewey. Democracy and Education: An Introduction to the Philosophy of Education [M]. New York: The Free Press, 1916:144-145.
[3] John Dewey. Democracy and Education: An Introduction to the Philosophy of Education [M]. New York: The Free Press, 1916:139-150.

决的过程。另一方面包括交往协作的社会实践,这是一种协作学习,即通过交往与协作,集体创造知识的过程,体现为共同体内部相互分享与协商、确证与辩护的过程。尤其在知识社会中,团队合作、共享行动、合作探究都成为全世界追求的核心素养框架中极为重要的素养。由此,课堂教学中的社会交往实践也变得前所未有地重要。概言之,素养导向的教学意义意味着教学实践性的实现,强调学习唯有通过内蕴反思性思维的探究实践和交往互动的社会性实践,才能灵活运用与迁移知识,从而胜任复杂情境与问题解决的需要,推动知识创生与素养生成。

三、彰显教学的个人维度

彰显教学的个人维度意味着,唯有在课堂教学中实现知识与个人理解、个人经验、自我判断、自我信念的深度融合,知识才能成为指导实践问题解决的工具、手段,社会交往的中介与媒介,自我实现的资源与凭借,知识才有可能具备迁移、行动的力量,进而成为素养生成的知识基础。如若缺失个人感受、信念等个人维度的参与,知识不仅远离了作为经确证的真信念的知识本义,而且还沦为现成性的概念或实体。由此,彰显教学的个人维度意味着:在强调知识的结构性、学科性的同时,不能以牺牲知识的个人性和默会性为代价。这一个人性只能被故意扭曲、遮盖,却难以清除,正因如此,知识才得以成为素养生成的基础,否则便异化为否定性因素。因此,如何确保知识的个人价值并创生出个体的自我理解,这是知识能够成为工具、媒介与资源的基本前提。

波兰尼在《人的研究》(*The Study of Man*)中通过地域和地图的隐喻对比来分析个人知识的参与。在他看来,人们通过实地感触、探索周边区域、地域的街道、建筑物而获得对这一地区的地域知识,这个过程即默会知识的维度,内蕴着诸多个人知识形态。而根据地图来设计路线、计划路途以获得这一地区的地域知识,即明述知识。[1] 关于这一例子,杜威在《儿童与课程》(*The Child and the Curriculum*)中也有阐述,一个探险家披荆斩棘寻找、勘探地域进而绘制地图,这种地图凝结着个人经验、体验、实际经历以及探究与创造的体悟等。用杜威的话来表达便是代表着知识的心理方面。[2] 可见,身处工业时代的波兰尼和杜威都注重教学中的个人维度。甚至波兰尼还提出,"所有知识都依赖于个人的整合、判断,都渗透了个人的情感、信念。一切知识都具有个人维度,即便是诸精密科学的完全客观性也仅仅是一种错觉,一种虚假的理想"。[3] 对此,在后工业社会、信息时代的时代趋势与基于核心素养变革教育的背景下,教学中个人维度的重要性不言而喻。唯有凸显个人价值、自我知识的建构,才不至于被急速膨胀的信息、知识所淹没与奴役。甚至一旦忽略了个人价值,知识便难以获得深入理解与创造性迁移。这就意味着,"学生的个人知识是其素养的基础、前提和载体。没有个人知识,断无素养形成。学生的学科素养建基于其学科思想。学生的跨学科素养建基于其生活理解与体验。因此,尊重学生的个人知识是发展学生素养的关键"。[4] 这不仅是个人知识的体现,亦是素养的另一种表达。

　　素养的教学意义意味着教学个人维度的彰显,有必要尊重、凸显个体与学科知识、生活世界互动时所产生的自身经验、理解与观念的重要性。甚至,只有尊重每一个人对知识的理解,知识才会构成学生满足情境所需的心理资源。不然缺失个人经验与理解,知识就势必沦为一种信息,难以迁移与

---

[1] (英)迈克尔·波兰尼.人之研究[A].(英)迈克尔·波兰尼.科学、信仰与社会[C].王靖华,译.南京:南京大学出版社,2004:111—113.
[2] (美)约翰·杜威.儿童与课程//(美)约翰·杜威.杜威教育文集(第1卷)[C].顾岳中,译.北京:人民教育出版社,2008:115—116.
[3] 迈克尔·波兰尼.科学、信仰与社会[M].王靖华,译.南京:南京大学出版社,2004:114—115.
[4] 张华.论核心素养的内涵[J].全球教育展望,2016(4):10—21.

应用,更难以创造出自己的理解。实际上,仅寻求对知识原原本本地识记与训练,更多的只是实现了"知道"层面的目标。个人维度的教学意义在于个人理解并非掌握一系列信息或知识的复制行为,而始终是一种创造性、反思性的实践,旨在超越信息本身与知道层面,"意味着我们能够证明自己有能力转化所学习的知识。当我们理解时,我们能够灵活自如地运用知识,而不仅是僵化刻板的回忆和再现"。[1] 显然,知识活力的激活始终离不开个人的参与,个人理解的核心在于学科知识、生活情境在互动时所产生的个人创造性理解,强调对知识的个体转化、自我描述与灵活应用。而这又称为"个人知识"。唯有正视个人理解,知识才得以从信息中获得活力,一旦缺失个人因素,脱离个人理解,知识便难以获得理解与迁移,知识便由此异化为一种信息、文本。由此可见,学生的个人理解、个人知识正是"有活力"知识的基础、前提和载体,同时教学的个人维度亦是发展素养的关键。

第二节 素养的学习意义

素养导向的学习意义在于重构个体与知识之间的关系,强调从被动接受到主动运用,旨在实现学习过程中思维的深度参与,要求学生作为知识理解者、运用者与创生者,能够从知识掌握与占有到能够全身心地参与、主动积极地批判、质疑、分析,进而实现知识运用与迁移。概言之,素养导向下的学习变革旨在重估个体知识探究与迁移运用等知识价值。如若仅以知识占有、授受的多寡定位知识学习的价值,学习反而成为了惰性知识、无用知识积累的同盟,必然降低、束缚学生进行知识运用的潜质与可能,难以实现从

---

[1] (美)格兰特·威金斯,(美)杰伊·麦克泰格.追求理解的教学设计(第二版)[M].闫寒冰,等,译.上海:华东师范大学出版社,2017:7.

知识到素养的转化。

一、为何而学：从为获得而学到为理解而学

素养导向的学习秉持为理解而学，以创生出深度的、强大的个人化、概念性理解为基础，要求学生能够基于自身的生活体验、知识经验或直觉想象等包裹、解构新知，建构出合理的解释框架、分析立场，以达成共鸣的创生意义。不难理解，唯有建构出个人化、概念性、意义性的联系、分析、反思与判断，才意味着实现了对知识的理解，从而为知识运用、迁移奠定前提与基础。由此，找寻与确立自我的理解是素养导向下学习变革的关键。正如杜威指出，理解即能够对所学的知识开展反省性思维。一旦缺失理解，知识就会异化为未经消化的负担，真正的理解意味着学习者将知识运用到新的情境。[1] 虽然，理解始终与认识、知识、懂得等问题交织在一起，与熟悉、熟知、掌握或知道存在联系，但获得与掌握并不全然是理解。[2] 素养导向下的理解，其重心在于形成自我的概念联系与分析、情境性的判断与解释、原理性的阐述与推断以及意义性的澄明与确证。

理解是学生能够对知识开展心智操作，形成意义性的联系、反思、体悟与推断。理解与获得的区别就在于，前者指向由内及外的学习信念，强调基于自我的经验、判断包裹知识，关注的是如何对知识进行解释、联系、分析与意义创生，是以自我的理解力提升为诉求；而后者则是以知识的事实性信解为出发点，描述出从外及内的知识学习信念，始终关注知识如实的获得、累积，是以客观性地掌握为目的。其中，不难理解，"理解不是教师可以通过讲

---

[1] John Dewey. How We Think: A Restatement of the Relation of Reflective Thinking to the Educative Process [M]. D. C. Heath & Co, 1933:78-79.
[2] Grant Wiggins, Jay McTighe. Understanding By Design (2nd Expanded edition) [M]. Alexandria, VA: Association for Supervision and Curriculum Development, 2005:35.

授可传达的,而是凭借学生积极地对知识进行高层次的心理操作,在脑海中自主建构的"。[1] 概言之,为理解而学作为素养导向下的学习理念,强调能推动素养转化的学习实践不应单纯建立在符合、忠实于知识、事实、真相的基础上,而是能够进行有意义、反思性地批判、确证、建构,通过形成知识间的联系、结构性的重组、情境性的共鸣、意义性的反思,并最终为实现知识在复杂情境中的运用、推动知识与素养间的转化奠定基础,提供可能。

二、学习什么:从内容之知到能力之知

素养的发展是以学科事实、学科知识等内容之知为前提,但仅获得内容之知不足以支持问题提出、问题解决、推动化知识为素养的发生。当代知识论研究中,素养是被视为一种关于知道如何(know-how)和知道如何去做的知识。[2] 可见,内容之知仅是支撑素养发展的充分条件,它还需要获得关于知道如何去做、运用的知识。2002年,欧盟委员会在发布《核心素养:普通义务教育中一个发展中的概念》的研究报告中强调,内容之知简称"知道是什么",是可言说、符号化的事实性知识或信息所构成的,而能力之知更有助于揭示出素养的内涵及其知识基础,它指向关于"知道如何做"的知识,是一种默会性、反思性地理解、懂得如何去操作、运用的能力之知。可见,构成素养的知识基础主要是关于知道如何去用、去做的能力之知。[3] 其实,关于何时、如何以及为何运用这些内容知识的能力之知,是一种更有深度的知识(depth of knowledge),它区别于以"是什么"为特征的学科事实、信息等内

---

[1] Grant Wiggins, Jay McTighe. Understanding By Design (2nd Expanded edition) [M]. Alexandria, VA: Association for Supervision and Curriculum Development, 2005:35.
[2] Pojman, L. P. What Can We Know? An Introduction to the Theory of Knowledge (Second Edition) [M]. Belmont, CA: Wadsworth Publishing, 2001:2.
[3] Eurydice European Unit. Key Competencies: A Developing Concept in General Compulsory Education [R]. Brussels: Eurydice European Unit, 2002:12.

容之知,指向了知识的本质及其功用,是关于内容知识如何被建构、解决哪些问题以及自身的合理性确证等。[1] 在此,唯有建构出这一指向如何运用知识的知识后,才能够将其内容之知加以运用、迁移。

素养导向下的学习要求追问知识的本质、功用、条件等。能力之知的独特性在于,它并非陈述性、程度性、事实性等现成性知识,而是一种关于如何运用、何时运用,具有反思性、情境性以及行动性等属性。这些独特性决定了它具有难以言传的属性,不能按照知识逻辑、结构体系等进行呈现,而只能凭借学生在运用知识过程中或者教师的提问、指导中,通过反思、概括与总结而获得。概言之,素养导向下的学习不仅要掌握"是什么"与"为什么"的内容之知,更重要的是将"如何做"与"怎么做"等能力之知置于优先地位,并以此超越内容本质,真正实现对知识本质的理解,进而为素养发展奠定知识基础。

三、怎么学习:从先学后用到用以致学

"先学习而后再运用"一直是各级各类学校人才培养教学实践中基本的学习过程。这一过程将学习与运用、创造分割为前后两个独立的阶段,但其核心却仍以知识接受、掌握和识记为中心,知识运用、创造异化为知识接受、识记的工具与附庸。脱离多样化的运用实践,儿童仅靠接受、识记所获的知识依旧难逃惰性知识、僵化知识的噩运,难免引发知识愈扎实,技能愈熟练,创新思维与能力却愈发薄弱的悖论。

素养的内涵中蕴含着以运用为核心的学习方法论。素养的发展不仅要求学会、会学知识,而且还要实现能用、会用知识。但由于深受知行二元论

---

[1] Kieran Egan. Learning in Depth: A Simple Innovation That Can Transform Schooling [M]. Chicago, IL: The University of Chicago Press, 2010:8.

的钳制,教学实践中存在着将学与用机械地分解为前后两个独立阶段,先掌握、接受,之后再运用,运用不仅充满了机械性、套路性,而且也仅扮演着对固定结论、现成知识的验证、训练与巩固的工具角色。[1] 对此,素养导向下的学习变革应凸显知识运用的重要意义,将知识视为待探究与运用的资源、手段与工具,通过以亲身经历的反思、迁移、运用与问题解决为核心的学习过程,实现知识建构并推动化知识为素养的发生。也就是说,将运用置于优先性、根源性地位,强调通过已有知识的运用建构新知,以提升新知的实践性,再凭借新知的运用与问题解决,实现素养的生成。这个学习过程中体现以用促学,推动知识建构与素养生成的一体化,简称为"用以致学"。对此,素养导向的学习变革的内在方法论意义便是以运用为中心,旨在体现素养内涵实践化、情境化等本质特征。期间,运用不仅强调一种基于高阶思维的理性实践,而且还注重反思性、社会性与审美性等维度的整合,进而揭示出化知识为素养的途径、过程、中介,即知识与素养分别作为这一过程的两端,构成了彼此的基础、目的。

---

[1] 张良,罗生全.论"用以致学":指向素养发展的教学认识论[J].华东师范大学学报(教育科学版),2021(2):40—49.

第六章 化知识为素养的教学认识论

教学认识论是对课堂教学过程中知识的本质、价值及其建构、生成与转化的理论解释与规律描述。素养本位的课程与教学变革是全世界应对知识社会、信息文明挑战，将素养作为预期学习结果的一次新尝试。这一选择不仅体现了社会整体变迁对学校教育改革与发展的具体要求，亦是对新世纪以来认识论、认知科学研究趋势的积极应对。探讨化知识为素养的教学认识论，旨在探究知识与素养的关系及其相互转化的认识论原理，进而从认识论的角度把握素养发展的特殊性、明晰化知识为素养的教学哲学。也就是说，深入探讨素养发展需要怎样的教学认识论，旨在探究知识与素养的关系及其转化的认识论原理，不仅有助于探索核心素养的认识论基础，还有助于明晰素养落地生根的知识路径。

第一节 具身认识论的解释

具身认识论是对 20 世纪 80 年代以来，认识论、认知科学、神经科学、计算机科学以及现象学等诸多学科领域探究人类认知、知识的具身维度的理论概括，是当代认识论研究的最新成果，也是时代精神的核心体现。从理智传统的角度，具身认识论是对启蒙理性中机械人性论与机械世界观的反思、超越,旨在恢复身体在认识过程中的理论意义。从当代发展来看,尤其是20世纪80年代中期以来,具身的概念日益凸显,成为了"第二代认知理论"中的重要流派,旨在重建被传统认识论所遮蔽的知识的具身性、情境性以及生成性等维度。这些曾被遮蔽的特征,恰恰是素养的本质特征,是弥足珍贵的。在这个角度,具身认识论对于理解素养的内涵,把握素养作为预期学习结果的独特性,理解化知识为素养的教学过程具有重要理论意义。

一、重估身体的认识论意义:具身认识论的视角

具身认识论旨在重新发现、理解身体在认识、认知过程中难以忽视的作用与价值,进而为理解认识、认知过程中建构知识、生成素养提供认识论或认知理论的指导与借鉴。

自笛卡尔(René Descartes)开启西方认识论哲学转向以降,基于主体与客体、身体与心灵以及心灵与世界的二元认识论框架,成为了18世纪以来西方"现代认识论"的基础。[1] 这一二元论框架内,"精神和肉体是完全对立的。肉体的属性是广袤,肉体是被动的,而精神的属性是思维,精神是主动而自由的。两种实体绝对不同:精神绝对没有广袤,肉体不能思维。"[2] 可见,两类实体迥然不同,一个代表思维,而另一个诠释广延。心智代表着思维、理性、具有精神性、自我意识以及反省能力,并且有超越身体、摆脱身体依赖的能力。而后者代表脱离心智以及所栖息的世界之外的身体,成为了认识论框架内混乱、无序、非确定性、干扰、曲解以及差错的根源,不仅价值式微,而且还是应消除的对象物。在杜威看来,这是人性对确定性追求的信

---

1 Charles Taylor. Overcoming Epistemology [A]. Charles Taylor. Philosophical Arguments [C]. Cambridge, MA: Harvard University, 1995:1-19.
2 (美)梯利,(美)伍德. 西方哲学史[M]. 葛力,译. 北京:商务印书馆,1995:315.

念以及对逃脱不确定性的潜意识使然,通过思维人们似乎可以逃避不确定性的危险,由人类感官、身体网络所参与的"实践活动所涉及的乃是一些个别的和独特的情境而这些情境永不确切重复,因而对他们也不可能完全加以确定"。[1] 其最终的认识论结果,正如其所言:"完全的确定性的寻求只能在纯认知(pure knowing)活动中才能实现。这就是我们最悠久的哲学传统的意见。"[2] 显然,这一最悠久的哲学传统中,肉身、感官、身体、经验,与之栖息的生活世界以及人的行动、实践等,成为了应予以抑制、唾弃的卑微者。由此,人类对知识、真理的探寻同时意味着两件事情,一方面充分信任心智的主体作用,发挥其理性、思维等能力;另一方面则摒弃身体的参与、世界的在场、经验的内化以及实践的价值,唯有如此才得以保证心智对确定性、客观性知识的表征与映射。

这种最悠久的哲学传统意见也是传统认知理论的观念基础。在美国认知心理学家乔治·拉夫卡(George Lakoff)、马克·约翰逊(Mark Johnsen)看来认知理论发生于20世纪五六十年代,属于第一代认知革命,其重要理念在于对行为主义心理学否认心智的狭隘观点进行全面清思,其核心信条在于提出:认知即内部心智对外界抽象的表征逻辑或计算过程。例如:信息加工理论将人类心智的信息加工过程与"计算机"相类比,强调心智认知即对符号、信息的加工、存储、提取以及使用等整个计算过程。[3] 同时,联结主义深受大脑神经系统的启发,建构出动态、活动的"人工神经网络",这一神

1　John Dewey. The Quest for Certainty —— A Study of the Relationship of Knowledge and Action [M]. New York: Minton, Balch& Company, 1929:7.
2　John Dewey. The Quest for Certainty —— A Study of the Relationship of Knowledge and Action [M]. New York: Minton, Balch& Company, 1929:7-8.
3　Francisco J. Varela, Evan T. Thompson, Eleanor Rosch. The Embodied Mind: Cognitive Science and Human Experience [M]. Boston, MA: Massachusetts Institute of Technology Press, 1991:6.

经网络"是由我们对于大脑的理解而提出来的一种信息处理办法",[1]联结主义将心智处理与运作理解为分布式、非线性以及自组织特质的人工神经网络。概言之,以信息加工理论、联结主义为主要代表的传统认知理论,将认知简化为对外在世界、独立实体的内在表征为核心的信息处理、符号运算。"然而,以这两种认知理论为代表的第一代认知理论将大脑的认知过程简化为大脑之中抽象的符号运算过程,身体仅是一个被动接纳、反映外界信息的刺激感受器、行为效应器、中枢神经系统等。其实质在于将感觉信息转换为神经冲动并传输给大脑,然后由大脑独自展开认知活动。"[2]

"自20世纪50年代'认知革命'发生以来,认知研究经历了一次深刻的范式转变,即从基于计算隐喻和功能主义观念的'第一代认知科学'向基于认知是具身的、情境的、发展的(developmental)和动力学的(dynamic)'第二代认知科学'转变。"[3]还有学者指出"第二代认知科学"包括:生成(enactivism)认知、具身认知、嵌入性(embeded)认知、延展性(extended)认知,共同称为"4E"认知理论。[4] 显然,这些当代认知科学中的弄潮儿,各自的研究焦点不尽相同,但有一个共同理论批判所指的问题域,即批判"离身"取向的认识论,进而提倡认知的"具身性"。[5] 这一具身旨趣的认识论中"心智的具身性意指:心智有赖于身体之生理的、神经的结构和活动形式。如果说'活动'实际上是主、客体的相互作用,那么,也可把心智理解为深植于人

---

1 Paul Cilliers. Complexity and postmodernism: Understanding complex systems [M]. London and New York: Routledge, 1998:26.
2 张良.具身认知理论的课程与教学意蕴[J].全球教育展望,2013(4):27—34.
3 唐孝威,黄华新."第二代认知科学"的认知观[J].哲学研究,2006(9):92—100.
4 Richard Menary. Introduction to the special issue on 4E cognition [J]. Phenomenology and the Cognitive Science, 2010(9):459.
5 Benoit Hardy-Vallee & Nicolas Payette. Beyond the Brain: Embodied, Situated and Distributed Cognition [M]. Newcastle: Cambridge Scholars Publishing, 2008:2.

的身体结构及身体与世界(环境)的相互作用之中。"[1] 瓦格拉(Francisco J. Varela)也曾指出:"使用具身这一概念用来强调两点,其一,认识依赖于来自身体各种不同感受器的多种多样的经验;其二,认知嵌入于一个更具包摄性的生物、心理以及文化场域之内。"[2]

具身认识论作为当代认知理论研究的集中概括,一方面是建立在认知论、语言学、人类学、计算机科学以及神经科学等跨学科领域研究的理论探讨,另一方面是扎根于大量认知心理学实验的基础之上。如有实验证明,身体负重情况对思维努力程度的影响、身体的感受情况与人际关系之间的关联性、直立或瘫坐的身体状况与情绪体验的关系以及手臂动作改变所引发态度和认知的变化等。有实验验证了认知活动并非单纯理性、封闭、抽象的活动,而依赖于身体的生理结构以及身体的经验、经历所拓植和参与。[3] 基于一系列的认知心理学实验,认知过程中身体的价值与意蕴不仅具有形而上学的认识论意义,还有着充分的心理学实验、实证的支撑,进而不断确证:人类的认知正体现了两者心智身体化与身体心智化,两者边界拆除、界限消融的一体化思路与进程。用莫里斯·梅洛-庞蒂(Maurice Merleau-Ponty)的话来说,这两者的融合与统一即人类存在于这个世界的存在方式以及与该世界打交道的认知途径,"身体是在世界上存在的媒介物,拥有一个身体,对于一个生物来说就是介入一个确定的环境,参与某些计划和继续置身于其中"。[4]

---

1 李其维."认知革命"与"第二代认知科学"刍议[J].心理学报,2008(12):1306—1327.
2 Francisco J. Varela, Evan T. Thompson, Eleanor Rosch. The Embodied Mind: Cognitive Science and Human Experience [M]. Boston, MA: Massachusetts Institute of Technology Press, 1991:172-173.
3 张良.具身认知理论的课程与教学意蕴[J].全球教育展望,2013(4):27—34.
4 (法)梅洛·庞蒂.知觉现象学[M].姜志辉,译.北京:商务印书馆,2003:112—114.

二、素养的具身性与素养发展的具身路径

素养的内涵表明,它作为特定情境中,调动和运用认知和非认知等心理社会资源,开展道德性知识运用以满足复杂需要的能力,具有强烈的具身属性。素养是基于自身、切身、亲身的知识运用、问题解决、协作探究的情境、行动、实践过程中建构、生成的。概言之,"素养是基于身体的,素养的发展需要全身心的参与,不仅需要认知的和理智的因素,更需要基于身体的感知、感受、直觉、体验以及由此而激发的情绪与情感,而这些正是个体调动知识、能力和态度解决复杂问题的基础和前提。"[1]

素养的内涵有别于其他预期学习结果的核心在于,它具有明确的具身理念,进而要求以具身的立场重新理解知识、素养的生成。具身认识论与素养的内涵具有一致性,为探讨知识转化为素养提供了充分有力的认识论、知识论支撑。这一认识论的基本旨趣在于"知识与知识的建构者融为一体。知识中始终渗透着个人的情感、价值信仰、理智追求和独特生活史。无论知识多么广泛和深入地融入社会,知识的个人性只能掩盖、扭曲或淡忘,但绝不能消除,除非知识本身不复存在"。[2] 由此,素养的生成及其建构同样离不开身体及其感性因素的参与,知识与身体能力、情感和态度等是不可分割的,需要在实践和具身行为中养成,需要通过知识的应用和内化而具身化形成。从知识到素养的过程,身体的参与、感受、体验与内化同样是基础性的,通过身体经验才能养成属于个人的素养。这一过程也是从普遍到个体的过程,需要个体去亲知与共情,在个人化之后才真正形成个人素养

---

1 宋岭,牛宝荣. 论素养本位的知识教学——从"离身的知识"到"具身的知识"[J]. 现代基础教育研究,2020(2):81—89.
2 张华. 研究性教学论[M]. 上海:华东师范大学出版社,2010:33—30.

印记,标有个体主体的行为、能力和态度,如此才最终完成了从知识到素养的转变与升华。[1]

具身认识论的视野中,化知识为素养不是一个单纯的认知过程,而是一个具身性、亲历性的实践过程。加拿大课程学者布伦特·戴维斯(Brent Davis)教授曾指出:"避免知识走向固化的策略便是注意心智与身体网络的联系。"[2] 无疑,"心智与身体的联系"是具身认识论的核心论点,对于理解化知识为素养的启发在于教学过程应基于个人的身体与经验,实践与行动的参与以及情境与生活等互动基础上生成知识。素养正是在参与、行动、实践的基础上,创造、创生出具有情境性、具身性、复杂性品质的产物。

第二节　情境认识论的勾勒

素养作为一种道德性运用知识的能力,蕴含着强烈的情境依赖性。这一预期学习结果的关键之处在于承担着个体能够超越所学的知识、技能,实现在广泛、复杂的情境中有效地激活、运用与迁移并解决问题,进而胜任世界的挑战。可见,情境并非说明素养形成与发展的时间、地点与环境等外在条件性描述,而是指出这一知识运用的能力本质上是情境相关、发生在情境之中的,并在与情境的交互中得以建构与生成。也就是说,对于情境性的理解,不仅是发生的环境,是充分条件,更是素养得以建构与发生的本身。在这一意义上,情境成为了理解素养内涵的关键词。对此,基于情境认知理论的视角,可以更好地理解素养建构的过程与化知识为素养的机理。

---

[1] 宋岭,牛宝荣. 论素养本位的知识教学——从"离身的知识"到"具身的知识"[J]. 现代基础教育研究,2020(2):81—89.

[2] Brent Davis, Dennis Sumara, Rebecca Luce-Kapler. Engaging Minds: Changing Teaching in Complex Time [M]. New York: Rutledge, 2008:6.

一、素养的情境性：情境认识论的勾勒

自 20 世纪 80 年代以来，以"情境之名"检讨传统认知理论、认识论在处理个人与情境、知识与情境、知行关系等割裂的症结，成为了认知科学、哲学认识论重新发现与理解认知或知识情境性的核心趋势与基本议题。素养内蕴的情境属性、知识理解与情境认知理论对认知过程、知识情境性的理解一脉相承。正如经合组织的报告所言："素养概念内蕴的情境性与情境学习理论异曲同工，将素养视为无法与情境相分离。"[1]甚至明确提出，"核心素养的背后即情境认知理论"。[2] 由此，基于情境认知的视角，探析核心素养的情境属性，至少有如下启示。

其一，素养蕴含强烈的情境依赖性，素养并非脱离情境的实体。素养作为情境性知识运用的能力，是个体认知、非认知资源与情境交互的产物。可见，素养与情境的关系并非割裂的，而是内蕴在情境之中，这也符合认知科学尤其是情境认知理论等研究，超越个体与环境、知识与情境的割裂，发现个体认知、知识的情境维度。正如澳大利亚核心素养研究专家悉尼理工大学安德鲁·戈沙齐教授指出的，个体将知识迁移到多样、复杂的情境时，积极调动认知、情感等与身体相关的维度，个体所习得的并不单纯是知识，而是一种关于如何运用(know-how)，即所谓的素养本身。[3]

其二，素养的知识基础应具有情境迁移性，通过情境建构的知识能够提

---

[1] Domunique Simone Rychen, Laura Hersh Salganik. Defining and Selecting Key Competencies [C]. Göttinggen, Germany: Hogerfe& Huber, 2001:46.

[2] Domunique Simone Rychen, Laura Hersh Salganik. Defining and Selecting Key Competencies [C]. Göttinggen, Germany: Hogerfe& Huber, 2001:58.

[3] Andrew Gonczi. Teaching and Learning of the Key Competencies. In Domunique Simone Rychen, Laura Hersh Salganik. Contribution to the Second DeSeCo Symposium. Neuchâtel, Switzerland: Swiss Federal Statistic Office, 2003:125.

升其迁移性。作为情境性知识运用的能力,这一预期学习结果的生成要求课堂教学提升知识的迁移性,知识进而才能成为个体运用的工具、资源,以及个体解决问题的手段与中介。否则知识只会成为与个人无关的符号、事实,甚至成为压抑个体理智创造的惰性知识。依据情境认知理论的解释,知识的本质是个体与情境交互、建构的过程与产物。唯有在情境中建构知识才具有使用、运用价值。因此,提升知识迁移性需要通过知识情境性的充盈与赋予,基于情境中的知识建构成为了提升知识迁移性的关键前提。

其三,素养的发展路径应体现在情境性的知识运用实践之中。既然"素养是个人与生存情境的交互结果",[1]那么,这一能力的发展必然是在情境性知识运用实践中习得与发展。由此,"发展素养有必要注重情境化路径,并符合情境认知理论,素养体现在情境中,并依赖情境得以发展与建构"。[2]这里的情境,并非是工具性地在传统讲授法的基础上增加相关背景导入等环节,而是在本体论意义上,知识与素养都是情境化的过程与结果。

其四,素养的外在表现是知识运用的情境性副产品。基于情境认知的视角,单数形式的素养更多指向情境性知识运用的能力。复数形式的核心素养则是个体的知识运用能力在不同情境中的外在表现,回答的是预期情境中,个体所表现出来的、结果性的、具体的核心素养。素养和核心素养之间的关系在于内部结构与情境性表现的分别。

二、"从情境中来"与"到情境中去":素养发展的情境路径

以情境认知理论的视野探究素养的内涵及其发展机理,情境逻辑的理

---

[1] Domunique Simone Rychen, Laura Hersh Salganik. Key Competencies for a Successful Life and a Well-Functioning Society [M]. Göttingen, Germany: Hogerfe&Huber, 2003:46.
[2] Domunique Simone Rychen, Laura Hersh Salganik. Key Competencies for a Successful Life and a Well-Functioning Society [M]. Göttingen, Germany: Hogerfe&Huber, 2003:46.

解与把握是其关键。"从情境中来"与"到情境中去"勾勒出素养发展的情境认知路径。

(一)"从情境中来":非概念化经验与概念化知识的联结

情境认知理论的核心观点在于:"讲授、传递抽象的知识、符号,对于个体而言并不具有逻辑上的使用价值,在情境之外难以实现迁移与运用。"[1]唯有与个体经验发生有意义的情境性联系,尊重儿童对知识的内在理解,抽象符号才能走进个体的生活史与生命历程,知识才获得了个体的深度理解。其实,儿童具有与学校学科情境相联系的原初形态经验与体验,这些生活经验、体验不仅是儿童的生活史,而且还是儿童本身。这些经验与体验是儿童自发的、非给予性的情境性体验,它们与学校教育中诸多学科概念不同,是一种生活逻辑、情境为主的非概念化经验。儿童的知识建构是源自非概念化经验的激发与运作,非概念化经验与学科知识的概念性联系正是儿童学习发生的本源。

近年来,学习科学研究的成果一直在坚持一个基本观点,儿童是伴随着对世界的预想(preconception)而走进教室;这些预想一些是正确的,一些是迷思概念。儿童学习的最好方式是建立在已有知识基础上。否则,学生能够将所学的知识应付考试,却只能将迷思概念原本如初地带出教室。[2] 皮亚杰较早注意到"自发概念"与"非自发概念"的区别,维果斯基也提出儿童通过经验和独立思考形成"日常概念"与学校里所学到的"科学概念"的区别,教师的责任在于促进日常概念向科学概念的转化,即概念转变的过程。此外,还有研究者基于"日常生活数学"(everyday mathematics)与"学校数学"

---

1 John R. Anderson, Lynne M. Reder, Herbert A. Simon. Situated Learning and Education [J]. Educational Researcher, 1996(4):5-11.
2 R. Keith Saywer. The Cambridge Handbook of the Learning Sciences (Second Edition) [M]. Cambridge University Press, 2014:6.

(school mathematics)的划分表明,儿童在学习数学概念前,大量生活经历与经验中存在着日常生活数学,且对学校数学的学习有着正面的促进效果。[1] 还有学者提出了"朴素数学"(native math)、"朴素物理"(native physics)的概念,指出单靠讲授书本知识,儿童不能深刻学习的原因在于,尚未解释儿童知识建构的基础。[2]

"从情境中来"意味着儿童的知识建构是源自非概念化经验与概念化经验的联系、互动、整合。这一联系、互动与整合的过程实际上是概念化的实践过程,通过调动、激活儿童生活经验,为概念化的知识理解与迁移性提供经验、生活基础,进而增强儿童对抽象、概念化知识的深度理解。例如,儿童在学习"拟人法"之前,在他的生活情境、生活经历中存在着大量的非概念化的"拟人法"的经验与体验。如《上学歌》中"花儿对我笑,小鸟说早早早"的歌词就是这一非概念化经验的代表性表达。对此,"从情境中来"意味着将"非概念化"的拟人法的生活经验与概念化的"拟人法"相结合,进而儿童所获得"拟人法"将缝合了概念化与非概念化的经验割裂。实际上,"从情境中来"意味着儿童经历一次概念化的过程,这一过程源自于非概念化经验,以获得概念化经验本身。在此意义上,情境认知理论重建了儿童的知识观,儿童的生活经历、体验中的朴素性、日常生活、自发性的经验具有知识论的意义与价值优先性。

(二)"到情境中去":学科知识与生活情境的一体化

情境认知理论重建了传统的学习观念,强调学习并非知识内化到个体头脑之中的信息加工过程,而是体现为复杂生活情境中的知识运用。"到情

---

[1] 黄国勋,刘祥通.一个情境认知取向教学活动的发展与实践——以"因数大老二"为例[J].科学教育学刊,2006,14(1):1—27.
[2] R. Keith Saywer. The Cambridge Handbook of the Learning Sciences (Second Edition)[M]. Cambridge University Press, 2014:6.

境中去"正是这一学习观念重建的体现。通过创设与复杂、不可预测的生活相联系的情境,确保儿童亲历抽象与具体、知识与生活之间的自由转化,在问题解决中发现知识与生活的复杂性、关系性意义,从而实现知识的理智价值,推动素养的建构与生成。在这个意义上,情境认知理论并非对知识的客观性、普遍性的质疑与否定,其对立面乃是二元论,是知识与情境的割裂。"到情境中去"意味着知识并非生活情境简单、线性与客观的表征,而是与世界的再次协商、理解,作为实验性、临时性、创造性的工具与假设,进而在情境中能够揭示其所具有的概念价值与生活意义。素养正是在知识与情境的互动中得以生成。

真实情境问题解决过程中,体现出学习并非模拟实践,而是一种真实性实践。"当然,学生并不具备像经过高度训练专业人员一样的教养,但学习科学家所指的是让学生参与到真实实践中,指的是恰当的情境性、有意义的发展实践。"[1]"在这一过程中,学生经历各种真实情境,能够整合已有的结构化知识和技能,运用学科思维和观念开展严谨的探究活动,灵活地、创造性地解决或应对各种复杂现实任务或情境时,就表现出了高水平的素养。"[2]这就是说,"到情境中去"是一项知识运用的过程,是高阶思维的发生与发展过程。同时,在情境认知理论看来,高阶思维或思维技能本身并非脱离情境的实体或官能,其本身是情境中知识运用、解决问题的过程与实践。如杜威所言:"思维不是一种'官能',而是各种材料和活动的组织。"[3]"思维不是一种可以割裂开来的心理过程;在思维过程中,要观察大量的事

1　R. Keith Saywer. The Cambridge Handbook of the Learning Sciences (Second Edition) [M]. Cambridge University Press, 2014:6.
2　杨向东. 指向学科核心素养的考试命题[J]. 全球教育展望,2018(10):43.
3　(美)约翰·杜威. 我们怎样思维——再论反省思维与教学的关系[C]//吕达、刘立德、邹海燕. 杜威教育文集(第五卷). 姜文闵,译. 北京:人民教育出版社,2008:98

物,从事种种暗示,它们在思维过程中互相混合,思维促成它们的混合,并能控制它们。"[1]在杜威看来,思维是基于知识、材料的组合、分析与运用,是学科知识与复杂情境相结合的过程。因此,"到情境中去"的过程是批判、反思、质疑等理性实践与对话、协商、分享等社会实践过程相结合的过程,甚至只有"让知识、技能回到个人和社会生活等问题情境中去探究、去解决,回到学习共同体内相互分享与协商、确证与辩护,才有素养形成与发展的可能。"[2]

综上,"从情境中来"到"情境中去"所勾勒出的素养发展的路径远比情境中的学习,或增强知识学习的情境性,抑或是在知识掌握基础上增加知识运用的环节等更为深刻与具体。两重情境化的思路并非是机械性的先后关系,而是一体化、不可拆分的关系。

三、 素养导向的教学认识论:情境认知理论的启示

基于情境的教育教学创新在我国有着丰富的实践基础。李吉林所开辟的情境教育实验,历经40余年,在知识的情境性、情境交融、以情育人等方面有丰硕的理论成果。正如她所言:"坚信知识与情境是相互依存的,任何知识都是在一定的情境中产生的,最终都要回到情境中去。儿童学习的知识更应该是情境性的,……将知识镶嵌在情境中。一种真实的、本真的情境,使知识有根、有联系、有背景,并促使学习者通过与环境互动去建构知识。"[3]基于此,情境认知理论作为素养发展的教学认识论,对于理解知识、知

---

[1] (美)约翰·杜威. 我们怎样思维——再论反省思维与教学的关系[C]//吕达、刘立德、邹海燕. 杜威教育文集(第五卷). 姜文闵,译. 北京:人民教育出版社,2008:90.
[2] 张良. 热闹的"核心素养"与冷落的"素养"[J]. 教育发展研究,2018(6):3.
[3] 李吉林. 情境教育的独特优势及其建构[J]. 教育研究,2009(3):52—59. 李吉林."意境说"引导,建构儿童情境学习范式[J]. 课程·教材·教法,2017(4):4—7.

识教学与素养发展的意义,至少体现为以下几个方面。

(一)重建知识观:理解情境对知识的意义

情境认知理论基于知识情境性的视野,旨在反对客观主义知识观和康德哲学的经验主义信条,弥合了知识与情境、知识与社会的二元论。[1] 对此,约翰·布朗(John S. Brown)等教育心理学家指出:知识是情境性的,知识受到活动、情境以及文化的影响,并且与它们不可分离。打个比方,知识学习不可能像把已做好的整件衣服交给学习者一样,学习者必须参与到环境之中,去纺线、织布进而把布裁剪成某一款式的服装。只有通过真正的活动,学习者才能编织属于他自己的知识之服。[2] 这里,情境并非单纯认知层面的背景、环境,而是支撑学习者生活与生存的一切自然、社会情境以及以人为属性的共同体等。知识正是在认知与环境、情境的交互作用过程中创造、生成或涌现出来,知识的意义与价值才得以实现。

在情境认知理论看来,知识的本质与意义并不是脱离个体情境的普遍性实体,而是在个体与情境的互动作用中显示、生成。所谓情境性,意味着知识并非一个在学习者头脑之中的静止的心智结构;相反,而是一个包括个体、工具、环境中其他人以及知识运用的活动的认知过程。情境性的视角超越了学习即传递与掌握的观念。除掌握内容外,学习的过程意味着参与协作性实践的模式。[3] "知识的意义具有不可避免的意向性,它总是指向、参与、影响、改变和塑造情境的某种实践活动:知识不是纯粹理性的先验的心

---

[1] Patrick M. Jenlink. Situated Cognition Theory. In Beverly J. Irby, Genevieve Brown, Shirley Jackson. The Handbook of Educational Theories [M]. Charlotte, N. C.: Information Age Publishing, 2013:185 - 186.

[2] John Seely Brown, Allan Collins, Paul Duguid. Situated cognition and the culture of learning. Educational Researcher [J]. 1989(1):32 - 42

[3] R. Keith Sawyer. The Cambridge Handbook of the Learning Sciences (Second Edition) [M]. Cambridge University Press, 2014:6.

智状态,确切地说,它是事物的经验的关系,而如果外在于这种经验,它就没有任何意义。"[1]可见,情境认知理论旨在重新发现情境的意义与价值,基于情境地实现,知识得以摆脱惰性化的境地,从而构成素养生成的知识基础。知识一旦独立于情境,成为非情境化的客体,所获得的抽象符号与客观表征,就会在个人经验、生活世界间构筑一道隔离,使得在生活世界等情境中的感受、体验或经验等与学校教育中的知识无法自由连接,进而难以在复杂、不可预测的情境中迁移、创造性地运用,知识的育人价值就越难以实现。

理解知识的情境性意义,并非忽视知识的间接经验性,而是重新思考知识客观性的地位、功能与意义。透过情境的学习有助于知识的深度理解,基于深度理解的知识才有助于迁移与运用。"从情境中来"、"到情境中去"的情境路径意味着通过个体与情境的双重互动、问题解决的过程,实现了知识建构与素养生成。这时,知识不仅包括学科事实、学科信息等事实性、陈述性知识,而且还包括在何时、何地加以应用的程序性、默会性的能力之知。可见,知识情境性的充盈实际上包含了陈述性知识和程序性知识的融合,正体现了素养的内涵。

(二)重建教学观:教学作为知识掌握与知识运用的一体化实践

情境认知理论针对知行关系的割裂,回应了"knowing what"与"knowing how"即"知道什么"与"知道如何"的分离,[2]倡导"知与行是连续的,而不是离散的,我们不可能脱离行而完全地理解知"。[3]在情境认知理论看来,知识掌握与知识运用之间并非孰先孰后,而是作为情境性知识运用的一体化过程。情境认知理论作为一种理论性的路径,提出学习仅发生在个

---

[1] 盛晓明,李恒威. 情境认知[J]. 科学学研究,2007(5):806—813.
[2] John Seely Brown, Allan Collins and Paul Duguid. Situated Cognition and the Culture of Learning [J]. Educational Researcher, 1989(11):32-42.
[3] 盛晓明,李恒威. 情境认知[J]. 科学学研究,2007(5):806—813.

体正在做的事情过程之中。¹ 可见,情境认知理论洞悉到学生获得了相关概念、原理、知识与能否灵活自如地激活、运用、胜任情境挑战并解决问题其实是两回事。

有理论指出,"教学认识必须遵循一般认识的普遍途径,但具体表现为'掌握'。它不以探索和发现未知为目的,主要目的是继承人类长期社会历史经验、将知识转化为学生头脑里的精神财富。这是一种简约的经过提炼了的认识过程,主要通过教师言语讲授和学生阅读教科书来进行;而实践、观察、探究、发现等活动也是重要的,但是少量的,带有模拟性质,并也经过了加工改造、简化和典型化"。² "学生不是直接同失误打交道亲身去取得对事物的认识,而是通过读书(包括听讲、观察、实验等)'接受'现成的知识,然后再去'应用'、'证明'的。"³ 可见,这一理论的假设在于先掌握而后运用,两者是线性化、顺序性、程序性的关系,运用是工具性的,掌握是目的性的。然而,正如杜威的研究发现:"假使认为积累起来的知识即使不应用于认识问题和解决问题,以后也可以由思维来随意地自由运用,这是十分错误的。通过智慧(intelligence)获得的技能,才是可由智慧随意支配的技能。只有在思维过程中获得的知识,才能具有逻辑的使用价值。而一些博学多识的人,却时常陷入在大堆知识中而不能自拔,这是因为,他们的知识是靠记忆得来的,而不是靠思维的作用得来的。"⁴ 可见,唯有经过情境性的思维、探究和知识运用,所获得的知识才具有使用价值,才能够被迁移、有效运用。

早在 20 世纪 80 年代,认知科学家们就已经发现,为了更好地提升儿童

1　Norbert M. Seel(Ed.). Encyclopedia of the Sciences of Learning [Z]. Springer, 2012:3082.
2　王策三. 教学认识论(修订本)[M]. 北京:北京师范大学出版社,2002:4.
3　王策三. 教学论稿(第二版)[M]. 北京:人民教育出版社,2005:116.
4　(美)约翰·杜威. 我们怎样思维——再论反省思维与教学的关系[C]//吕达、刘立德、邹海燕. 杜威教育文集(第五卷). 姜文闵,译. 北京:人民教育出版社,2008:96.

知识记忆的效果,应将知识推广、运用到更加广泛的情境之中,当他们学会将知识运用在真实的社会生活和实践情境之中时,儿童所获得的将会是深度知识而非浅层知识。[1] 显然,学习科学研究表明,单纯的知识积累、熟练、自动化,或过于强调知识积累优先,知识运用次之,只能实现知识累积,而难以实现知识的价值。基于知识运用而获得知识才能确保其具有逻辑使用、迁移价值,这就带来了一个基于知识运用的情境性循环,基于运用过程实现问题解决,丰富了已有知识的使用价值,进而知识才能成为运用的工具、资源。在问题解决过程中,学生的认知资源与非认知资源才会获得充分的调动,并与问题情境一体化,进而历经知识运用之后的学习结果体现为批判性、创造性思维,合作与交往等相关核心素养。

最后,素养的生成与情境认知理论对知识、教学等的理解异曲同工。那么,判断两者间孰前孰后,是核心素养选择了情境认知理论还是情境认知理论影响了核心素养的内涵及其机理,已不重要。情境认知理论作为化知识为素养的教学认识论,为理解知识的本质、知识的特征与属性、教学认识的过程以及理解核心素养的内涵等提供了新的视野与可能,从而为创造性发展教学认识论提供了重要的理论视野。对此,情境认知理论作为素养导向的教学认识论应处理好:其一,认知理论的一般性与教学认识特殊性之间的矛盾。情境认知理论的研究者基于人类学的视野,认为学习并非命题知识的获得,而是置身于真实的情境之中。学校教育场域中的情境、知识却具有独特性,儿童的学习也不能完全等同于成人世界的学习。因此,情境认知理论对教育场域的解释与适切性还需进一步拓展与丰富。其二,处理好情境的多样性与多元性。情境认知理论强调的"情境"是真实性的,总是和个体

---

[1] R. Keith Saywer. The Cambridge Handbook of the Learning Sciences (Second Edition) [M]. Cambridge University Press, 2014:4.

的生命、身体与体验密切相关。在此应充分意识到,在新课改的推动下,课堂教学实践中增加了与生活相联系的环节,但更多指向了结构良好问题,这些问题情境远离真实,是简化的情境。本质上并未提供知识运用的情境,甚至只是作为知识积累、知识掌握的工具。

第三节 实践认识论的立场

实践认识论可称之为认识论的实践转向,或以实践为基础的认识论,是对现当代哲学发展趋势的基本概括,也是对西方近现代哲学主客、心物、知识与生活、知识与实践割裂的回应。[1] 一般来讲,实践认识论是对认识论研究的实践转向的概括,旨在摒弃实体论的认识过程,从实践、行动的视域诠释知识的内涵与意义,重新理解作为实践的认识本质。素养作为道德性运用知识的能力,要求学生能够在多样化的复杂情境中开展反思、联想、批判、迁移、运用、创造等对象化、反省性、情境性、道德性实践。同时,素养这一学习经验或学习结果本质上是实践性的,这一认识过程已经超越了传统认识论的范畴,而走向实践为本的认识论,或者说是强调基于实践论的认识论理解。

一、素养的实践本质:实践认识论的视角

实践认识论是实践为本的认识论。马克思主义哲学将人类的社会实践

---

[1] 刘放桐教授曾指出:西方认识论哲学在理性的倡导,对主客、心物的区分、对它们的关系的认证基础上却包含着深刻的矛盾,使西方哲学陷入独断论、怀疑论以及思辨形而上学的困境。为摆脱这一困境,西方现当代哲学进行了转向现实生活和实践。转向现实生活和实践是西方哲学在近代实现认识论的转向后进一步发展的客观趋势。马克思在哲学上的革命变革正是适应了这种趋势,同一时期的西方哲学家以不同的方式推动了这一趋势的进一步发展。参阅:刘放桐.从认识的转向到实践的转向看现当代西方哲学的发展趋势[J].江海学刊,2019(1):12—27.

作为认识论的基础,实践是人所特有的对象化活动,是人能动地改造物质世界的对象性活动,[1]"生活、实践的观点,应该是认识论的首要的和基本的观点"。[2] 甚至"人的认识是否具有客观真理性的问题不是一个纯粹理论问题,而是一个实践的问题。"[3]杜威和马克思近似,同样从黑格尔的理性主义脱身出来,走向了日常生活的经验和实践。[4] 实践的观点就是杜威解决知行割裂、经验与自然割裂的观点。杜威的哲学传统从反对传统形而上学基于旁观者认识论所追求的绝对确定性开始,提出经验源自有机体和环境的交互,是做与受的统一过程。这一交互过程即实践性、实验性、反思性的探究活动,便具有了实践意义。如他指出:"把实践当作是我们用以在具体可经验到的存在中保持住我们判断为光荣、美妙和可赞赏的一切事物的唯一手段。"[5]

基于实践为本的认识论,重在强调以实践思维、立场或旨趣来理解人的认识过程,这意味着"不再抽象地孤立地考察物质实体或精神实体,而是把人的生活、实践及其带起的相关因素作为一个整体来考察。存在不只是'实体',更是'关系';不只是'关系',更是'过程';不是纯客观的过程,而是以主体及其实践为轴心不断被创造和显现的过程,是主客体相互作用、双向深化的动态系列。"[6]可见,实践的立场是基于人作为类主体的本质出发思考存在的本质及其内涵,旨在超越实体思维所引发的还原、分离、超时空等思维方式的限度,进而从主客体相互作用的过程、人的知识、技能与价值信念等本

---

1 杨耕.马克思主义哲学基础理论研究[M].北京:北京师范大学出版社,2017:220.
2 欧阳康.马克思主义认识论研究[M].北京:北京师范大学出版社,2017:6.
3 陈晏清,王南湜,李淑梅.现代唯物主义导论:马克思哲学的实践论研究[M].北京:北京师范大学出版社,2017:427.
4 李泽厚.实用理性与乐感文化[M].北京:生活·读书·新知三联书店,2005:19.
5 (美)约翰·杜威.确定性的寻求——关于知行关系的研究[M].傅统先,译.上海:上海人民出版社,2005:23.
6 孙美堂.从实体思维到实践思维——兼谈对存在的诠释[J].哲学动态,2003(9):6—11.

质力量对象化的行动等视野把握素养的内涵。

伴随着认识论研究的实践转向,对知识内涵的理解以及知识价值的凸显逐渐摒弃实体性的视野,而是从实践、行动的视域诠释知识的内涵与意义。基于行动、实践的视角理解知识作为问题解决的工具、资源、中介而存在,其意义与价值体现在知识运用的过程,表现为具身性、情境性和生成性。这一革新旨在重建现成性、客观性以及实体性的传统知识观念,通过知识的灵活运用解决复杂问题,释放知识的生成性与创造性,不仅是一种实践本位的知识理解,还体现了素养的基本内涵。对此,甚至知识的实践性正如英国哲学家怀特海指出:"知识的要义就在于知识的运用。尊重知识,首先要看谁有知识,其次要看怎么运用知识。知识之所以能够增益心智,就在于知识的运用能够改变心智发展过程中的直接经验。"[1]基于此,素养的实践本质体现在以下几个方面。

其一,知与行的统一。素养的内涵体现为知识对象化、实践化的过程,素养导向的课堂教学意味着不仅以求真的认识、求知为目的,而且还能够在知识与行动、理论与实践融合统一的背景下,在知识与行动、知识与生活世界、知识与自我的整合中,寻求知识的生活意义、情境意义与行动价值。可见,素养作为学习结果,指向知识内在价值的实现。在问题解决中运用知识,在运用知识中发展高阶思维技能,获得高阶思维、解决复杂不可预测问题的能力,进而寻求生活的关心与改善。

传统教学认识论是站在理性主义认识论框架内,认为教与学的核心矛盾是知与不知、知之少与知之多。素养的实践本质诉求于课堂教学的核心矛盾是能否基于所学知识开展具身性、情境性的知识迁移与运用实践。素

1　(英)阿尔弗雷德·怀特海.教育的目的(汉英双语版)[M].靳玉乐,等,译.北京:中国轻工业出版社,2016:36.

养内蕴实践本位的认识论,突破了知识的符合论、反映论等传统认识论,强调知识的实践化、情境化。在此,素养是实践论的范畴,区别于"知道如是"的求真认识论,倡导"知道如何去做""力行"的实践认识论。

其二,理智与德性的统一。素养作为运用知识解决问题的能力,本身始终与生活世界相关,总是为了运用知识解决现实生活中的问题,实现对现实生活世界的关心、改善。这一运用实践指向善本身,是具有道德意义的。素养在运用知识的过程中总是指向善本身,体现为理智与道德的整合。可见,素养内蕴高阶能力的生活属性,在问题情境的解决过程中始终需要生成对生活的信念、责任与伦理,进而具有了道德意义。素养作为预期的学习结果旨在帮助个人获得优质生活、成功人生与自我实现,此外也有助于实现健全社会、经济繁荣、政治民主、文化多元等社会可持续性发展的共同理想。素养的实践本质便具有了道德性的原初意义。

综上,素养的实践本质已走出知与行、理论与实践、逻辑与德性的二元对立困境,旨在追求认知与非认知、逻辑与德性的统一。素养不仅要具备知识迁移、运用、批判与创造等高阶思维,而且还要对现实生活问题有敏锐的感知和关切,这样便有了知、意、情等本质力量的全面发展,在一定程度上达到了真、善、美的统一。

二、重构"学"与"用"关系:素养发展的实践路径

素养的实践本质及其认识论意义诉求于学习者不仅能够"学得",而且还要"用得"。"学"与"用"这对教学认识论范畴指向了哲学认识论的根本问题——知识与行动、认识与实践。"学"意味着知道、知识、认知,"用"则意味着情境性的知识运用与迁移。既然素养作为预期学习结果的教学认识论意义在于知行合一、理论与实践的统一、学用一体,那么"学""用"关系的辨别

与厘清就成为了探究素养导向教学认识论的基本问题。

对"学""用"关系的教学认识论探究可以区分开"学以致用"和"用以致学"的两种教学过程表达。"学以致用"一直是中国文化传统中的学习信条。这一学习信条倡导学思行结合，理论与实践相联系，超越求知而走向日常生活实践。如《论语》开篇便是"学而时习之，不亦说乎？"这里的"习"就是"实践"的涵义。哲学家李泽厚解释道："学习而经常实践，不是很愉快吗？"[1]可见，中国人的学习信条与文化传统便在于将所学付诸于实践，将知识置于人与生活世界的实践进程中，凸显知识的生活、行动与实践意义。"学以致用"反映出一种学生对知识运用的诉求，这与素养的内涵一脉相承。然而，"学以致用"在基础教育课堂教学理论与实践中却饱受二元论的诟病，学习与运用被机械分解为两个阶段，进而衍生出诸多形式主义表现。为了实现"学"与"用"的内在一体，确保素养的落地生根，有必要反思形式主义意义上的"学以致用"。

(一)"学"与"用"关系的先后论

在理解"学"与"用"关系问题上，先后论将两者的关系视为时间维度上的先后顺序或前后环节，两者成为了在时间层面的两个环节、两个阶段，"学"为先，而"用"次之。这一理解默认了"学"与"用"作为两个环节、阶段的相互独立性。两者间甚至依旧是两个实体、两件事，本质上割裂了两者在认识论意义上的内在统一性。可见，在践行"学以致用"这一信条时，存在着将两者视为先与后的关系，笃信先掌握、接受、巩固，而后再运用、实践。基于先后关系的理解不仅忽视了知识源自实践的事实，同时让知识运用充满了暗示性、机械性与套路性。

1　李泽厚.论语今读[M].北京:生活·读书·新知三联书店,2014:28.

先后论将"学"与"用"割裂为时间意义上的两个环节,这一形式主义的教学理解与实践依旧是以求知、掌握、讲授为核心,而非以知识运用、实践为基础。然而,"'学好了再去做'那种指望学生带着中小学学得的满脑袋学科知识,到大学去做发展素养的'启动资金'的念想完全有悖教育规律和教育价值。殊不知,脱离了情境教学和情境学习,习得的知识必然是惰性的,那些装满'储蓄罐'的'启动资金',只能是'死钱',无法'兑换'和'投资'。广为诟病的'高分低能',即指此疾。'低能',就是指低阶思维。"[1]可见,基于先后论定位"学""用"关系,依旧是以求知为核心,秉持知识是理性、恒定的,其实质是理性主义知识观的僭越,甚至唯有客观、准确地掌握知识,才能更好地在日后进行知识运用、迁移与实践,却忽视、轻视了实践的认识论意义以及知识与实践的内在一体性。

(二)"学"与"用"关系的工具论

在理解"学"与"用"关系问题上,工具论的理解与做法强调运用扮演着工具、手段的角色,其目的、作用仅在于服务知识掌握、巩固,甚至知识运用仅是模拟、"做戏"的角色。基于工具论的理解,这两者在价值等级上进行了主次排序,间接经验、客观知识位于价值优先地位,而实践、运用仅扮演间接经验的附庸和工具角色,处于价值式微的境地。工具论的关系定位不仅为知识传授提供了合法性,甚至一定程度上违背了"学以致用"的初衷。

工具论的视野中,运用扮演着手段的角色,内在的知识观依旧是求真、如实的知识观,这是一种弱化行动、实践意义的理性主义认识论的框架。对此,杜威曾批判性地指出:"认为知识内在地优于实践,理性内在地优越于实

---

[1] 杨九诠.学科核心素养与高阶思维[N].中国教育报,2016-12-21(9).

践,依旧是原则上贬斥实践的旧有传统。"[1]可见,工具论的理解贬低了"用"、实践参与的教学意义,依旧停留在知与不知、知之少与知之多等框架之中,教学的核心还是知识掌握,是模拟、虚假、改造的,并非真实的知识运用,知识实践。这一价值上的二元论不仅直接抹杀了知识运用的本体论意义与价值,而且还割裂了两者间互为目的、手段的连续体关系。

(三)"学"与"用"关系的机械论

在理解"学"与"用"关系问题上,机械论的理解与做法强调唯有学生能够客观、准确地掌握知识,以后便自然能够实现知识运用。如凯洛夫指出,"必须使学生巩固地掌握知识,以便他们在从事各式各样的工作时来应用"。[2] 这一表述蕴含着学生能够在多样化情境中进行知识运用的前提在于反复巩固性的知识掌握,甚至默许了学生能否对所学知识进行运用,仅取决于学生能否掌握知识,却忽视了教师教学的方式、课程设计以及学习方式等复杂因素。可见,对于两者关系的理解、研判中存在简单思维的误区,忽视了两者间的非线性、复杂性的关系——学习者获得了知识并不必然意味着个体能够在不可预测的情境中自如地运用。正如杜威曾批判性地指出:"认为积累起来的知识即使不运用于解决问题,以后也能随意地自由运用,这是十分错误的。一些博学多识的人时常陷入大堆知识中不能自拔,这是因为他们的知识是靠记忆得来的,而不是靠思维的参与、知识的运用得来的。"[3] 可见,杜威基于学习过程中的思维参与、问题解决、实践探究等视角发现了两者关系的复杂性。显然,认为反复巩固、掌握便能在多样化情境中运用,

---

1 (美)约翰.杜威.确定性的寻求——关于知行关系的研究[M].傅统先,译.上海:上海人民出版社,2005:60.
2 (苏联)伊·阿·凯洛夫.教育学[M].陈侠,等,译.北京:人民教育出版社,1957:132.
3 John Dewey. Democracy and Education: An Introduction to the Philosophy of Education [M]. New York: The Free Press, 1916:64.

这不仅是对学习复杂性的简化,也是对知识运用本身的简化。

综上所述,"学以致用"一直是传统教学理论处理知与行、理论与实践、"学"与"用"关系的价值诉求。由于理性主义认识论及其知识观的钳制,对这一系列两者关系的处理上深陷二元论的误区,进而引发了先后论、工具论与机械论等形式主义症结。两者被视为独立、前后、机械性的学习阶段,实现的是表面上的牵强附会与形式主义的知行统一、学用一体。这背后依旧是理性主义知识观的僭越,课堂教学中的任务在于基于讲解、讲授的"旁观者"学习,并且认为在尚未全面掌握、系统讲解前是难以运用这些知识的。然而,这一假设却引发了学生所累积的知识难以具有使用价值,难以形成下一阶段知识运用与问题解决的工具、资源,素养的生成由此便缺乏了知识基础的问题。这一形式意义上的"学以致用""否认了教育与知识是探究的过程。如若离开了探究和实践,一个人不可能成为真正的人。知识只能通过创造和再创造,通过人类在世界上、与世界一起以及人与人相互之间永不满足地、耐心地、不断地、充满希望地探究、运用才能生成。"[1]因此,如果依旧在传统教学认识论框架内探讨"学以致用",对此不加分辨、警惕,那么这势必将学习结果禁锢于知识接受的樊笼之中,作为运用知识能力的素养则难以在教学中实现转化、生成。概言之,形式主义上的"学以致用"引发学生所习得的知识依旧是惰性知识、无用的知识甚至是死的知识。不难理解,"学生大量时间用于识记或理解学科的概念和原理(即局限于'知')。知行分离的结果,造成学生'知道或了解'一大堆所谓的'知识或原理',但只能坐而论道,无法解决真实的实际问题。"[2]

---

[1] Paulo Freire. Pedagogy of the Oppressed (30th Anniversary Edition) [M]. New York: The Continuum International Publishing Group Inc, 2005:72.
[2] 杨向东. 基于核心素养的基础教育课程标准研制[J]. 全球教育展望, 2017(9):34—48.

面对布满形式主义的"学""用"关系,在发展素养问题上,应重新探寻"学""用"一体、知行合一的新路径。为了更好地实现素养的实践本质及其教学认识论,有必要充分意识到传统教学认识论虽然努力践行知行合一、"学""用"一体,却始终是基于传统认识论立场理解实践的意义与角色,教学的任务仅是基于讲授的知识掌握,那么,预期的学习结果难免停留在学会、学懂、会知等层面,难以实现知识的使用价值与迁移性。

三、用以致学:素养发展的实践认识论立场

为更好地促进"学以致用",应将"用以致学"置于优先性与根源性地位。"用以致学"通过调整"学""用"关系,强调学生通过知识运用实践而获得知识,提升所获知识的迁移性、实践性,确保再次用于复杂情境问题解决与运用实践的可能性,进而实现素养的生成。

"用以致学"之"用"揭露出化知识为素养的关键。"用"是对个体基于已有心理社会资源(非概念化与概念化经验)开展知识运用、问题解决的实践过程的概括,是一种知识对象性、反思性、道德性、社会性的实践过程。"用以致学"是对素养的内涵实践化、动态化、情境化的概括。"用"即"学"的过程,这是一种基于反思、批判、理解等实践基础上的学,体现了化知识为素养的教学过程。在知识运用过程中,学生将调动内在心理社会资源,探寻问题的提出和解决,进而确保学习结果得以超越事实性知识的掌握与读写算的能力提升,并凭借道德性的知识运用与问题解决,最终生成素养。概言之,"用"作为化知识为素养的途径、过程、中介、方式与方法,学生在知识运用实践中认识世界与认识自我,实现了求真、向善与达美的整合,所建构的学习结果实现了由知识到素养的生成。

"用以致学"之"学"揭露出知识与素养之间作为学习结果连续体的动态

生成关系。"学"意味着学习结果即知识的建构。历经已有资源的联系、运用,批判性、反思性以及协作性的问题解决,个体逐渐建构出新的理解、经验。此时所建构的学习结果已经超越学科事实、学科信息等范畴,而是有着个体经验、反思、理解等具身性的卷入以及情境相关联的体验。这时的学习结果有了个人维度与能力之知的理解,可以称为"具有活力的知识"。正如杜威指出:"字面上的记忆成为了一堆未经消化的负担,完全不能将知识运用到新的情境中。唯有经过思维、探究和运用,个体才能获得深度理解和领会,进而获得的知识才具有使用价值,才能够被学习者迁移、有效运用。"[1] 同时,"学"还意味着学习结果的另一端即素养的生成。基于知识运用所建构、生成的学习结果具有了迁移性,进而构成了个体再次面对多样化、复杂情境的挑战时,能够表现为满足需要、问题解决与自我实现等的知识基础。当个体表现为复杂情境的胜任时,个体的知识、技能与态度等认知或非认知心理社会资源之间不再泾渭分明,而是在问题情境中组成为一个综合体。这一综合体表现为历经问题解决的情境性胜任力,对于这一胜任力用学习结果则称之为素养。[2]

概言之,"用以致学"之"学"体现出学习结果的连续体,沟通了知识与素养的两端。作为学习结果的两端,两者难以在时间、阶段上严格分解为两种实体性学习结果,而是作为学习结果的一体两面和一体两翼,一体化生成在知识迁移、运用与创生的实践过程之中。

---

[1] (美)约翰·杜威. 我们怎样思维——再论反省思维与教学的关系//. 吕达,刘立德,邹海燕. 杜威教育文集(第五卷)[M]. 姜文闵,译. 北京:人民教育出版社,2008:106.
[2] 张良,靳玉乐. 知识运用与素养生成——探讨素养发展的知识路径[J]. 教育学报,2019(5):48—49.

第七章 化知识为素养的教学机理

《现代汉语词典》中,机理又称为机制,是关于机体的构造、功能和相互关系,泛指一个工作系统的组织或部分之间相互作用的过程和方式。[1] 机理体现出通过揭示内部的要素、结构及其相互关系,以期澄清某一事物的特性及其功能的运行规则或原理。化知识为素养的教学机理旨在探讨在课堂教学实践过程中,教师如何指导、支持学生经历怎样的教学实践与过程以及如何实现知识建构与素养生成。

第一节 复杂情境驱动下道德性的知识运用

素养作为预期的学习结果,要求不仅需要掌握、认知与理解相关知识资源,而且还能结合情境的需求,在道德性的导向下开展知识运用、反思性探究与问题解决。素养的内涵揭示出它生成的原理与规律是教师引导下学生能够亲历道德性地运用知识的过程。在复杂情境的驱动下,学生得以将认知与非认知等资源视为问题解决的工具、交往协作的媒介和自我实现的资源,亲历知识运用、问题解决的全过程,实现将知识转化为能够胜任情境挑

---

[1] 中国社会科学院语言研究所词典编辑室编.现代汉语词典(第7版)[Z].北京:商务印书馆,2016:599—600.

战与满足外在需要的素养。

复杂情境驱动下道德性的知识运用过程揭示出素养是一种实践性、情境性、反思性的学习结果,它的建构与发展内蕴在过程性、实践性、情境性以及道德性的知识运用之中。这一教学机理揭示出知识与素养间不是两种对立的实体,历经道德性地运用、探究,反思性问题解决与协作性对话等教学过程,学生能够不断建构出关于知识如何运用、在哪运用以及为何运用等概念性理解,知识从作为孤立存在的客观实体,得以成为帮助学生增长见识、启迪思想、形成观念的工具与资源,实现旧知识的新理解、新知识的创生与构建相结合,进而释放知识的育人价值。从内在的视野来看,素养生成的过程是学生对知识不断深化理解,建构出个人观念,生成创造性理解的过程。从外在表现来看,学生能够运用知识、解决问题、自我实现与胜任挑战,胜任力表现成为了获得素养的重要行为特征。因此,与其说是个体实现了从知识到素养的跃迁,还不如说是所建构的知识具有了适应性、情境性、实践性等素养的性质与特征。

复杂情境驱动下道德性的知识运用是实践导向的教学认识过程。这一机理强调为学生创造知识运用的条件、资源,帮助学生实现知行合一、理论与实践的融合,实现学以致用,最终推动化知识为素养的发生。这一机理的认识论依据正如哲学家冯契概括出的基于实践为本的认识世界与认识自我的辩证过程,即"以得自现实之道还治现实的过程"。[1] 冯契提出,认识世界与认识自我的实践过程不应局限在对人类知识经验做静态分析,不是解决知与不知的矛盾,而是基于社会实践的历史进化和个体发育的自然过程来进行考察。他从实践唯物主义辩证法的思路出发,提出了一种实践基础上

---

[1] 冯契.认识世界和认识自己(增订版)[M].上海:华东师范大学出版社,2017:16—17.

的认识过程，寻求在"以得自现实之道还治现实"的过程中推动认识世界和认识自我的互相促进，也就是现实之道与心性交互作用的过程。[1] 可见，化知识为素养的教学机理呈现出以实践为本的认识过程，是一种基于知识并运用知识的教学实践过程。在复杂情境的驱动下，学生通过调动已有知识、技能等心理社会资源与全部本质力量，开展联系、反思、质疑、批判、问题解决等高阶思维实践，深化对知识的理解，获得新知的构建，在认识世界与认识自我的过程中实现新知的获得与素养的建构。

化知识为素养的教学机理揭示出复杂情境成为了个体能够开展多样化知识运用实践的条件，成为了能够促进、实现知识与素养间转化的中介。复杂情境即真实性的情境，是个体与学习任务间能够建立起有意义联系的情境。在复杂情境的驱动下，情境中所包含的问题、项目与任务能够引发学生深度思考、知识运用与问题探究，激发学生运用高阶思维，如分析、综合、设计、讨论和评价等展现所知、所学与所悟，进而实现知识建构与素养的生成。在此，素养并非直接等同于知识，而是在知识与复杂情境的交互中建构出来。复杂情境的驱动揭示出素养是一种知识情境化的过程及其结果。

化知识为素养的教学机理揭示出亲身参历知识运用的实践是其关键的过程。对于"运用"的理解，应突破身体层面的操作，从本质力量对象化的情境性、实践性、道德性、反思性的角度来定位、理解其角色与本质。"运用"是以知识为基础，是高级思维参与基础上的做事、成事实践。可见，高阶思维导向是知识运用的关键特征，这是因为，"核心素养的内部深层结构具有高阶复杂的特性，已经超越行为主义层次的能力，其内涵比一般的能力较为高阶复杂且深邃"。[2]

---

[1] 冯契.认识世界和认识自己(增订版)[M].上海：华东师范大学出版社,2017:29.
[2] 蔡清田.核心素养与课程设计[M].张咏梅审校,北京：北京师范大学出版社,2018:105—106.

化知识为素养的教学机理揭示出这一教学转化过程具有德性导向。素养作为预期的学习结果,包括道德性、价值性、社会性等因素,要求学生能够对自己的学习和行为承担责任,进而确保良好社会的运转,为社会和个人贡献有价值的成果。[1] 在此,化知识为素养的教学机理需价值观的引领,确保这一教学实践能够在社会主义核心价值观的导引、规范、调节作用下,实现经济增长、政治民主、文化包容与繁荣、环境可持续发展以及促进个体终身发展与自我实现。[2]

第二节 学科知识转化为个人智慧的反思性实践

素养的建构与生成基于知识,又超越知识。超越的方向在于基于知识进而建构出一种理智与道德共生的新的学习结果。这一学习结果,从其内在的角度来看,它体现为一种智慧的养成,体现为从知识的知道到理智的养成,再到智慧的跃迁。从其外在表现来看,它体现为在胜任挑战与需求满足过程中自我实现,此时这一学习结果体现出情境的适应性与胜任力。在此,知识与素养的转化就成为了如何在课堂教学中推动知识与智慧的转化与生成。简言之,转识成智。

素养与智慧之间的关系是复杂的,至少可以说,素养的另一表达或称谓是智慧。中国传统中智慧是实践之道,是整体把握与判断,是实践的指导,具有明显的伦理特征。它不是对事物的旁观者认识和客观知识,而是实践的决断。智慧不是理论推理,而是超理性。[3] 西方传统中,智慧指向完满的知或

1　Organization for Economic Co-operation and Development. Definition and Selection of Key Competencies: Executive Summary [R]. Paris: OECD Publishing, 2005:4-8.
2　杨惠雯.核心素养理论建构的人本论取向:德性伦理学的启示[J].中国教育学刊,2019(8):19—24.
3　张汝伦.重思智慧[J].杭州师范大学学报(社会科学版),2010(5):1—9.

全知,总是与生活实践有关,是对于实践和指导实践的智慧,具有伦理性,与道德有关。结合中西传统理解,智慧的内涵已走出德性与逻辑的二元对立,旨在追求理智与道德、逻辑与德性的统一。[1]"这里的智慧,不仅提倡能够运用知识解决问题,进而表现为创造性等高阶思维的发展。同时,还超越了创造性、德性维度。这是因为智慧必然包括道德特质,它的功能是为了更大的善,而不是为了这个智慧的行动者的个人利益或者是自我满足。创造性主要经由实用的、美学的或认知的,而不是经由道德的标准来判断。"[2]可见,中西传统对智慧的定义与理解与素养的内涵具有一致性,智慧不仅是运用知识和经验做出思维判断、解决问题的能力,同时这一知识应用还超越了纯认知取向,具有强烈的人文关怀和道德意义。这是一种整体主义的视野,克服了知识与能力,情感、道德、伦理的割裂,知识与生活、与社会的二元论。在此,从人本质力量对象化与自由表现的角度来看,素养是一种自得的、自由的智慧表现。[3] 从

---

[1] 有研究者通过深入挖掘"智慧"中西方的词根后,将其定义确定为:所谓"智慧"主要是指人们运用知识、技能、能力等解决实际问题和困难的本领,同时它更是人们对于历史和现实中个人生存、发展状态的积极审视与观照,以及对于当下和未来存在着的、事物发展的多种可能性进行明智地判断与选择的综合素养和生存方式。引自:靖国平.教育的智慧性格——兼论当代知识教育的变革[D].武汉:华中师范大学,2002:30.

[2] Anna Craft, Howard Gardner& Guy Claxton. 创造力、智慧与信赖——教育可以做什么[M]. 吕金燮,等,译. 台北:心理出版社,2010:65.

[3] 冯契所揭示出的转识成智相关实践进程深深影响了现代知识管理理论。美国学者罗素·艾可夫(Russell Ackoff)以三角形为形象,提出了数据—信息—知识—智慧(data-information-knowledge-wisdom,简称 DKIW)金字塔层级模式,更好地验证了转识成智的解释力。通过原始观察与测量获得了大量的事实,但这些仅是作为数据的存在,通过分析数据间的关系就得到了信息。信息与数据的关系如同葡萄酒与葡萄园,是需要经过提取和蒸馏之后才能成为信息。信息是结构化的数据。而知识是作为能力之知(know-how),能够将信息转化为指令,如知道一个系统如何运行或如何让它按照期待的方式工作。知识是可付诸行动(actionable)的信息。期间,数据就像构成面粉和酵母的原子,而知识则是能够将信息转化为面包的食谱。可见,知识是关于如何使用信息,而个体通过运用知识过程中的自我反省而创生的智慧,智慧回答的是关于为什么、什么时候以及怎么最好的方式运用知识。艾可夫所建构的这个三角形的金字塔模式,数据和信息是过去式,是关于过去的,而知识和智慧是和行动者的所处的现实、现在密切相关,并往往涉及未来想取得的结果,也包含未来导向。参阅:David Winberger. Too Big to Know: Rethinking Knowledge Now That the Facts Aren't the Facts, Experts Are Everywhere, and the Smartest Person in the Room is The Room [M]. New York, NY: Basic Books, 2011:2 - 4.

这个角度,作为超越知识的智慧与素养的内涵具有一致性。

知识与智慧作为预期的学习结果或目标,在人类教育发展史上经历着融合与割裂、分离的历程。在古代,哲学乃一切学科之母,其词义为希腊文的"爱智慧"之义,是关于宇宙、人生和文化之谜的智慧集成。这一阶段的知识生产建立在主客统一,直觉、体悟、诗性智慧等模式基础上,聚焦于对人类自身的生存、生活、发展状态的审视与判读,强调尊重客观世界,寻求人与自然、社会的和谐统一。这一历史阶段,知识意味着智慧本身,两者呈现出原初性的同一状态。时至近现代,伴随笛卡尔带来的认识论转向以及启蒙理性运用理性之光,追求客观性、普遍性、价值无涉的知识、科学的影响下,知识以科学的名义逐渐脱胎于哲学,成为了人类得以逃避偶然、变幻的避难所。这一阶段的知识生产更多依赖二元论,重心由人类自身转向到外在客观世界,其后果在于过分注重知识的工具、实用性价值,进而引发了科学主义与人文主义的冲突和对立,知识愈发远离人的主体世界、智慧和心灵成长。这一阶段,"知识就是力量"的教育信条使得知识具有强势的价值优先性,"因为只有通过知识的增长,心灵才能从它的精神束缚即偏见、偶像和可避免的错误的束缚中解放出来"。[1] 两者在教育教学活动中发生了必然的分化,甚至对立与冲突。正如怀特海评论:"从过去的神圣人类智慧降低到现今的若干学科知识,这标志着教育的失败,而且是长时间的失败。"[2] 可见,科学性、客观性知识的占有、掌握,只能意味着对外部世界了解、把握,但并不意味着智慧的获得与智慧境界的提升。甚至在杜威看来:"知识性学科无助

1　(英)卡尔·波普尔.通过知识获得解放[M].范景中,李本正,译.杭州:中国美术学院出版社,1998:179.
2　(英)阿尔弗雷德·怀特海.教育的目的(汉英双语版)[M].靳玉乐,等,译.北京:中国轻工业出版社,2016:35.

于智慧。"[1]这一现代以来确定的课堂教学旨在掌握"无所不包的原理",让学生成为所谓的"无用知识的百科全书",而培养智慧却成为了次等的事。然而,"知识仅仅是已经获得并储存起来的学问;而智慧则是运用学问去指导改善生活的各种能力。在学校中,当注意积累知识时,却时常疏忽了发展智慧的观念或良好的判断力"。[2] 知识与智慧分离过程中,教学的目的与学习的预期结果便仅关注知识本身,教学过程也成为了寻求唯一正确的方法传递正确、无疑的知识,程序性、环节性的讲授法成为这一历史阶段以来的主流与时尚。

反思教学发展的历程,与其说是知识与智慧的融合、分裂乃至冲突成为了从古代到近现代教学发展历程的缩影,还不如说人类发展的不同阶段,对智慧的定义有所特定性、特殊化的理解。古代对人生、生命、生活的伦理、道德反思、判断洞察与决断,体现为知识即智慧,而近代以来更多关注对外在世界的探求,乐观地将知识、科学称为智慧。时至近现代,知识与智慧不仅在目的和结果层面发生分化、分离,教学过程在"将一切知识教给一切人"的信条指引下,深陷同一性、大规模、程序性讲授法的泥潭。

化知识为素养的教学机理即从知识到智慧的转化、跃迁与共生,即转识成智。在冯契看来,"转识成智"的过程要实现以物观之到以道观之,将对道的真理性认识和人的自由发展内在紧密的联系。知识到智慧的飞跃是贯彻理论联系实际,进而实现"化理论为方法,化理论为德性"的转化。这两次转化是对既成理论形态抱着"通过它并且超越它"的态度,把理论运用于一定的领域作为方法,并通过运用理论再来提高思想觉悟,将理论化为自己的德

---

[1] (美)约翰·杜威.我们怎样思维——再论反省思维与教学的关系[C]//吕达,刘立德,邹海燕.杜威教育文集(第五卷).姜文闵,译.北京:人民教育出版社,2008:95.
[2] (美)约翰·杜威.我们怎样思维——再论反省思维与教学的关系[C]//吕达,刘立德,邹海燕.杜威教育文集(第五卷).姜文闵,译.北京:人民教育出版社,2008:95.

性。概言之,这一过程中,一方面要化思想为方法,贯彻于自己的活动、自己的研究领域;另一方面又要通过身体力行,化为自己的德性,具体化为有血有肉的人格。[1] 整个过程,是从知识到理论、到方法,再到德性的实现过程。

从知识到智慧的转化、跃迁与共生的实践过程,冯契将其概括为"理性的直觉"、"辩证的综合"与"德性的自证"三个阶段。"理性的直觉"即整体地感知意识对象,理性地直接把握客观的现实感与实在感,基于理性的贯通、建构性的想象、良好的判断力,洞察到事实的本质,表现为融会贯通的"悟"。这一过程通过激发学科意识、理性思维,实现学生亲身体验和理性观照的有机统一,进而为化知识为理智、理论的实现奠定前提。"辩证的综合"即整体、联系、辩证地把握知识、理论、范畴、规律的有机联系,以整体、关联、互动的方式把握客观现实及其理论实在。内在的假设在于,知识愈发结构化、体系化、综合化,知识就愈发具有活力,愈能够为我所用,有助于建构个体的自我理解,帮助个体实现观念提升、思想转变,并最终推动知识向理论、理智,向方法的跃升。最后,"德性的自证"是指通过自我意识对自己的德性不断反思和自我验证。德性的自证实际上是一种将理智、方法与自我的良知良心、社会的文化文明联系起来,进而推动个体存在意义的澄清、精神世界的充盈、道德情感的自觉、善的追寻与确证等。

冯契所揭示出转识成智的过程中,化理论为方法体现出基于知识运用发展个体的思维与理智水平,实现从知道到理智或智者的转变。这一过程中,学生能够基于学科思维直面日常生活,推动理论知识的自觉,强化学科意识、理性思维,能够将所学知识进行结构化、脉络化的综合,增强知识的行动力,使之能够成为解决现实问题的工具。这一过程就是理性的自觉、辩证

---

[1] 冯契.认识世界和认识自己(增订版)[M].上海:华东师范大学出版社,2017:16—17.

的综合，核心在于将知识运用起来，让知识成为解决问题的工具与力量。但这个过程并不是化知识为智慧的全部。还需要化知识为理论，为德性，即德性的自证。这是因为，"仅有知识只代表聪明，与时间、人性、大地在一起时知识才能变成智慧"。[1] 这要求教学实践将知识及其运用实践置于自然、社会、自我的广泛联系、互动语境之中，通过追问意义、价值与道德等，实现道德的追问、意义的澄明、精神的充盈等，进而让理论、理智能够成为发展个体良好的判断力和指导美好生活的创造。如杜威指出："知识仅仅是已经获得并储存起来的学问；而智慧则是运用学问去指导改善生活的各种能力。在学校中，当注意积累知识时，却时常疏忽了发展智慧的观念或良好的判断力。"[2] 最终，实现在认识自己和认识世界的交互作用中转识成智。

学科知识转化为个人智慧的教学机理中，反思性实践是其关键策略。反思的角色与地位不是工具性的，而是存在论意义的。"理性的直觉"是情境驱动下对知识与情境关系的反思，通过引导学生进入情境，体悟学科知识与问题情境的联系，反思知识的情境价值、理智意义。"辩证的综合"是基于知识与知识相联系的反思，通过知识内部的结构性反思与跨学科知识间的反思，实现知识的再联系、再组织、再结构化，进而增强理智力量、发展思维品质。最后，"德性的自证"是道德反思，即道德性自证与追问，在身体力行地解决复杂问题的基础上，追问、反思知识生产、创造与运用的个人意义、德性意义、社会价值等。三重反思最终帮助学生实现化知识为理智，化理智为智慧或素养。最终，学生所获得的学习结果是一种更高境界的"知"，这样的学习结果实现了知、意、情、行等方面的协调统一。

---

1 OECD. OECD Future of Education and Skill 2030: OECD Learning Compass 2030(A series of concept notes) [R]. Paris: OECD Publishing, 2019: 76.
2 (美)约翰·杜威. 我们怎样思维——再论反省思维与教学的关系[C]//吕达, 刘立德, 邹海燕. 杜威教育文集(第五卷). 姜文闵, 译. 北京: 人民教育出版社, 2008: 96.

第三节　内容之知与能力之知、德性之知的创造性整合

素养作为一个整体性、整合性概念,它建构、生成在"知识(包括隐性知识)和基本技能(例如分析、决策、解决问题、批判性思维和沟通技能的组合)以及情感、态度与价值观相整合的过程中"。[1] "素养是一个广义的概念,绝对不是狭义的技能,不是具体的、操作性的动作能力,而是一个广义的,涵盖知识、技能、情意或态度的统整性概念。"[2] 在此,素养的整体性、整合性,强调在内容要素层面上,认知与非认知资源具有同等的重要性地位,强调认知与非认知的相互联系与相互影响。蔡清田教授也指出,素养在此作为知识与技能的再升级,涉及认知、技能与情意价值等复杂心智的统整,它的第一项教育价值功能是纠正过去重知识能力而忽略态度的缺失。因此,"素养"就是在知识、能力之上再加上情意态度,情意态度是作为锚点,并决定在知识运用或高阶思维实践中正确的价值判断、优先考虑以及行为抉择。进而,素养 = (知识 + 能力)^{态度}。[3] 由此,把握化知识为素养的教学机理应秉持知与行、认知与非认知、理智与德性之间相互联系、互动生成的整体性、整合性教学认识论。

内容之知与能力之知、德性之知的创造性整合揭示出素养生成于内容之知(knowledge of what)与能力之知(knowledge of how)、德性之知(knowledge of virtue)的互动、融合。素养的建构与生成是以内容之知

---

[1] Domunique Simone Rychen, Laura Hersh Salganik, Mary Elizabeth McLaughlin. Contributions to the Second DeSeCo Symposium [C]. Neuchâtel, Swiss Federal Statistical Office, 2003: 114.
[2] 林永丰. 迈向素养导向的课程教学改革[M]. 台北:五南图书出版股份有限公司, 2019:9.
[3] 蔡清田. 核心素养的课程与教学[M]. 台北:五南图书出版股份有限公司, 2020:22—23.

为前提,但"素养的内涵已经超越了内容之知,更关键的是知道如何运用"。[1] 素养作为运用知识解决问题的能力,它不仅包括关于学科事实、信息等内容之知,而且更为重要的是能够理解关于这一知识的原理进而能够转化为为何运用、如何运用等能力之知。此时,作为内容之知,历经个体运用、问题解决等情境性实践过程,具有了能力属性,跃迁为了能力之知。正如法国哲学家莫妮克·坎托-斯佩伯(Monique Canto-Sperber)、吉恩-皮埃尔·迪皮伊(Jean-Pierre Dupuy)指出:"素养超越了与学科相关的知识,是由知道如何(know-how)而不是知道什么(know-that)的形态构成的。"[2] 2002年,欧盟委员会发布的《核心素养:普通义务教育中一个发展中的概念》的研究报告中,明确地从知识分类视角切入来讨论素养的内涵,这主要体现在其基于"knowledge-what"和"knowledge-how",前者称之为指向"知道是什么",即可言说、符号化的事实性知识或信息,简称为内容之知,后者是关于"知道如何做",一种关于默会性、反思性的如何去操作、运用的知识,简称为能力之知。[3] 可见,从知识分类的角度来看,素养主要是由知道如何运用知识解决问题的能力之知所构成。概言之,构成素养的知识基础不是内容之知,而是关于知识是什么以及他的功能等能力之知。

1949年,英国哲学家吉尔福特·赖尔(Gilbert Ryle)出版的《心的概念》(*The Concept of Mind*)一书重点剖析了能力之知这一概念,在他看来,内容之知是一种陈述性、描述性的命题性知识,而能力之知则是一种体现在

---

[1] Domunique Simone Rychen, Laura Hersh Salganik. Defining and Selecting Key Competencies [C]. Göttinggen, Germany: Hogerfe& Huber, 2001:75-76.

[2] Eurydice European Unit. Key Competencies: A Developing Concept in General Compulsory Education [R]. Brussels: Eurydice European Unit, 2002:12-13.

[3] Eurydice European Unit. Key Competencies: A Developing Concept in General Compulsory Education [R]. Brussels: Eurydice European Unit, 2002:12.

"做"的活动/行动中的知识。两类知识之间存在类型或范畴差异,蕴含了愚蠢和无知的分别。愚蠢是智力欠缺的表现,在能力之知上有所缺陷,而无知仅是愚蠢的一个后果。对此,"赖尔不仅强调 knowing how 和 knowing that 的种类差异,而且还进一步主张 knowing how 在逻辑上优先于 knowing that,或者说 knowing that 预设了 knowing how。一个科学家首先是一个 knower-how,其次才是一个 knower-that。如果某人不知道如何来使用它,就不能说他真正拥有了这种 knowing that 的知识"。[1] 可见,赖尔所提出的能力之知这一知识类型,指向何时、如何以及为何,是关于知道事物是如何运作的,以及如何去运作事物,知识的适用范围、运用条件等,与素养的内涵如出一辙,都体现出了基于知识开展运用的理智性学习结果。

素养作为一个理智与德性相融合的整合性学习结果,克服了认知与德性的割裂,指向了一种能够成事、成人的人性自觉或德性智慧。用认识论的中国话语来理解素养的德性维度,就是一种关于"德性之知"。也就是说,素养的生成不仅需要内容之知、能力之知,而且还需要道德、价值观的引导,充盈了两种知识类型的德性维度、价值立场或文化倾向性,进而跃迁、转化、生成为德性之知。

"德性之知"由北宋张载提出,渊源来自《礼记·大学》中的"明明德"一说。德性之知是对性理、人理的认识,主要内容是天理或良知。常识、理知、良知都是人类共有精神家园的珍藏,能给人提供安身立命之所,有信念功能。[2] 这一知识类型不同于闻见之知,"见闻之知,乃物交而知,非德性所知;德性所知,不萌于见闻"。[3] 可见,德性之知是一种关于穷理和尽性的知识,

---

[1] 郁振华.人类知识的默会维度[M].北京:北京大学出版社,2012:77—78.
[2] 张茂泽.论德性之知[J].孔子研究,2019(6):111—119.
[3] (宋)张载.张子正蒙[M].上海:上海古籍出版社,2000:144.

一种超越感性的先验的道德知识,以弥补见闻耳目之限与自然万物之无限之间的冲突。它强调从人自身的道德省察和体悟的经验出发,去思考整个宇宙、社会、人生的问题。德性之知也重视对知识的学习,但更多是让人们通过"穷理"、"尽性"等方式,进而达到"天人合一"的道德修养境界。[1] 这一体现中国文化传统与智慧的知识类型,指向的是道德意识与伦理认识。可以是道德主体的自我反思,也可以是道德实践的谋划与运作。但是,无论如何,离开了社会化的人和伦理关系也就无所谓德性之知。[2] 在杜维明看来,"闻见之知是通过感官而获得的有关外界自然、人物、事件的资料、消息或知识;德性之知则是从事道德实践必备的自我意识。闻见之知是经验知识,而德性之知是一种体验,一种体知,不能离开经验知识,但也不等同于经验知识。德性之知是认识主体的自知自证,因此是一种不凭借客观对象而自然涌现的真知。常在'知人任事'上表现其深刻的内涵。"[3]

内容之知与能力之知、德性之知相整合的教学机理,是从构成素养的知识基础角度揭示出知识转化为素养的教学原理。这一机理表明,素养的发生是以学科事实、学科知识等内容之知为前提,以生成、转化为能力之知为过程,以德性知识的充盈与自觉为终点。期间,基于内容之知的运用实践教学过程中,历经能力之知的建构、道德反思,知识早已不单纯是一种客观化的实体,"'知'实际上并非对外物、对世界的理性认识,而是一种'其视天下无一物非我'的'天人合一'的属伦理又超伦理的精神境界,而一切'见闻之知'以至'穷神知化',都不过是为了'身而体道',为了使作为主体的'人'通过伦理学(而不是认识论)与'天'同一,达到这种属伦理又超伦理超道德的

---

1 张立文.宋明理学研究(增订版)[M].北京:中国人民大学出版社,2016:195.
2 顾红亮.对德性之知的再阐释——论杜维明的体知概念[J].孔子研究,2005(5):105—111.
3 杜维明.论儒家的体知——德性之知的涵义[A].孔祥来,陈佩钰.杜维明思想学术文选[C].上海:上海古籍出版社,2014:116.

本体世界"。这就意味着,素养发展的教学机理体现为知识不是教学的终点,而是体现出对知识的理智性改造和知识运用的德性自觉与意义追问。由此,化知识为素养的教学是一个指向个体与自然、个体与社会、个体与自我的三位一体、三维面向的整体性教学,教学实践过程中不仅注重高阶思维导向的理性认知,而且还需要价值观引领、情感参与的德性实践。亲历这一整体性的教学实践,学生得以与客观世界相遇与对话、与他者相遇与对话、与自我相遇与对话,构建出内容之知、能力之知与德性之知的三位一体的学习结果。内容之知与能力之知、德性之知相整合的教学过程虽有过程性、阶段性特征,但其根本是一种整合性过程,其建构与生成的特殊性在于理性的求知、探索与现实的成事与解决问题,在于伦理、道德领域的自觉与澄明的一体化,求知与道德、真与善、人道原则与理性原则的结合与统一。其所蕴含的教学哲学本质上追求求知与道德、真与善、人道原则与理性原则的结合与统一。这样便有了知、意、情等本质力量的全面发展,在一定程度上达到了真、善、美的统一。

第八章 化知识为素养的教学过程

化知识为素养是一个基于情境的驱动下，运用知识解决问题，推动内容之知转化为能力之知，实现知识的启智价值，并通过德性自证与意义反思，推动能力之知向德性之知的转化，进而实现新知的建构与素养生成的过程。这一过程虽有阶段性特征，但这些阶段之间相互联系、相互递进、循环，共同推动知识建构与素养生成。

第一节 情境创设与问题提出

化知识为素养导向下的教学过程始于情境创设与问题提出。其原因不仅在于素养具有的高度情境性，它的建构始终是基于情境，在问题提出与解决过程中得以生成，而且"思维是由直接经验的情境引起的"，[1]一切基于知识运用、反思探究、问题解决、知识转化与创新的高阶思维实践、德性自证与价值反思也都源自于情境与问题本身。正如杜威指出："一切反省的探究都是从一个有问题的情境出发的，而且这种情境不能用它本身来解决它自己的问题。只有把这个情境本身所没有的材料引入这个情境之后，这个发生

---

1 杜威.我们怎样思维.经验与教育[M].姜文闵,译.北京:人民教育出版社,2004:87.

问题的情境才转化而成为一个解决了问题的情境。"[1]

一般来讲,情境即背景或有机体与背景的关系或环境条件、情况。《辞海》中将"情境"描述为一个人在进行某种行动时所处的特定背景,包括有机体本身和外界环境有关因素。[2]《心理学词典》中"情境"指影响事物发生或对机体产生影响的环境条件,也指在一定时间内各种情况的相对的或结合的情况。[3] 这些指向背景、环境、要素等情境的理解,很容易引发教育学场域内工具论意义上的情境观。实际上,情境并非只是教育场域内外在的、背景性的存在,它是支撑着学生的生活与生存的一切自然、社会情境以及以人为属性的共同体本身。在情境认知理论看来,"知识是心智——环境经纬编织(woof and warp)的整体的产物,它总是相对于某个共同体的视域而被理解和具有意义;情境认知视系统——人、他者、社会、自然环境——为一个共存的整体,它们共同构成了认知意义的视域。"[4] 可见,情境不是外在的、背景性的,是内在嵌入教学过程、知识活动的。知识正是在个人与环境、情境的交互作用中创造、涌现以及生成出来的。知识建构的过程并非像第一代认知科学所承诺的那样,即符号表征或计算机操作,作为一种纯粹理性、心智内部的产物与结果,而是与其身处、在世环境、情境持续相互作用,不断交互、自组织的创造、生成系统。由此,"学习应该发生在复杂、社会性的情境之中,这些情境强调'复杂性'与'社会性'。"[5] 如仅将情境视为外在的环境或背景,这一工具意义上的情境实际上是简化的情境,其目的在于寻求客观、普

---

[1] (美)约翰·杜威.确定性寻求——关于知行关系的研究[M].傅统先,译.上海:上海人民出版社,2005:145.
[2] 夏征农.辞海(缩印本)[Z].上海:上海辞书出版社,1990:980.
[3] 杨治良,郝兴昌.心理学辞典[Z].上海:上海辞书出版社,2016:552.
[4] 盛晓明,李恒威.情境认知[J].科学学研究,2007(5):806—813.
[5] John R. Anderson, Lynne M. Reder & Herbert A. Simon. Situated Learning and Education [J]. Educational Researcher, 1996(4):5-11.

遍地表征外在的世界,忽视了情境不是教学发生的背景性信息、要素或环境,不是可有可无,可多可少的,而是学生与情境的互动即知识生成、知识与情境的互动即素养建构本身。

知识作为对客观情境、生活世界、外在环境的概念化、符号化表征。那么,情境创设的意义便在于重新发现知识与生活世界的联系,找寻生活世界中的知识要素、学科视野,尝试将知识所内蕴、表征的生活世界,借助儿童经验、社会生活实际将其揭示、呈现出来。在此,情境的角色与任务并非为了知识更准确、更高效的识记,而是为了推动知识与生活世界的理解,通过情境的激发,实现知识意义的理解、体悟学科的价值、发现疑难与问题之所在。对此,正如学习科学研究表明,"情境意味着知识并不是学习者脑海中静态的知识结构,而是包括学习者自身、所使用的工具、环境中的他人以及运用知识的活动在内的一系列认知过程。情境性的观点让我们不再将学习视为概念的传递与获得,学习的过程除了获取内容外,还包括随时间发生变化的协作活动参与模式"。[1]

情境创设并非设计与知识形成和发展相关的时间、地点与环境等外在条件或一般意义上的背景、环境等,而是澄清知识与生活世界的联系,为驱动高阶思维导向的知识运用,提供与之密切联系的自然世界、社会世界以及生活世界等载体。情境的创设在于驱动教学设计能够将知识植根于生活情境,分布于共同体之中的社会情境,如若离开真实的、不可预测的真实情境,学习可能仅实现知识的识记、掌握,甚至是惰性知识的累积,却断无素养生成的可能。一般而言,情境可分为,"个人情境问题聚焦于个人日常生活的各个方面;社会情境问题聚焦公民、地方、国家或全球;职业情境问题聚焦职

---

[1] R. Keith Saywer. The Cambridge Handbook of the Learning Sciences(Second Edition)[M]. Cambridge University Press, 2014:6.

场;科学情境问题要求学生运用数学知识解决和科学技术相关的问题"。[1]那么,教师的角色从知识提供者到情境的设计者,将知识直接提供到将知识深埋进情境之中,教师的情境创设实际上就是设计、开发与生活世界真实联系的疑问、疑难、冲突、矛盾、困惑、困难、障碍等,进而在情境的驱动下,抽象的内容与情境的一体化表现为了学习任务、项目、活动等。

情境创设是为了帮助学生在教师的支持、指导下,识别、确立情境中的疑问、疑难、矛盾、困难,"基于自身的理解、判断,用所学知识将情境建立关联,剖析情境,转化信息,产生认知冲突,提出学科问题、判断、假设"。[2] 进而,在问题的驱动下帮助学生从被动的知识接受状态转化为主动的知识运用、问题解决等探究状态。简言之,这个过程是"理性评估信息、事实的过程,建构自己的判断、假设和思想,学会提问作为提高思维能力的强烈愿望,能够发展自身的批判性思维"。[3]

问题提出是在情境创设的基础上,能够产生疑问、问题与探究的兴趣,推动知识运用、高阶思维的发生。在此,问题提出成为了高阶思维发展、人的本质力量对象化实践的起点与枢纽,能够将理论与实践、思维与行动、思维与符号(语言)、思维与知识、思维与经验等联结起来。法国哲学家弗朗索瓦·利奥塔(Jean-François Lyotard)指出,"精神的命运或用途就是提问","而提问就是试图在某些事物之间建立联系。物质不向精神提问,它完全不需要精神,它存在着,或者最好是说它坚持着,它是在提问和回答'之间'、

---

[1] (澳)凯·斯坦西,(澳)罗斯·特纳. 数学素养的测评——走进 PISA 测试[M]. 曹一鸣,等,译. 北京:教育科学出版社,2017:30.
[2] 徐斌艳. 数学核心能力研究[M]. 上海:华东师范大学出版社,2019:51.
[3] (美)尼尔·布朗,斯图尔特·基利. 学会提问(原书第11版)[M]. 吴礼敬,译. 北京:机械工业出版社,2021:4—22.

'之外'姐妹般地对待它们"。¹ 冯契也曾指出："疑问、惊诧是思想之母,思维是从发现问题、提出问题开始,经过分析而又综合,达到解决问题的过程。"² 杰罗姆·布鲁纳(Jerome Bruner)也指出:教学过程是一种提出问题与解决问题的持续不断的活动。日本教育家斋滕喜博同样认为,提问是教学的生命。可见,驱动学生能够知识运用,历经高阶思维过程的关键是教师能够指导、支持学生提出问题。基于问题的提出,学生能够识别当前状态和目标状态的差距,历经识别问题、思考选项和做出明智选择等过程。在这一过程中需要理解问题、清晰深入地描述问题、认识到问题的复杂性、能够以开放性的心态看待问题,从多种视角思考、评价可替代的方案、收集信息、做出明智选择并制定计划等。³

"知识是提问的结果。实际上,提问是人类拥有的重要智力工具。尽管如此,在学校教育中却未能得到学习,这是匪夷所思的。"⁴ 对此,素养导向的教学实践过程中,需要重视注重学生提问的认识论、存在论、教育学等价值与意义。对此,教师有必要珍惜、鼓励学生的问题意识、探究精神,珍视学生猜想、质疑的知识论意义,并能够充分理解用什么方式提问,就会得到什么样的回答,进而就会获得什么样的学习。曾任《哈佛教育评论》编辑,美国非营利性组织正确问题研究所(The Right Question Institute)研究员丹·罗斯坦(Dan Rothstein)就指出,当提问的时候才会学到更多东西。他还引用美国教育家黛布拉·梅尔(Deborah Meier)的研究指出:"良好教学的艺术始于我们能回答学生真正想向我们提出的问题,只要他们会提问。"在罗斯

---

1 (法)让-弗朗索瓦·利奥塔. 非人:漫谈时间[M]. 罗国祥,译. 北京:商务印书馆,2000:156.
2 冯契. 认识世界和认识自己[M]. 上海:华东师范大学出版社,2017:16.
3 Laura Greenstein. Assessing 21st Century Skills: A Guide to Evaluating Mastery and Authentic Learning [M]. Thousand Oaks: CA, Corwin Publishers, 2012:70.
4 钟启泉. 学会提问:砥砺多样思维能力的方略[J]. 比较教育学报,2020(3):3—11.

坦看来,良好的教学艺术即通过学生可以真正学会如何提问,好的教学就是从学生那里提取到未成形的问题,并能确保学生在不需要依靠老师的情况下,就能把问题说清楚,换句话说,好的教学一定能够保证学生独立完成提问。[1] 概言之,问题提出过程中,旨在引导学生关注从"是什么"转向"为什么""将会是什么",鼓励、支持学生不断追寻增值性问题与关键性问题,并相互讨论问题提出的准确性、适切性。

如何能够帮助学生准确地确立、提出要害、核心、焦点与关键问题是教师支持、指导的关键。美国杰姬·阿克里·沃尔什(Jackie Acree Walsh)提出了"少就是多"这一提问原则,建议教师应在课前准备优先的焦点问题(fous questions)能够促使学生思考和学习。[2] 在美国杰伊·麦克泰格(Jay McTighe)看来:"关键问题(essential questions)能够促进探究、讨论和反思,帮助学习者发现学习的意义、达到深度思考和提高学习的质量。"[3] 在此,教师应把握好"少即多"的问题准则,聚焦核心、焦点与基本性的问题。在杰伊·麦克泰格看来,这类问题具有以下特征:"开放式答案,它没有单一的、最终的和正确的答案;激发思考,运用理智参与其中。它经常激起讨论和辩论,要求高阶思维,比如分析、推论、评价和预测。仅靠记忆是不能有效地回答问题的。在学科内(有时跨学科)重要的、可迁移的观点。提出更多的问题,激发进一步的探究。需要支持和合理的解释,而不仅仅是给出答案。也就是说,随着时间的推移,它会多次反复出现。"[4] 简言之,基于核

---

1 Dan Rothstein, Luz Santana. Make Just One Change: Teach Students to Ask Their Own Questions [M]. Cambridge, MA: Harvard Education Publishing Croup, 2013:166.
2 (美)Jackie Acree Walsh, Beth Dankert Sattes. 优质提问教学法——让每个学生都参与学习[M]. 盛群力,等,译. 北京:中国轻工业出版社,2018:23.
3 Grant Wiggins, Denise Wilbur. How to Make Your Questions Essential [J]. Educational Leadership, 2015(1):10-15.
4 Jay McTighe, Grant Wiggins. Essential Questions: Opening Doors to Student Understanding [M]. Alexandria, VA: Association for Supervision and Curriculum Development, 2015:3.

心问题的提出，学生能够理性辨别问题的实质、焦点与要害，自觉地构建出知识与问题的内在联系，并为知识运用的过程奠定前提与基础。

第二节 知识运用与协作探究

化知识为素养的教学过程是学科的实践化，这一过程也是素养内涵动态化、实践化、生成性的过程，其关键在于学生像学科专家一样思考与行动，通过亲历高阶思维导向的知识运用与协作探究，将知识转化为素养。

一般来讲，学科实践是对各学科领域专家探究和理解自然、社会与自我的思维方式与工作方式的典型性概括，体现出学科专家运用知识、技能与价值观实现成事与成人的代表性方式。将体现各学科专家的典型性工作方式的学科实践作为学生亲历的教学过程，其背后蕴含着学习科学相关研究揭示出的高质量学习、深度学习与素养发展等基本原理。美国著名学习科学家、北卡罗来纳大学教堂山分校的基思·索耶（Keith Sawyer）教授在其主编的第二版《剑桥学习科学手册》(*The Cambridge Handbook of the Learning Sciences*)中提出"学习者参与到同某一学科专家研究相类似的方法中，他们才能学到深层知识。例如：历史学家通过历史调查来学习历史，运用历史学家所用的历史分析和质疑的方法，分析原始材料，而不是记忆事件的日期和顺序。自然科学方面要求学生参与到科学调查的真实实践中，建构借鉴，并准备论据来证明解释的正确性"。[1] 可见，学科实践蕴含的教学意义在于摆脱教学即讲授与传递的定位，摆脱将学生视为新手、无探究或实践能力的角色理解，而是将学生视作学科专家一样思考问题、运

---

[1] R.基思·索耶.剑桥学习科学手册[M].徐晓东，等，译.北京：教育科学出版社，2010：4.

用知识、明确判断、提出证据、予以解释等。这是一种恢复教学实践性的尝试,教学成为了在教师指导下,学生运用所学知识、协作探究、解决问题的行动与实践过程。在此,学科实践的核心是亲历知识运用与协作探究的过程。

知识运用不是应用性的、带有工具性的、"可操作性"甚至功利性等"用",其实质在于人本质力量具身化、对象化、实践化过程。在中国哲学中的"用"这个范畴,其本来意义为作用、功用或用处。而作用、功用的内涵是指人或事物在一定条件下所产生的影响或变化的功能。用处即对人有用,人得而用之。可见,用是指作用、功用或用处,用就是该事物的实际作用、功用,或者说,就是指它的用处。[1] 对于运用的理解应超越工具性、操作性的形下践履之"用",应基于人本质力量对象化的实践视野理解知识运用,从实践的角度理解知识的价值,知识育人价值的实现是基于知识能做事、成事与成人的对象化实践。

知识运用是一个多维度、复杂性的概念。从具身的层面来看,知识运用表现为体验、感受、感知、感同身受等,在理智层面,知识运用表现为分析、联系、判断、批判、猜想、质疑、解决问题、假设、验证、确证、反驳、反思与问题解决等;在社会层面,知识运用表现为交流、协作、分歧或冲突管理、观点采撷、对话、协商等;从审美层面,知识运用涉及直觉、想象、移情、共鸣等。可见,知识运用的内容、形式是复杂、丰富的。内容层面既有概念化的知识,又包括非概念化的经验与体悟。形式层面上是理性、社会性与审美性的统一,是基于具身性、理智性、社会性、审美性等做事与成事的实践过程。其中,知识运用虽指向了知识迁移,但其内涵与外延却远超迁移。迁移是把在一个情

---

[1] 方克立.论中国哲学中的体用范畴[J].中国社会科学,1984(5):185—203.

境中学到的东西迁移到新情境的能力,[1]而知识运用是一项具身性、理智性、审美性、社会性相结合的实践过程,是体验、经验、感受包裹新知、人的理性、情感、意志等内在本质力量的对象性过程。知识运用不仅是认识论层面的创造知识、解决问题,满足实践与实际需要,而且是基于实践立场,关注人本质力量的行动价值、实践改造与自我实现。它始终强调学生通过知识运用实践,实现理性自觉与辩证的综合,实现新的理解、想法、思维方式等包裹已有知识,提升所获知识的迁移性、实践性,确保再次用于复杂情境协作探究与问题解决的可能性,推动化知识为素养的生成。[2]

协作探究是在知识运用的基础上,开展协作性的问题解决,做事、成事的过程。"核心素养的内涵强调知识教学由知识掌握转变为以问题解决、交往协作为核心的知识运用,唯有让知识、技能回到个人和社会生活等问题情境中去探究、去解决,回到学习共同体内相互分享与协商、确证与辩护,才有素养形成与发展的可能。"[3] 21世纪技能评估与教学(ATC21S)项目研究指出,"培养21世纪技能,可以将批判性思维、问题解决、决策及协作合并为一组复合任务或技能,这一合并方式称之为'协作式问题解决'。"[4]可见,素养的建构是协作式问题解决的副产品。伴随协作式问题解决任务的推进,参与其中可以学到一个内容领域或相关策略和技能;还可以学习如何处理冲突或与他们协调、协作和协商。[5] 协作探究就是通过合作、沟通的方式识别

---

1 National Research Council. How People Learn: Brain, Mind, Experience, and School: Expanded Edition [M]. Washington, DC: The National Academies Press, 2000:51.
2 张良,罗生全.论"用以致学":指向素养发展的教学认识论[J].华东师范大学学报(教育科学版),2021(2):40—49.
3 张良.热闹的"核心素养"与冷落的"素养"[J].教育发展研究,2018(6):3.
4 Patrick Griffin, Esther Care. Assessment and Teaching of 21st Century Skill: Methods and Approach [M]. Springer:2015:7.
5 Patrick Griffin, Esther Care. Assessment and Teaching of 21st Century Skill: Methods and Approach [M]. Springer:2015:50.

条件状态和目标状态之间的距离,确定假设、问题解决方案、实现问题解决等实践过程。需要明确的是,"协作区别于合作,合作只是通过分工来完成任务的活动,而协作则是强调,为完成一个特定的任务或问题协调、组织他们的活动。学生的活动是交织在一起,他们的贡献相互依存,某个学习者的行动可能会因另一个学习者而开始或结束"。[1] 可见,协作指向知识与社会的关系,强调教学过程的社会性,强调通过共同体内部协作对话、交往沟通、观点采撷等交往实践,开展知识的解释、确证、辩护、创造与生成等,这一过程旨在将知识视为开放性、生成性、社会性的产物,在共同体内部开展对话、协商,在协作中培养沟通、合作、同理心、民主、倾听、分歧解决与冲突管理等,进而提升学习者非认知能力或社会情感能力等,这一过程也可称之为对话教学、协作教学等。在此,知识"不是一个自我封闭的单子,恰恰相反,它是那种因为自己能够不断地敞开自身……建立在宽容多样性的基础之上。"[2]

探究即问题解决的实践过程。在教师的指导下,学生反思知识与自我、知识与生活世界之间的关系,将知识代表的结论性因果关系转变成为手段与目的探究性关系,进而能够将知识视为问题解决的工具或进一步探究的对象,开展"识别问题、思考选项和做出明智选择的基本过程。问题解决涉及清晰、深入地描述问题,认识到问题的复杂性、以开放的心态看待问题,评价可替代方案,并从多种视角思考、收集信息以做出明智的选择并制定计划、切实地落实计划和监控计划、评价结果并愿意重新审视这个问题"。[3] 可

---

[1] Patrick Griffin, Esther Care. Assessment and Teaching of 21st Century Skill: Methods and Approach [M]. Springer:2015:38.
[2] (美)理查德·鲁玛纳.罗蒂[M].刘清平,译.北京:中华书局,2003:120.
[3] Laura Greenstein. Assessing 21st Skill: A Guide to Evaluating Mastery and Authentic Learning [M]. Thousand Oaks, CA: Corwin, 2012:69.

见，素养的内涵体现出基于知识的调动、运用，亲历知识运用、协作探究与问题解决的学科实践，知识与素养及其二者关系正是在实践、行动、问题解决、反思性实践的过程中发生了第一轮转化，学生已有的内容之知发挥了理智价值，所获得的学习结果具有了素养性，知识背后的思想意识、学科思维与学科方法，实现了第一轮的跃迁，从内容之知成为了能力之知。

第三节 观念表达与意义反思

化知识为素养的教学过程终于观念表达与意义反思。历经情境创设与问题提出、知识运用与协作探究，学生不仅胜任复杂情境的挑战，实现了问题解决，表现出情境的胜任力，而且在理智层面，伴随着对知识之真的辩护与确证，实现了对知识的深度理解、学科概念的个人建构以及思想观念的养成与提升。因此，推动素养的建构还需在教师支持、指导下，完成观念的表达与意义反思，呈现、展现、反思、追问学生知识运用与协作探究中的所思、所想、所感、所知等。

观念即思想意识，客观事物在人脑里留下的概括的形象。[1] "马克思主义哲学使用'观念'一词，其含义包括：（1）指表象或印象，即人们的感官直接受客观事物的刺激而形成的认识；（2）泛指人们对事物的看法、认识；（3）指作为社会存在反映的社会意识，其中包括人们对社会各种现象的认识、看法而形成的观念以及系统化、理论化的观念形态。"[2] 可见，观念的本质是通过实践活动和认识活动，超越浅层化、碎片化的知识理解与建构，创造性地把

---

1 中国社会科学院语言研究所词典编辑室.现代汉语词典（第7版）[M].北京：商务印书馆，2016：479.
2 金炳华.哲学大辞典（修订本）[Z].上海：上海辞书出版社，2001：476—477.

握知识、世界而形成的思想、认识或思维方式等。霍华德·加德纳认为，观念即学科思维，指向学科思维方式，少而精、少即是多的思维。[1] 这意味着，观念是对学生亲历知识运用、协作探究这一过程之后，建构、生成的关于学科概念、思想、思维与方法等判断、理解。可见，它区别于学科事实、信息，指向了学科观念、学科思想与学科方法等维度，也是知识素养性的表达。那么，化知识为素养的教学过程应推动学生从事实性的知道到学科知识情境意义的理解，再到解决问题的启智增慧，最终实现从知识到观念的获得与表达。甚至，哈佛大学教育研究生院爱丽诺·达克沃斯（Eleanor Duckworth）教授指出，精彩观念的诞生是智力发展的本质，也是教学的本质。[2]

　　观念表达是实现化知识为素养的关键过程。化知识为素养的教学过程不仅应注重学生能够不断超越学科事实、信息，走进学科背后的思想、思维、方法与价值观，实现观念的提升、转变、反思与表达。其中，"表达对于学习很有意义的原因之一就在于它为反思或元认知的产生，即对学习过程和知识的思考提供了可能"。[3] 学习科学研究的最新进展表明，当学生外化并表达自己正在形成的知识时，学习才会更加有效。事实上最好的学习方式就是，学生在知识尚未成型之时就尝试对其进行表达，并将这种表达贯穿于整个学习过程。表达与学习在反馈中得以相互加强，携手并进。在不少情况下，学生只有在尝试表达某个知识时，才真正开始了学习的过程。[4] 简言之，化知识为素养的关键是精彩观念的提升与获得，并能够运用个人化的方式

---

[1] Howard Gardner. The Disciplined Mind: Beyond Facts and Standardized Tests, The K-12 Education That Every Child Deserves [M]. New York: NY, Penguin Books, 2000:36.

[2] （美）爱丽诺·达克沃斯. 精彩观念的诞生——达克沃斯教学论文集[M]. 张华，等，译. 北京：高等教育出版社，2005:6.

[3] R. Keith Saywer. The Cambridge Handbook of the Learning Sciences (Second Edition) [M]. Cambridge University Press, 2014:10.

[4] R. Keith Saywer. The Cambridge Handbook of the Learning Sciences (Second Edition) [M]. Cambridge University Press, 2014:9-10.

实现表达。

观念表达的形式是多样的,可以是一个词、一个短语、一个句子或者一个问题。或者说,一个核心的概念、一个基本问题或一个正式理论都是观念形态的表达。麦克泰格经研究所提炼出的观念呈现方式有助于我们理解观念的多样性见表8-1。

表8-1 麦克泰格的观念呈现方式[1]

概念	例如:适应、函数、量子论、洞察力
主题	例如:"邪不压正""成年""西部开发"
有争议的结论或观点	例如:先天和后天、保守派与自由派、可接受误差幅度
悖论	例如:有节制的自由、离开家乡寻找自我、虚数
理论	例如:经过自然选择的进化论、宿命、解释明显的随机分形
基本假设	例如:文本是有意义的、市场是理性的、科学解释是简约的
反复出现的问题	例如:"这公平吗?""你怎么知道?""我们能证明它吗?"
理解或原则	例如:功能决定形式、读者需要通过质疑文本而实现理解、相关性不等于因果性

观念表达与意义反思是对知识运用、解决问题后学习成果的事实评价与价值判断。事实评价重在帮助学生产生观念,价值判断则关注意义生成。这也就是说,化知识为素养教学过程需要在道德层面上,基于表达促个人意义反思、价值澄明、道德追问、理性自诚,或是对价值、意义、道德进行评判,以实现个体存在意义的澄清、精神世界的充盈、道德情感的自觉、善的追寻与确证等。一般来讲,"意义的内涵或意义的'意义'涉及'是什么'、'意味着什么'、'应当成为什么'诸问题。'是什么'具体指向何物存在与如何存在(事物以何种形态存在),其中既关联着事物的呈现,也涉及人的意向性活

---

[1] Grant Wiggins, Jay McTighe. Understanding by Design (Expanded 2nd Edition) [M]. Alexandria, VA: ASCD, 2005:70-71.

动。'意味着什么'以存在的价值意义为其内涵,就对象而言,它所追问的是事物是否合乎人的需求和理想以及在何种程度上合乎人的需要和理想,这种需要或理想既涉及物质生活层面的生存过程,也关乎社会领域及精神生活领域的知与行。"[1]意义反思的过程是以道观之,是德性自证的阶段。美国社会学家伊曼努尔·华勒斯坦(Immanuel Wallerstein)指出:"摆在人类面前的挑战,便是如何令知识的增长能真正为人类的长远利益和福祉服务,如何令追求和发展知识的活动,可以同时发展出足够的自我反省能力。"[2]在此,化知识为素养的教学过程中,教师应支持、指导学生开展意义反思与价值体认。意义的反思是一种提升知识学习的境界,是化知识为素养的关键,是增强理智与德性、存在与意义的关键,引导学生将求知、学习过程与活动置于整个社会的立场来考察,通过追问社会福祉与知识运用的反省,发展学生关心生活、参与生活与创造幸福生活的信念、责任与伦理,知识与价值观、理智与德性便由此获得了统一。

观念表达与意义反思旨在推动学生在学习结果层面,能够实现真与善、理智与德性的融合。人类的认识活动虽可区分认知与评价,但实际上往往结合在一起。认知是要如实地反映自然,了解其事实,把握其规律;评价就是要考察自然物的功能与人的需要之间的关系,评判其对人的价值如何。说"水是液体","水是氢、氧化合物",这是认知判断。说"水是人生活中不可缺少的饮料","水力能利用来发电",这已不是单纯的认知判断而已经包含了人的评价,它揭示了水的性能和人的需要之间的联系,肯定水对人的功用、价值。评价不仅是对人的物质利益的评价,而且还有对人的精神需要的

---

[1] 杨国荣. 成己与成物——意义世界的生成[M]. 北京:人民出版社,2010:29—30.
[2] (美)伊曼努尔·华勒斯坦. 学科·知识·权力[M]. 刘健芝,等,译. 北京:三联书店出版社. 1999:1.

关系的评价,涉及真、善、美的问题。[1] 可见,意义反思是在推动预期的学习结果,实现事实性和价值性的结合,确保化知识为素养导向的教学过程中,既发展学生的批判性、创造性等高阶思维,又能走向整合认知与非认知,并且发展学生社会性情感、社会核心价值观,实现素养的德性品质。

---

1 冯契.认识世界和认识自己(增订版)[M].上海:华东师范大学出版社,2017:187—188.

第九章　化知识为素养的教学条件

化知识为素养的教学过程体现为教师引导下学生开展道德性的知识运用、问题解决,实现内容之知转化为能力之知、德性之知的创造性整合,进而实现化知识为能力、化理论为德性的跃迁过程。这一过程的展开需要一定的条件、过程、中介、载体。在这个角度,探讨化知识为素养的教学条件旨在从必备、必要等角度探寻推动、促进知识与素养间的转化、共生的条件性基础,从而推动课堂教学转变与教师专业发展。

第一节　源于真实性学习任务的设计

素养是基于知识而能够做事、成事的能力,它的建构与生成体现在复杂情境驱动下的知识运用、问题解决与协作探究之中。对于课堂教学中如何能够增强教学的真实性、情境性,驱动学生开展高阶思维导向的知识运用、协作探究的真实发生,真实性学习任务便成为了推动知识与素养间转化、共生的关键。

一、真实性学习任务的涵义

任务是指定担任的工作,指定担负的责任。[1] 学习任务是教学过程中所

1　中国社会科学院语言研究所词典编辑室. 现代汉语词典(第7版)[Z]. 北京:商务印书馆,2016:1102.

设计的具有完整性、单元性、目的性、实践性的学习活动、工作、项目等。它以实现、完成、做出来某个产品、结果为目标导向,能够将情境、问题、议题、要求等统整到任务之中,进而真实地驱动学科知识、核心概念等的灵活运用,为学生能够作为学科专家一样历经切身、真实的高阶思维、意义反思性的学科实践的学习活动、项目或工作等提供载体。

真实性的学习任务是真实的、现实的。一般来讲,真实性、现实性学习任务能够体现生活世界的复杂以及个体与社会的有意义联系。如萨沙·巴布拉(Sasha A. Barab)指出:"真实性来自个体、共同体和任务间有意义的关系。真实性在于学习者所进行的实践与其使用价值之间形成的关系,学习者在真实情境中能够进行意义建构,成为共同体的成员和参与者。"[1]詹妮弗·谭佩玲(Jennifer Pei-Ling Tan)认为:"真实性在于其具有'真实世界'的元素——无论是在意义相关性和/或应用于学习者的个人生活世界,还是联结超越课本和学校的其他学科领域或情境的某个元素。"[2]因此,所谓真实,在于它能够让学生在与真实世界相关、彼此联结的各种经验中进行意义建构,与共同体和任务产生有意义的联系。

真实性学习任务旨在拉近知识与生活的距离,真实地呈现现实生活中有教育意义、各式各样的学习活动、问题、项目,切实驱动主动参与、知识运用、设计制作、高阶思维、观念表达与意义反思等,在做事、成事、成人的进程中,实现化知识为素养。对此,这一能够驱动知识运用以做事、成事的教学条件,区别于教师主导下以知识授受为主的教学环节,它关注学生在任

---

[1] Sasha A. Barab, Kurt D. Squire, William Dueber. A Co-Evolutionary Model for Supporting the Emergence of Authenticity [J]. Educational Technology Research & Development,2000(2):37-62.

[2] (韩)高恩静,(新)阿曼达·S. 卡雷恩,(新)马努·卡普尔. 真实问题解决和21世纪学习[M]. 杨向东,等,译. 长沙:湖南教育出版社,2020:22.

务解决中实现对已有知识的概括、联系、运用,实现新知的建构、生成,并推动素养的发生。它不是零散性、碎片化教学活动,而是围绕一个核心的产品、结果,将学科核心概念进行课时通整、单元整合为一个整体性的学习活动。

真实性学习任务的特征在于:其一,关注儿童的生活、体验与切身参与。真实性的学习任务突出儿童立场,将儿童关心、关注的衣食住行、喜怒哀乐、山川河流、饮食男女等日常生活、社会生活中的情境转化为知识运用、问题解决的学习任务,进而真实、切实地激发探究兴趣与问题解决积极性,驱动真实的学习参与。其二,体现任务情境的真实性、现实性。真实性的学习任务旨在建立起真实世界、任务以及他人之间的有意义联系,通过呈现真实生活世界的问题情境,提升任务的真实性、现实性,培养学生关心生活、参与生活、改善生活的能力与德性。其三,历经创新、反思等高阶思维。真实性学习任务是高阶思维导向的,"需要自主判断和创造性。学生必须理智和高效地应用知识和技能来应对挑战和解决相对非结构化的难题"。[1] 这一任务的完成需要创造性、反思性等高阶思维的参与,切实经历知识的联系、反思、组织、运用、探究、创新等过程,并非指向识记的、机械的、重复或套路性的学习活动。其四,产品、表现与结果导向。真实性学习任务是有明确的学习目标而进行的活动,指向现实世界的产品或表现,在此过程中,学生运用其学习的知识或者通过任务情境学习相关知识、技能。[2] 同时,这一学习任务的完成要求学生能够在教师的指导下充分展现学生所知、所思和所感,并在相关资源、时间、条件等要求下完成预期的产品、结果,它"要求学生构建多方面

---

[1] Grant Wiggins, Jay McTighe. Understanding by Design (Expanded 2nd edition) [M]. Alexandria, VA: Association for Supervision and Curriculum Development, 2005:154-155.
[2] Tracey K. Shiel. Designing and Using Performance Tasks: Enhancing Student Learning and Assessment [M]. Thousand Oaks, CA: Corwin, 2017:12.

的反应的学习或评价活动,如创新一个产品,或制作一个演示作品,换句话说,能够展现出他们的学习。"[1]第五,教师的角色作为任务的设计者、组织者。真实性学习任务为教师提出了新的要求,教材解读、教学设计、课程开发的重心将定位于真实性学习任务的开发、设计、组织、实施与评价,并将教师的指导、支持以资源包、参考意见等方式,内置、嵌入在任务完成过程之中,推动学生实现概念转化、知识建构、方法选择、问题提出、问题解决、个性化表达、成果设计等。

  案例1:2018年,诗人骆晓戈出版了《很黑与很白》儿童诗集,如果该诗集再版,怎样为这本诗集设计封面?

  案例2:在保定市西下关街与裕华路交叉口要建造一个红绿灯标示牌,该怎样设置红绿灯变换的时间?[2]

  案例3:美国营养国家标准中,专门强调健康与日常饮食的重要性,要求学生要学会阅读食品上的标签,从健康角度选择食品。如何健康地选择食品?[3]

  案例4:假如你是一个渴望从世界银行得到大笔贷款的非洲国家代表,你们的目标是说服世界银行,表明你们国家的贷款需求是巨大的,应该得到贷款。但是世界银行的贷款额度有限,而且还有其他国家也正在申请贷款。因此,为了申请到这笔贷款,你必须要有充分的理由。想象一下:作为一个学生,他不仅要去了解一个所选择的非洲国

---

1 Jay McTighe, Kristina J. Doubet, Eric M. Carbaugh. Designing Authentic Performance Tasks and Project: Tools for Meaningful Learning and Assessment [M]. Alexandria, VA: Association for Supervision and Curriculum Development, 2020:12.
2 高向斌. 小学数学教学与研究[M]. 北京:人民出版社,2011:188.
3 改自:徐斌艳. 在问题中建构数学[M]. 广州:广东教育出版社,2006:58—60.

家,还要对这个国家的自然资源、历史与文化进行广泛的研究;不仅要找出这个国家最迫切的经济、政治和健康需求,还要设计一个方案来解决这些问题,然后把他的方案提交给世界银行。[1]

综上案例表明,真实性学习任务的素养价值在于,它为运用知识做事提供了"事"的条件与基础。美国课程促进学会杰伊·麦克泰格就曾指出,通过将真实性任务或项目置于教学过程的中心位置,教师就可以促进学生将其学习迁移到相关情景中。[2] 甚至在他看来,"真实性的学习任务是发展21世纪素养最理想的方式,真实的情境下更有可能看到所学内容的相关性;帮助学生将离散的知识和技能综合为一个更连贯的整体;学生在任务和项目上的表现为他们的理解和运用学习的能力提供了评估证据。"[3] 韩国首尔国立大学的高恩静(Young Hoan Cho)、新加坡南洋理工大学的阿曼达·卡雷恩(Imelda S. Caleon)研究指出,这一真实性导向的学习模型为21世纪学习者建构必备的核心素养提供了沃土,在帮助学生发展21世纪素养方面是非常可信的。通过在真实的情境中合作去解决问题,学生能进行批判性思维、合作地构建知识、自我调节与发展可以迁移到新情境的知识和技能。也就是说,学生通过参与真实活动进行学习,包括与从业者的互动、合作式的问题解决、意义商讨和反思。在真实情境中,学生作为参与者像数学家、科学家、作家和历史学家一样思考,发展他们的知识、技能和

---

[1] James Bellanca. 21st Century Skills: Rethinking How Students Learn [M]. Bloomington, IN, 2010:180.
[2] Jay McTighe, Kristina J. Doubet, Eric M. Carbaugh. Designing Authentic Performance Tasks and Project: Tools for Meaningful Learning and Assessment [M]. Alexandria, VA: Association for Supervision and Curriculum Development, 2020:1.
[3] Jay McTighe, Kristina J. Doubet, Eric M. Carbaugh. Designing Authentic Performance Tasks and Project: Tools for Meaningful Learning and Assessment [M]. Alexandria, VA: Association for Supervision and Curriculum Development, 2020:16–17.

价值观。[1]

综上,真实性学习任务旨在为知识运用、协作探究而设计有目的性、高阶思维导向、教育性的载体,它是现实社会、真实生活中任务、工作、活动等情境的再现或现实建构,进而能将社会生活、职业情境等资源引入课堂,全面体现学校即社会、教育即生活、学习在窗外、学习即探究、素养即社会建构等理念。同时,它还基于明确的产品、作品等结果要求,能够推动一个结构完整的问题解决、协作探究过程的开展,进而衡量一个任务是否成功,其标准在于这个任务的过程与结果是否满足了任务设计的初衷,是否提供了亲历高阶思维实现的过程、指导,是否能够让所知、所学、所悟体现、表达在任务的结果之中。

二、真实性学习任务的设计

真实性学习任务设计的核心在于为运用知识的过程与实践提供了"事"的情境、条件、要求等。麦克泰格构建出的"GRASPS"模式,为设计真实性学习任务提供了一种实用工具,它包含以下元素:

G——现实的目标(a real-world goal)

R——对学生有意义的角色(a meaningful role for the student)

A——目标观众(a target audience)

S——涉及实际应用的情境(a contextualized situation that involves real-world application)

P——学生生成的最终作品和表现(student generated culminating product(s) and performance(s))

---

[1] Young Hoan Cho, Imelda S. Caleon, et al. Authentic Problem Solving and Learning in the 21st Century: Perspectives from Singapore and Beyond [M]. Springer, 2016:6.

S——判断成功的标准(criteria for judging success)[1]

针对"GRASPS"这一真实性学习任务的模式,麦克泰格曾举例解释道:你作为一位有抱负的编剧(R),知道许多电影和戏剧都源于已出版的小说或短篇小说。请你选择一部能制作有趣或发人深省的电影或剧本的小说或短篇小说(S)。然后,向电影或戏剧制作人(A)写一份建议(P),以说服他雇用你来继续写剧本(G)。请解释为什么你认为这将是一部成功的电影/剧本,建议演员扮演关键角色,并包括一个案例场景来展示你的写作才能(S)。请务必仔细校对你的建议,因为任何语法或拼写错误(S)都会影响你的建议表达质量。[2]

这一模式中,目标是学生将要达成的目标、解决的问题、面临的挑战或障碍;角色即学生在任务情境中的工作或需要承担的角色和使命;目标观众即产品的受益者、客户、受众、对象等;情境即该任务的背景、条件等信息;产品即任务中达成预期的意图和结果、表现;判断成功的标准即该任务中的注意事项、产品应达到或符合的标准,任务完成中所体现的知识、能力、探究的程度等标准。

针对"GRASPS"真实性学习任务的模式,还有学者将其简化为"RPG"模式,即"我们作为_____(角色),_____(完成,创造,设计,创建等),达到_____(目的)?"[3] 显然,无论是"GRASPS"还是"RPG"二者都体现

1　Jay McTighe, Kristina J. Doubet, Eric M. Carbaugh. Designing Authentic Performance Tasks and Project: Tools for Meaningful Learning and Assessment [M]. Alexandria, VA: Association for Supervision and Curriculum Development, 2020:30.

2　Jay McTighe, Kristina J. Doubet, Eric M. Carbaugh. Designing Authentic Performance Tasks and Project: Tools for Meaningful Learning and Assessment [M]. Alexandria, VA: Association for Supervision and Curriculum Development, 2020:30.

3　Thom Markham. Project Based Learning Design and Coaching Guide: Expert Tools for Innovation and Inquiry for K-12 Educators [M]. San Rafael, CA: Heart IQ Press, 2012:65.

了真实性学习任务的核心在于通过承担一定的角色,基于某一目的,完成一项产品的具体描述。在真实问题解决的过程中,学生像专家一样思考;在与情境要素的互动中建构自己的知识、技能和价值观,发展批判性思维、创造性思维等高阶认知能力;在与他人的合作、交流、探讨中发展非认知能力,获得素养的提升。

真实性学习任务设计的重点在于为学生提供多样化的扮演角色,进而有助于丰富任务问题情境。应充分意识到学生角色的扮演是真实性学习任务设计的关键。需要指出的是,与真实生活世界相联系,角色不能受学校生活的限制,而应体现真实。对此,麦克泰格提出了一系列角色清单,对于设计真实性任务较有启发性,如他们指出:演员、广告设计师、艺术家/插图艺术家、作者、传记作家、董事会成员、老板、男/女童子军、商人、候选人、木匠、卡通形象、漫画家、餐饮服务员、名人、首席执行官、会长、出事、编舞师、客户、教练、社区成员、作曲家、建筑工人、舞蹈家、设计师、侦探、编辑、现任官员、使馆工作人员、工程师、专家、目击者、家庭成员、农民、电影制作人、消防队员、护林员、朋友、地质学家、政府官员、历史学家、历史任务、插画家、实习生、面试官、发明家、法官、陪审团、律师、图书馆赞助人、文学评论家、说客、气象学家、博物馆馆长、策展人、博物馆行者、小说家、营养师、小组成员、父母、公园护林员、笔友、摄影家、飞行员、剧作家、诗人、警官、民意测验者、广播听众、读者、记者、研究员、审稿人、税收、学校人员、科学家、船长、社会科学家、社会工作者、统计员、说者、学生、出租车司机、导游、培训师、旅行社、导师、电视、电影角色、电视观众、观看者、游客、网络设计师、动物园管理员。[1]

---

[1] Jay McTighe, Kristina J. Doubet, Eric M. Carbaugh. Designing Authentic Performance Tasks and Project: Tools for Meaningful Learning and Assessment [M]. Alexandria, VA: Association for Supervision and Curriculum Development, 2020:31.

与角色相一致的还有相关产品的概念，真实性的学习任务始终关注产品，产品作为一种知识运用、问题解决的表现，集中体现了知识运用、问题解决的过程与结果。诸如：如何为产品定价、设计李白的朋友圈、绘制地铁分布图、设计导游方案的实际方案和时间、设计分期付款的数学模型、根据足球积分榜分析后续比赛的战略等等。可见，真实性学习任务设计的关键是预期产品、结果的定位，进而决定了这一任务的类型、特征。麦克泰格基于产品的特征，将真实性学习任务设计分为三类：

表 9-1 麦克泰格真实性学习任务分类[1]

书面作品类任务	广告、自传、博客、图书分析报告/评论、宣传册、填字游戏、社论、散文、旅游指南、历史小说、杂志、实验报告、信、日志、杂志文章、手册、备忘录、新闻广播、报纸文章、游戏、诗、政策简报、建议书、提议、问卷调查、研究报告、电影剧本、脚本、微博等
口语表现性任务	录音带、对话、辩论、讨论、戏剧、信息广告、面试、新闻广播口头表达、口头报告、博客、诗歌朗诵、木偶戏、广播剧本、说唱、小品、歌曲/朗读、演讲、ted 演讲、教一堂课等
可视化产品任务	广告、动画片、横幅、书籍/CD 封面、动画片、拼贴画、计算机图像、数据显示、设计图标、陈列、绘画、展示、流程图、传单、游戏、图形、地图、模型、电影、作画、照片、海报、演示软件、剪贴画、雕塑、社交网络页面、故事版、博客、网站等

真实性的学习任务设计还需考虑以下标准或要求：首先，内容标准即任务中能够体现核心学科知识、学科大观念，应明确完成任务所需要的相关事实、学科概念等。其次，过程标准用于评估任务完成过程中使用的学科方法和问题解决程序的有效性，以及过程标准中规定的技能表现的熟练程度。这一类的描述性术语包括协作性、协调性、高效性、系统性和精确性。再次，

---

[1] Jay McTighe, Kristina J. Doubet, Eric M. Carbaugh. Designing Authentic Performance Tasks and Project: Tools for Meaningful Learning and Assessment [M]. Alexandria, VA: Association for Supervision and Curriculum Development, 2020:33.

质量标准用于评估产品或性能的整体质量和工艺。这一类的描述性术语包括创造性的、有组织的、精心设计的、精心制作的。最后,影响标准用于评估给定目的和受众的总体结果。这一类的描述性术语包括娱乐性、信息性、说服性、满足性和成功性。[1] 同时,真实性的学习任务设计还要考虑时间的成本和对学科知识的整合,真实性任务往往涉及多个学科或跨学科属性,体现对知识的深度理解、综合运用、结构化建构,并能够将教师的指导融进任务之中,如设计资源包、学习单、反馈单等。

第二节 基于结构不良问题的驱动

素养的建构与生成始终是在问题情境之中,问题是化知识为素养的教学催化剂。美国21世纪技能合作委员会伯尼·特里林(Bernie Trilling)和查尔斯·菲德尔(Charles Fadel)经研究后指出:"问题为本的教学在培养批判性思维(如提出可验证的假设、做出易理解的解释)、灵活问题解决素养、在现实生活中迁移、运用所学知识的能力等方面的优势远超传统教学法。"[2] 不同的问题类别,对思维的驱动价值有所差异。素养需要的两难、障碍、困惑等具有独特性。对于这一独特性的认识,美国21世纪素养研究学者詹姆斯·贝兰卡(James Bellanca)指出,"推进21世纪核心素养落地的问题式学习是复杂的、结构不良的问题。当学生置身于结构不良问题中,学生们会提出更多的问题、开展有针对性的调查、运用批判性思维、得出结论并不断反

---

[1] Jay McTighe, Kristina J. Doubet, Eric M. Carbaugh. Designing Authentic Performance Tasks and Project: Tools for Meaningful Learning and Assessment [M]. Alexandria, VA: Association for Supervision and Curriculum Development, 2020:67-68.
[2] Bernie Trilling, Charles Fadel. 21st Century Skills: Learning for Life in Our Times [M]. John Wiley & Sons, San Francisco, CA:2009.109.

思过程与结论,使问题得到圆满的解决"。[1] 化知识为素养的教学条件在于设计结构不良的教学问题。

一、结构不良问题的涵义

问题是有结构性的。问题结构是指问题的构成要素及要素之间的关系。问题包含三个基本成分:1.给定(Given),一组已知的关于问题条件、要素、信息的陈述、描述,构成了问题的起始状态。2.目标(Goals),是我们所欲求或追求的东西,是问题结论的描述,即问题理想的解决方案,要求的是答案或目标状态(Goal State)。目标可以是原因、理由、根据、计划、方案、行动、操作程序等。3.障碍(Obstacles),问题或困难所在,障碍是问题难度的主要因素之一,克服障碍的过程是一个理解与解构的过程,也是一个决策与选择的过程,还是一个思维运演与行为操作的过程。障碍要求进行克服障碍的探索性活动。克服障碍,才能达到目标。[2] 障碍就是影响直接达到目标状态的因素。[3]

根据问题要素、成分的清晰性、明确性可分为结构良好问题(well-structured problem)和结构不良问题(ill-structured problem)。结构良好问题是有明确、清晰的初始状态、目标状态和解决方案或障碍的问题。这一类型的问题解决方案或答案具有明确性,学生能够根据所学知识从明确的问题中获得已知的、正确的答案,这一问题为学生带来的仅是关于记忆、习惯化等学习结果,对思维启发、高阶思维等发展效果具有局限性。一般来讲,"在教材的章节后面或者考试中,结构良好的问题呈现了解决问题所需

---

[1] James Bellanca. 21st Century Skills: Rethinking How Students Learn [M]. Bloomington, IN: 2010:178-179.
[2] 张掌然.“问题”的哲学研究[M].北京:人民出版社,2005:185—200.
[3] 张掌然.“问题”的哲学研究[M].北京:人民出版社,2005:185—203.

的全部信息；他们要求应用有限的、规律性的外部规则或原理，而这些规则或原理都已预先规定好、组织好；拥有正确的标准答案；并且提供了规划好的解决过程。这些问题也被认为是已被转换好的问题，它包括良好定义的初始状态，已知的目标状态和一系列限定好的逻辑操作符"。[1]

结构不良问题的要素、成分是不明确、未知的。或是给定条件、信息描述、起始状态不明确，或是目标要求、问题结论、解决方案不明确，或是问题、困难、目标状态不清晰。这一问题类型具有挑战性，给予的条件、信息等具有凌乱、不确定、不完整、不连贯或意义分歧等特征，并且答案不具有唯一性。如大卫·乔纳森（David H. Jonassen）看来："结构不良问题涉及有一个或多个问题要素不清楚或者有某种程度的不确定性；它们拥有多种解决方案、多种解决途径或者一种解决方案也找不到；它们拥有多种评价解决方案的标准，所以不确定用哪种理论、规则或原则来解决问题并且应该如何组织；它们常常需要学习者做出判断。"[2]

以小学数学"连乘"为例，"3个方阵，每个方阵8行，每行10人，请问有多少人？""超市一周卖5箱保暖壶，每箱12个保暖壶，每个45块钱，请问一周卖了多少钱？""5天读书12页，全班同学50人读多少页？"这些问题都有明确的条件、目标与障碍，是结构良好问题。"三年级小朋友一年吃多少巧克力？"这是结构不良问题。再如："有甲乙两个居民小区，有一条直路连接这两个小区，计划在这条路边为这两个小区的居民建一个超市，你认为应当设计在哪里？为什么？"[3]"超市购物发现收银台前排了长长的队等待结账，

---

[1] David H. Jonassen. Learning to Solve Problems: A Handbook for Designing Problem-Solving Learning Environments [M]. New York, NY: Routledge, 2011:7.
[2] David H. Jonassen. Learning to Solve Problems: A Handbook for Designing Problem-Solving Learning Environments [M]. New York, NY: Routledge, 2011:7-8.
[3] 史宁中. 推进基于学科核心素养的教学改革[J]. 中小学管理, 2016(2):19—21.

而只买一两样东西的人也同样和买多样东西的人排队等候。如何为买东西少的人单独设一个出口？这样可以免去这些人长时间地等候，会大大提高效率。"[1] "成吉思汗的继承人窝阔台，公元哪一年死？最远达到哪里？成吉思汗的继承人窝阔台，当初如果没有死，欧洲会发生什么变化？试从经济、政治、社会三方面分析？"[2] 这些问题，在素养时代，成为了好问题的主要标准。[3] 美国课程开发与督导协会的琳达·托普（Linda Torp）也曾指出，问题的种类及其呈现方式将影响学生的问题提出与结果过程的深度开展，提出了结构不良、真实情境问题对开展学习的重要性。[4]

结构不良问题的素养意义就在于，它将学生所需运用的知识深深隐藏在问题情境之中，通过驱动深入持久的思考、处理信息、联系已有知识、概念化与结构化分析和质疑，进而开展真实的知识运用、协作探究等问题解决实践，推动化知识为素养的实现。概言之，结构良好问题对知识运用、问题解决的驱动价值较为局限，由于问题要素的明确化，解决方案或目标状态，具有明显的暗示性或者套路性，它仅能用来检测学生掌握知识的熟练程度，学生所获得的仅为已知的、正确的答案。相反，结构不良问题能有效培养学生自主学习、合作交流和灵活迁移的能力，促进学生的知识迁移与素养建构。

---

[1] 马云鹏.关于数学核心素养的几个问题[J].课程.教材.教法,2015(9):36—39.
[2] 夏雪梅.项目化学习设计:学习素养视角下的国际与本土实践[M].北京:教育科学出版社,2018:55—57.
[3] 学习科学的研究表明,"好"问题的特征就在于真实、结构不良且有多重解决方案和方法。它区别于教科书上那种程序式的问题或习题,能够与学生经验产生共鸣,能够促进讨论,有提供反馈的机会,并能使一些核心概念得到经常性地运用。参阅:(德)汉纳·杜蒙,(英)戴维·艾斯坦斯,(法)弗朗西斯科·贝纳维德.学习的本质:以研究启迪实践[M].杨刚,等,译.北京:教育科学出版社,2020:180.
[4] Linda Torp, Sara Sage. Problems as Possibilities: Problem-Based Learning for K-16 Education (2nd Edition) [M]. Alexandria, VA: ASCD, 2002:34.

二、结构不良问题的设计

结构不良问题能够为素养的建构与生成提供真实性的情境,这一问题的设计至少应聚焦体现学科本质的关键问题、采用开放性的问题表达与呈现方式。

(一)聚焦体现学科本质的关键问题

墨尔本大学教育研究所约翰·哈蒂(John Hattie)教授经研究后指出:"教师平均每天要问 200—300 个问题。其中大多数问题是关于事实或内容的低水平、表层式问题,其他则主要是程序性问题。这意味着在 30 年的职业生涯中,许多教师要问 130 万—200 万个问题。过分强调事实性问题、运用讲解和练习模式、教师主讲等都是今天教学的常规。那么,对于接受者,这种讲解、提问和练习模式意味着什么?如果我不得不听一个人每天跟我讲 5 个小时,逼着我学习事实性问题,让我练习那些不求甚解的任务,并学会为了不打断教师的上课而不要提出问题。那么,我想自己会成为一个调皮的人、一个叛逆的人、一个不按常理出牌的人或者一个无聊无趣的人。然而,这就是现在我们许多学生的生活。此外,如果教师问了一个问题,学生给出错误的答案,会怎么样?教师会用 40%—60% 的时间来纠正错误,用 40%—60% 的时间请另一个学生提供正确的答案而排除了其他人回答的可能性。教师很擅长选择哪一位知道答案的学生或者哪位不知道答案的学生,以便维持课堂教学的顺利进行。如果学生的回答是错误的,大约 5%—10% 的教师会予以忽略,另外大约 5%—10% 的教师会利用错误作为一个学习的机会。"[1] 约翰·哈蒂深刻剖析了教育教学实践中问题设计深陷零散、

---

[1] 引自:(美)Jackie Acree Walsh, Beth Dankert Sattes. 优质提问教学法——让每个学生都参与学习[M]. 盛群力,等,译. 北京:中国轻工业出版社,2018:i-ii.

细节、零碎等学科事实与学科信息。不难理解，越发细节、具体的问题只能"就事论事"，陷入具体、细节之中，难以从整体、深度的角度理解学科的本质、核心概念，进而难以理解学科思维、学科概念，确立自己的观念等。对此，结构不良问题的内容选择与设计应超越事实、信息等细节，基于大而根本、少而精这一原则，选择那些能够指向抽象性、概括性、学科性等学科本质、核心学科观念的核心问题等。

美国课程研究专家林恩·埃里克森（H. Lynn Erickson）等人提出的知识结构理论，有助于理解事实、概念以及学科本质的区别，为设计体现学科本质的结构不良问题提供了理解思路，如图9-1所示：

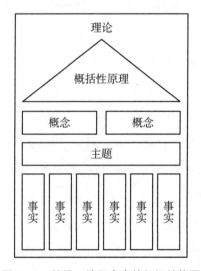

图9-1 林恩·埃里克森的知识结构图

在埃里克森看来，主题和事实是具体的知识片段、学科信息。主题是关于特定的人、地点、情境或物件所形成的事实框架。主题提供了一个学习单元的情境。主题仅涉及特定的事实性案例。如亚马逊雨林的生态系统等。

事实是关于人、地点、情境或物件的特定案例,事实支撑起原理和相关概括。但事实不能迁移,与具体的、特定情境、时间、地点相关,并难以发生迁移。如亚马逊雨林的热带本质造就了密集的生态系统。概念体现出基于学科事实抽象出来的本质特点,是对客观事实的本质反映,是以共同属性框定的一组心智构建,它不受时间影响,具有普遍性和抽象性,由一两个词或短句构成,并体现了不同程度的抽象特质,可以是宏观概念也可以是微观概念,如系统。概括是两个或两个以上概念之间关系的句子,它体现了跨实践、情境和文化的概念性理解,可以使用限定词,如经常、可能、或许等,它作为持久、基本的理解或大观念,由事实作为支撑。如生物体为了生存而适应不断变化的环境。理论是一个学科中关于基础性真理的概括,不能使用限定词,作为普遍性的概括,理论是作为迄今为止最好的真理。如供应减少,成本增加;反之,供应增加,成本减少。理论是用于解释现象或实践的想法或一套概念观点,理论由证据支撑而不是绝对的实施。如宇宙起源的大爆炸理论。[1] 可见,这一知识结构理论描绘出从事实到主题、概念到原理,概括到理论的这一从具体到抽象的层层关系。其中,"概念是从事实和主题中得出,概括性原理是由事实来支撑的,同时呈现了概念性的联系,体现出可迁移性的理解。最顶端的是理论,它是一个推论或一系列用来解释某种现象或实践的概念性观点。"[2] 体现学科立场、思维、原理、方法等本质特征的结构不良问题即超越了主题、事实、一般性概念,而关注概括性原理和学科基本理论。

在杰伊·麦克泰格等看来,基于学科本质为内容选择、设计的问题称为学科本质问题或关键问题(essential question),这类问题能够导向学科观

---

[1] H. Lynn Erickson, Lois A. Lanning, Rachel French. Concept-based curriculum and instruction for the thinking classroom [M]. Thousand oaks, CA: Corwin, 2017:33-34.

[2] (美)林恩·埃里克森,洛伊斯·兰宁. 以概念为本的课程与教学:培养核心素养的绝佳实践[M]. 鲁效孔,译. 上海:华东师范大学出版社,2014:19.

念,激发高阶思维,驱动知识迁移与运用。这些问题常常是开放式的,不存在唯一的、最终的、正确的答案;能够发人深省和激发思考,会引发探讨和辩论;需要分析、推理、评价、预测等高阶思维参与,无法仅通过回忆回答;能引发其他问题,激发进一步探究;需要证据、理由支撑,并不仅仅是答案;随着时间的推移会反复出现,需要反复不断面对。[1] 为深刻理解基于学科思维、原理、方法等设置关键问题,我们遴选了国际上相关研究中所指出的体现学科本质的相关概念、原理或理论等,见表9-2。

表9-2 体现学科本质的学科概念

(美)林恩·埃里克森,洛伊斯·兰宁	• 语文:时间、地点、相互影响、变化、信念/价值观、主题、冲突/合作、洞察力、风格、手法 • 数学:角度、方程、图形、估算、乘法、斜度、数字、比率、比例、对称、概率、模式、次序、量、系统 • 社会科:依据、人口、空间关系、地形地貌、恐惧、资源、冲突/合作、模式、群体、系统、变化/连续性、文化、进化、文明、迁徙、相互依存 • 科学:细胞、渗透、自然资源、生态系统、适应性、秩序、有机体、人口、系统、变化、进化、循环、相互作用、能量与物质、均衡性 • 音乐:节奏、旋律、和谐、单调、音频、形式、拍子、音色、格调 • 体育:耐力、灵活性、强健、策略、坚持性、团队协作 • 视觉艺术:和谐、线条、色彩、色度、形状、风格、纹理、形式、空间、视角
(美)卡罗尔·安·汤姆林森	• 社会科:丰富/稀缺、接受/拒绝、适应、民主、探索、多样性、迁移、情绪、秩序、老化/成熟、均衡、改变/连续性、品质、社区、冲突、合作、相关性、勇气、创造力、文化、周期、防御/保护、环境、平衡、进化、探测、公正、友谊、荣誉、和谐、相互作用、相互依存、发明、正义、自由、忠诚、模式、洞察力、生产、证据、重复、韵律、生存、象征、系统、技术、独裁、变化/变量、财富

---

1 Jay McTighe, Grant Wiggins. Essential Questions: Opening Doors to Student Understanding[M]. Alexandria, VA: ASCD, 2013:3.

续 表

(瑞典)国际文凭组织	• 小学阶段:形式、功能、原因、变化、联系、观点、责任、反思 • 中学阶段:审美、变化、交流、社区/群体、联系、创造、文化、发展、形式、全球互动、特征/认同、逻辑、观点、关系、系统、时间地域和空间
(美)格兰特·威金斯,杰伊·麦克泰格	• 社会科:吸收—反射,作用力—反作用力,金钱—劳动,常量—变量,连续性—变化,原因—结果,命运—自由,结构—功能,先天—后天,国家—人民,权力—统治,字面意义—比喻
(美)《K-12科学教育框架》	• 跨学科概念:模式、原因与结果、规模、比例与数量、系统与系统模型、能量与物质、结构与功能、稳定与变化

(二) 开放性的问题表达与呈现方式

结构不良的问题往往都是开放性问题,答案并不具有唯一性,往往生成于问题解决过程之中,能够激发深入思考、促进质疑与批判性思维,提高想象力,拓展思维与打开思路,能够提供讨论、分享、交流、协商观点与思考的机会,进而驱动知识灵活、全面地运用与问题探究。而封闭性问题的答案是唯一、确定性的,是预先设定好的,仅仅是用来巩固已经学过的特定概念、公式或法则等。

结构不良问题的设计应采取开放性的问题表达与呈现方式,可以采用"什么""怎样""为什么"或"以什么方式"等样式或表达。[1] 如:无人居住哪来电费? 利用声控开关和光控开关,如何为居民楼设计一个楼道灯电路? 不吃糖怎么还得了糖尿病? 如何讲好童话故事? 推理小说缘何有如此大的魔力呢? 如果青蛙跳出井口会看到什么、想到什么、说些什么? 为母亲节选择礼物,至少需要多少包装纸? 一年一次的生日庆祝活动,选择哪个月最合适? 如何从数学的角度探讨削菠萝果肉损失较少? 学校教室需要粉刷,你

---

1 韦冬余.阅读教学中的教师提问:问题与突破[J].课程.教材.教法,2019(4):52—59.

能想到哪些问题？这些开放性问题的解决过程中，要求学生思考与回答更多的内容，能为学生提供丰富的思考空间和充足的思考机会，特别是关注提供更多的证据、解释、方法或结论，注重理解相关结论、证据与方法背后的条件依据，并不断地反问"假如不是呢？"，进而更好地实现知识联系、灵活运用与问题解决。

第三节　立于运用为本的学科实践

化知识为素养的教学过程是教师指导、支持下基于知识运用为本的学习过程，强调以用为中心，在运用中实现教师的指导、支持，实现知识的理解与建构，实现知识与素养的共生。运用为本的学习样态是一种体现学科实践的核心特征，是人本质力量具身化、对象化、实践化的教学过程。对此，还需理解运用维度的复杂性、整体性和综合性，运用表现方式的多样性、复杂性等。

一、理智性经验的运用实践

理智性经验的运用实践是基于常识、常理、原初经验、体会、假设、想象、质疑、猜想、判断、解读等个体知识、默会理解或已有学科经验，开展联系与反思、质疑与假设、探究与解决、评估与澄清、预测与解释、构造与发现、推理与验证、论证与归纳、分析与实验等求真导向的教学实践。简言之，这一实践过程中，通过运用个体的理智性经验，开展高阶思维导向探究与问题解决的深度学习，教学过程成为了教师和学生合作探究学科与生活、重构旧有经验、提升已有经验的理智品质，共同合作建构思想与意义、合作创造知识，进而推动学科知识问题的确证、理性思维的自觉与高阶思维的发展，最终指向学生精彩观念的诞生。

理智性经验的运用实践中内蕴反思性思维,指向问题的探究与解决,是一种基于自己的具身化经验求真的过程,并集中体现为杜威基于"探究的理论"或"作为探究的认知"[1]重构"旁观者认识论"的替代性、建设性方案。如他提出,"不确定的情境给有机体带来了问题,通过致力于改变现有情境的行为来解决问题的行动就是探究。如果探究能将有问题的情境转换为'统一的整体''确定的情境',那探究本身便意味着成功。"[2]可见,这一理智化的反省性实践改变了知识实体性的定位,是一种动态的、互动的知识观,个体基于困惑、疑难甚至混乱的不确定的情境,经过探究过程,疑难情境得到解决,逐步实现确定的情境。这个过程,在他看来至少包括五个阶段或五个方面:"(1)暗示,在暗示中,心智寻找可能的解决办法;(2)使感觉到的(直接经验到的)疑难或困惑理智化,成为有待解决的难题和必须寻求答案的问题;(3)以一个接一个的暗示作为导向意见,或称假设,在收集事实资料中开始并指导观察及其他工作;(4)对一种概念或假设从理智上加以认真地推敲(推理是推论的一部分,而不是推论的全部);(5)通过外显的或想象的行动来检验假设。"[3]简而言之,理智性经验的运用实践,是一种基于知识的实践化、探究性、反省性思维实践,其目的强调学习不是外在的置入,而是基于已有的默会性理解、经验与知识开展求真、探究与问题解决的过程。这个教学过程,"用杜威的话说,教学即问题解决。用皮亚杰的话说,教学即智慧操作。用弗莱雷的话说,教学即提出问题的过程和反思性实践。用达克沃斯

---

1 (美)罗伯特·B.塔利斯.杜威[M].彭国华,译.北京:中华书局,2002:66.
2 (美)罗伯特·B.塔利斯.杜威[M].彭国华,译.北京:中华书局,2002:67.
3 (美)约翰·杜威.我们怎样思维[A].吕达,刘立德,等.杜威教育文集(第5卷)[C].北京:人民教育出版社,2009:129.

的话说,教学即产生精彩观念的过程。"[1] 亲历这一理智性经验的运用实践,学生所获得的并非仅为知识本身,或读写算等浅层次能力,而是消解了个体理性与感性的隔阂,充分释放了学科的理智价值,实现知识背后的逻辑、思维与意义的再生,进而整合在运用、解决问题之中,提升理性自觉、高阶思维,实现化知识为能力、化知识为方法。

二、 社会性经验的运用实践

社会性经验的运用实践是基于良知、关怀、修养、尊重、责任心、使命感、情绪、情感、移情理解、同情心、同理心、价值观、礼貌、规范、法规等社会认知、社会理解、社会情感、社会价值观等,开展交流与表达、讨论与协商、辩论与倾听、冲突解决与分歧理解、观点采撷与价值澄清、社会服务等求善导向的教学过程。简言之,这一实践过程拓展了知识的社会维度,学习成为了交往与协作,即社会性对话创造知识与发展素养的过程。教学活动及其过程成为了师生间、生生间设身处地、换位思考以及感同身受的对话、沟通、协商、理解的实践过程,以此实现对知识的重新理解与再度创造或生成,进而发展他者意识、社会认知与理解,推动个体与社会关系的反思,提升社会责任感、沟通协作的素养。

社会性经验的运用实践是内蕴民主精神、平等价值观的对话实践,是一种基于社会性经验提升认知、思维与社会情感等求善的过程。这一学习样态中,对话是知识运用的理念基础与方法实践,在共同体理念的前提下,教师与学生、学生与学生之间相互对话、彼此协商、分享理解与意义。可见,"学生——不再是驯服了的听众——现在成为了教师进行对话过程中的批

---

[1] 张华.研究性教学:教学改革的方向[J].基础教育课程,2011(12):55—56.

判性合作探究者。教师将学习材料提供给学生供其考虑,当学生表达其自己的见解时,学生又重新考虑自己先前的观点,进而知识得以在教师与学生的对话之间创造。"[1]英国哲学家戴维·伯姆(David Bohm)曾指出:"'对话'(dialogue)即富有创造性的理解和共识,是某种能被所有人参与和分享的意义。"[2]基于社会性经验的运用,课堂共同体实现了彼此相互分享,创造出新的理解与共识,"一个人可以从别人对他的反应中,发现自己所要表达的与别人所理解的之间的不同之处。他进而就有可能在自己的观点和别人的反应基础上,产生新的想法。如此反复进行下去,就不断地会有新的认识与观点出现。"[3]日本学者佐藤学(Manabu Sato)也指出:"'对话'不是把习得知识视为个人的掌握和独吞,而是人们一起共享知识,知识是公开的和开放的。"[4]概言之,基于社会性经验运用的学习提倡以他者立场来觉察、体会、理解他者的认知与情感,形成移情理解、情感共鸣等,以社会核心价值观为导向,进而增强、实现有效沟通、协商互助与和谐共处等,提升自我情绪管理、处理人际关系等社会情感素养。

三、审美性经验的运用实践

审美性经验的运用实践是基于形象感知、情境体验、直觉、想象、灵性、觉察、好奇、惊诧、惊奇、共鸣、欣赏、喜悦、感伤、艺术、诗意、境界、趣味、韵味、格调、节奏、旋律等感性认识、审美认知、美感经验等,历经体验与感受、欣赏与判读、鉴赏与评价、创作与创造审美经验等达美取向的教学实践。这

---

1 Paulo Freire. Pedagogy of the Oppressed (30th Anniversary Edition) [M]. Translated by Myra Bergman Ramos. New York: The Continuum International Publishing Group Inc, 2005:81.
2 (英)戴维·伯姆. 论对话[M]. 王松涛,译. 北京:教育科学出版社,2007:6.
3 (英)戴维·伯姆. 论对话[M]. 王松涛,译. 北京:教育科学出版社,2007:2.
4 (日)佐藤学. 学习的快乐——走向对话[M]. 钟启泉,译. 北京:教育科学出版社,2004:11.

一维度的知识运用是一项达美的学习实践,旨在重估这些情感、想象、灵性、直觉等审美性经验的学习论意义与作用,突破技术理性的钳制,澄明被遮蔽的审美维度,深度理解学习内在的即兴创造、审美创作的艺术意义与学习价值。在此基础上,教学过程成为了一场充满惊奇、审美、想象等美学特征的复杂旅途,审美性经验得以成为提升知识运用的创造性、想象性、审美性与整体性等,帮助学生思考自身的栖居与存在,获得自由与解放的审美救赎,更好地实现人本质力量的对象化过程。

审美性经验的运用实践内蕴审美思维,是一种达美的实践,"一趟充满着主动学习契机的'灵性旅程',在这学习的旅程中,主客体以美感作为沟通与对话机制,以'经验与分析'重现'诠释与理解',课程与教学不再是冰冷的知识传递,而是教师互通融贯的共同创造之旅。"[1]可见,运用为本的学科实践不仅是理性运作的经验,还是一种渗透审美、想象、灵性以及诗意等因素的审美经验,它"带给学生的是一个有趣的、惊奇的、令人惊讶的世界。我们对这个世界的思考与理解,完全与吾人身体的感官经验、情感、情绪,以及吾人知觉的习性与逻辑和分析的应用,相互交织在一起"。[2] 这一运用是站在"美就是人类经验的组成部分"[3]的立场,提出理性逻辑与美学直观相辅相成,相互为用的过程,融合了理智与审美、情境与思考,确保能够从不同的角度洞察世界的多元实在。其实,学习过程中始终伴随着个体对情感、审美、理智的追求,无论知识多么具有结构性、抽象性,审美经验只能掩盖、扭曲或淡忘,但绝不能消除,除非学习本身不复存在。甚至,学习并非单纯是认知的,唯有凭借审美经验,学习才得以获得完满与统一。概言之,知识运用并

1　陈伯璋.课程美学[M].台北:五南图书出版有限公司,2011:1.
2　陈伯璋.课程美学[M].台北:五南图书出版有限公司,2011:93.
3　刘悦笛.生活美学与艺术经验[M].南京:南京出版社,2007:105.

非限定于客观的、理性的、求真的知识资源,还体现为基于审美经验的融合,包含着艺术、诗性、想象力、审美判断力等美学维度,这是因为"审美的敌人既不是实践,也不是理智。他们是单调,目的不明而导致的懈怠,屈从于实践和理智行为中的惯例"。[1]

综上,运用为本的学科实践是人本质力量具身化、对象化、实践化的教学过程。从运用的经验内容来看,这一过程虽然可以从真、善、美三个维度得以分析与把握,但同时是整体的、联系的、融合的,甚至是模糊的。一般而言,"人对世界的关系,主要是在人的实践活动中形成的认知关系(真与假)、评价关系(善与恶)和审美关系(美与丑)。"[2]真、善、美的区分本身构成了人类理解世界、社会及其自我的关系维度。对于这三种经验类型,李泽厚曾指出:"这一分类本身显得比较牵强、粗糙。其原因在于,难道'知'中没有'意''情'吗?'情'中没有认识和伦理吗?意志不是在理智认识的支配和控制下吗?"[3]因此,运用为本的学科实践是基于已有个人知识、理解、经验等实现真、善、美三个维度的辩证综合、相互渗透与融合,共同构成了包裹、解体、建构新知的个人知识,成为运用、迁移的知识基础,进而为实现化知识为素养提供过程支持与条件基础。

第四节 归于表现性的学习质量评价

化知识为素养的学习质量评价要求学生在任务解决过程中能够将知识加以运用,素养最终是体现在复杂情境中问题解决与任务完成的行为实践

---

[1] John Dewey. Art as Experience [M]. New York: The Berkley Publishing Group, 1934:39-40.
[2] 孙正聿. 哲学通论(修订版)[M]. 上海:复旦大学出版社,2011:143.
[3] 李泽厚. 华夏美学·美学四讲[M]. 北京:生活·读书·新知三联书店,2015:247.

中。虽然,素养与素养的表现是两个问题,"素养是一种将知识与技能、认知与情感、创造性与德性融为一体的复杂心理结构。表现是在特定情境和条件下的外部行为呈现。二者的区别显而易见。漠视这种区别,会导致对素养的误解与误判,阻碍素养发展"。[1] 但是,两者间的内在联系在于"素养的定断、评价可以从能够根据观察提供的可视化证据中推断、得出。"[2] 对此,钟启泉教授曾指出,探索以表现性评价为代表的新型评价模式是基于核心素养的课程发展直面的挑战。[3] 美国国家教学和美国未来委员会(National Commission on Teaching and America's Future)执行主任,斯坦福大学教育学院琳达·达林-哈蒙德(Linda Darling-Hammond)教授也指出:"评价的性质和形式会影响学生的知识深度和素养发展情况,而且表现性评价更适合于对高水平复杂思维技能的评价,也更有可能激励这类素养的发展。"[4] 因此,表现性评价为诊断素养的建构与生成、识别化知识为素养的学习质量提供了一种可参考性、可借鉴的评价方式。

一、表现性评价的含义

表现性评价的英文是"Performance Assessment",或译为表现性测验、实作评量,也被称之为真实性评价、理解性评价或教育性评价等。这一评价基于教师开发、设计的真实性情境、任务开展"做"的实践,根据学生完成任务时表现出的所知、所想等进行评价。概言之,"这一评价是以学生有形的产品和行为表现作为评价学业质量主要证据的评价活动,它需要学生能够

---

[1] 张华. 论核心素养的内涵[J]. 全球教育展望,2016(4):10—24.
[2] Domunique Simone Rychen, Laura Hersh Salganik. Key Competencies for a Successful Life and a Well-Functioning Society [M]. Göttingen, Germany: Hogerfe&Huber, 2003:47-48.
[3] 钟启泉. 基于核心素养的课程发展:挑战与课题[J]. 全球教育展望,2016(1):3—25.
[4] Linda Darling-Hammond. Next Generation Assessment: Moving Beyond the Bubble Test to Support 21st Century Learning [M]. San Francisco: CA, Jossey-Bass, 2014:107.

表现其所学知识,即运用知识和技能,而非简单的识记和识别"。[1] 格兰特·威金斯也指出,表现性评价要求学生运用所学知识和技能完成某项活动或制作某样产品去表现其所知与所能。[2]

表现性评价的核心在于教师设置一个真实的或模拟真实的任务情境,学生凭借自己的所思、所感、所知与所能去解决某个问题,完成这一任务,或创造某样作品、成果、实物,进而以相关标准或规则来检测、评价学生的情境性、真实性表现和结果,进而识别学生能否完全、充分、灵活、创造性地运用知识解决问题,最终确定、诊断学生在学习结果层面是否达成了从知识到素养的飞跃。可见,这一评价的核心是提供真实的学习任务,全面充分地揭示和描述学生能够实现知识结构化、概念化、情境性、对象化、实践化等展现素养的特质。这一评价旨在推动、促进学生能够在新情境任务中整合、综合和创造性地运用内容知识,要求学生能够融合迁移与真实性运用,并为学生提供解释和多元表征的机会来促进组织和深化理解。

加里·鲍里奇(Gary D. Borich)和马丁·汤巴里(Martin L. Tombari)提到表现性评价的特征在于:第一,表现性评价既是活动又是测验;第二,表现性评价是对学习的直接测验;第三,表现性评价既测量学习结果又评价学习过程;第四,表现性评价可以嵌入在课堂活动中;第五,表现性评价能评价社会技能;第六,不是所有的表现性评价都是真实性评价。[3] 在这个角度,表现性评价不是在预定的选项或清单中进行选择题测试,而是设

---

[1] Jay McTighe, Steve Ferrara. Assessing Student Learning by Design: Principles and Practices for Teachers and School Leaders [M]. New York, NY: Teachers College Press, 2020:34.
[2] (美)格兰特·威金斯.教育性评价[M].国家基础教育课程改革"促进教师发展与学生成长的评价研究"项目组,译.北京:中国轻工业出版社,2005:19—21.
[3] (美)加里·鲍里奇,马丁·汤巴里.中小学教育评价[M].国家基础教育课程改革"促进教师发展与学生成长的评价研究"项目组,译.北京:中国轻工业出版社,2004:179—180.

计真实性活动、任务或项目,如运用几个词完成一个句子、撰写一份详尽的分析报告、分析与实施一个实践调查等活动以及更多拓展性的书面或口头回答。在此,表现性评价是使学生参与更具挑战性的活动、任务或项目,展现学生的认知思维和推理技能以及运用知识解决现实的、有意义的问题的能力。[1] 可见,这一评价方式区别于笔纸测验、填空、判断、匹配或选择题等客观性评价,是通过真实性情境的问题解决与任务完成,真实性、情境性地评价素养,它将评价贯穿在整个教学过程中,实现教、学、评的有机统一,将对学生如何实现化知识为素养产生积极的促进作用。

综上,表现性评价通过诊断特定情境中,知识运用的表现、外化、实体性层面,理解、确定素养的可能存在、发生与建构。表现性评价应走出行为主义表现观,避免仅关注行为举动或执行、完成任务,而是能够驱动所知、所想等,进而让素养可见、可视化与显性化。对此,应充分理解表现是丰富的、复杂的,不仅包括外在的、操作性、物化的成果、作品,还包括精彩观念、创新想法、个性化理解、批判性质疑、思维境界提升、价值观转变等体现潜在、隐性、内在的表现范畴。

二、表现性评价的设计

表现性评价的设计策略重在将真实性评价任务作为评价载体,以学生能够实现结构化地开展知识的活化运用为学习质量的评价标准。

（一）表现性评价重在真实性任务设计

表现性评价强调在情境中,将所学知识运用出来,又称之为真实性评

---

[1] Linda Darling-Hammond. Next Generation Assessment: Moving Beyond the Bubble Test to Support 21st Century Learning [M]. San Francisco: CA, Jossey-Bass, 2014:15.

价。[1] 可见,表现性评价的核心在于设计真实性学习任务。那么,真实性学习任务不仅是驱动化知识为素养发生的教学条件,同时也是诊断学生能否在教师指导、支持下实现化知识为素养的评价载体。在此,真实性学习任务设计的模式、策略同样适应于表现性评价的任务设计之中。

案例1:关于体积的真实性任务。这是一个关于包装的任务。你在一个百货公司负责货物的包装。每年平均有24 000位用户在你的公司购买衣物。大约15%的用户希望能把他们的货物包装起来。在一个月内,公司卖出165件夹克衫、750件衬衫、480条裤子和160顶帽子。所有盒子的价格是相同的,每码包装纸价值26分。每卷包装纸1码宽、100码长。作为包装部的经理,你自然希望为包装成本做一个计划,尽量节约资金。那么,包装裤子、衬衫、夹克衫和帽子的盒子应是什么形状才会需要最少的包装纸?你的任务:给采购人一个书面报告形式的建议,其中应分别根据裤子、衬衫、夹克衫和帽子定做大小不同的盒子;设计所需要的包装纸的卷数;一年大致卖出的裤子、衬衫、夹克衫和帽子所需要的包装纸的大约成本。[2]

案例2:关于路程的真实性任务。儿童徒步旅行中遇到的一个分岔口,路线分成了两条:一条是杜鹃花路线,全长3千米;一条是榉树路线,全长5千米。不管走哪条路线都能到达休息小屋。儿童会成员决定分成两队各选一条旅游路线,最终在休息小屋汇合。

---

[1] Jay McTighe, Steve Ferrara. Assessing Student Learning by Design: Principles and Practices for Teachers and School Leaders [M]. New York, NY: Teachers College Press, 2020:34.
[2] (美)Grant Wiggins. 教育性评价[M]. 国家基础教育课程改革"促进教师专业发展与学生成长的评价研究"项目组,译. 北京:中国轻工业出版社,2005:24.

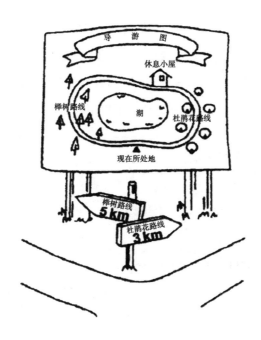

裕子带领的小队选了杜鹃花路线,明夫带领的小队选了榉树路线。10点开始分路前进,裕子的小队到休息小屋时已经11点了。这时,明夫的小队还没到。"明夫走的路线比较长,当然到得晚了。我们来测算一下明夫还有多久到小屋吧!"正在谈笑和测算之间,明夫的小队也到了,距离裕子小队的到达时间已过去了30分钟。裕子问明夫:"你们中途在哪里休息了吗?"明夫答道:"才没有呢,一直不停地在走。"两个小队都没有在路上停歇,而是保持一定速度步行到了小屋。这时,大家很想知道到底哪个小队走得比较快,你认为谁的小队走得比较快呢?[1]

---

1 (日)田中耕治等.学习评价的挑战:表现性评价在学校中的应用[M].郑谷心,译.上海:华东师范大学出版社,2015:70—71.

案例 1 中,需要综合运用形状、体积等知识理解衣服被折叠或不折叠时需要盒子的尺寸,并能够结合数学综合、推理、估算等考虑包装纸的成本等。案例 2 则全面考察了对速度、路程与时间等数学知识的灵活运用。案例 2 中学生们开展的灵活运用,共计提出了以下答案。

> A1　比较内包量[1](时速)
>
> 　　裕子　$3 \div 1 = 3$
>
> 　　明夫　$5 \div 1.5 = 3.3\ldots$(千米/时)或 3 又 1/3(千米/时)
>
> A2　比较内包量(分速)
>
> 　　裕子　$3\,000 \div 60 = 50$(米/分)
>
> 　　明夫　$5\,000 \div 90 = 55.5\ldots$(米/分)或 55 又 5/9(米/分)
>
> B　比较内包量的倒数(每公里花费的时间)
>
> 　　裕子　20(分/千米)
>
> 　　明夫　18(分/千米)
>
> C1　假设二人同样花了 3 小时,比较走的距离
>
> 　　裕子　3 小时可以走 9 千米
>
> 　　明夫　3 小时可以走 10 千米
>
> C2　假设二人同样花了 1.5 小时,比较走的距离
>
> 　　裕子　1.5 小时可以走 4.5 千米
>
> 　　明夫　1.5 小时可以走 5 千米

---

[1] 内包量英文即 Intensive quantity,又称之为内涵量,是小学高年级数学教学中一个重要内容,它更能反映出概念掌握的实质,主要指速度、浓度、密度、压强等不能直接测量,而由两个外延量的商来表示的量。心理学家皮亚杰认为内包量是从具体运算到形式运算发展过程中形成的,是儿童逻辑构造发展的一个重要方面。参阅:李红,郑持军,高雪梅. 儿童内包量概念发展的实验研究[J]. 心理科学,2003(1):48—50.

> D1　假设二人同样走了 15 千米，比较所花费的时间
>
> 　　裕子　15 千米花了 5 小时
>
> 　　明夫　15 千米花了 4.5 小时
>
> D2　假设二人同样走了 5 千米，比较所花费的时间
>
> 　　裕子　余下的 2 千米需要花费 40 分钟的时间，
>
> 　　　　　因此，5 千米共计 1 小时 40 分
>
> 　　明夫　5 千米花了 1 小时 30 分
>
> E　假设开始走的 3 千米二人走的速度相同，比较在剩下 30 分钟里二人所走的距离会有何不同，或二人要走完剩下的 2 千米所花费的时间会有何不同。
>
> 　　裕子　如果保持 1 小时走 3 千米的速度前行，
>
> 　　　　　剩下的 2 千米还要花费 30 分钟的时间
>
> 　　明夫　30 分钟走了 1.5 千米，或花 40 分钟走了 2 千米

真实性任务的设计应重在理解"真实"的特点，能够开发出具有真实性，贴近生活，具有现实性的任务情境。格兰特·威金斯提出，一项评价任务、问题或方案是否具有真实性，要看它是否符合以下标准：

1. 是现实的。任务本身或任务设计能复制现实情况，能够检验知识运用的情境。

2. 需要判断和创新。学生必须聪明并有效地使用知识和技巧解决未加以组织的问题。比如，在指定一个计划时，解决方案不能只按照一定的常规、程序，也不能机械地搬用知识。

3. 要求学生"做"学科。不要让学生背诵、复述或重复解释他们已经学

过的或知道的东西。他们必须在科学、历史或任何其他一门学科中有一定的探索行为。

4. 重复或模仿成人接受"检验"的工作场所、公民生活和个人生活等背景。背景是具体的,包含着特有的制约因素、目的和群体。典型学校测验脱离具体背景,因此学生需要经历那些可能在工作场所和其他真实生活背景中完成任务的情况,而这些情况都是杂乱模糊的。换句话讲,完成现实的任务需要出色的判断力。真实性任务会摒弃学校测验中充斥着的那种极为有害的向学生保密、不准学生质疑、不为学生提供可用的资源和反馈的性质。

5. 评价学生是否能有效地运用知识、技能来完成复杂任务。大多数传统测验的试题割裂表现中的各要素——类似于体育中的单项练习,而不是一场比赛中所要求使用的综合技能。这里也需要好的判断力。当然要有一定属于单项练习的测验,但表现毕竟不是单项练习的总和。

6. 允许适当的机会去排练、实践、查阅资料,得到关于表现及其作品的反馈,并能使表现和作品更加完善。尽管在测验前不泄露试题,在测验时不准学生借助参考材料的传统的"保密性"测验有一定的作用,但如果学生要提高表现的话,这些测验必须与教育性评价并行不悖;我们要通过表现—反馈—修改—表现这样一个过程训练他们的学习,使他们按照已知的高质量和高标准来产生作品,帮助他们学习使用有关的信息、资源和笔记来有效地提高在一定背景中的表现。[1]

基于真实性学习的特点,可以明确区分出"不真实""部分真实"与"真实的"的任务,如表9-3所示[2]:

1　参阅:(美)Grant Wiggins. 教育性评价[M]. 国家基础教育课程改革"促进教师专业发展与学生成长的评价研究"项目组,译. 北京:中国轻工业出版社,2005:20.
2　(美)Grant Wiggins. 教育性评价[M]. 国家基础教育课程改革"促进教师专业发展与学生成长的评价研究"项目组,译. 北京:中国轻工业出版社,2005:13—14.

表9-3 基于真实性学习的任务区分

不真实	部分真实	真实的
解释一个组数据	用特殊的数学法则和形状设计一座房子	设计并修建一个达到要求、满足用户需要的模型房子
写一篇关于法律的论文	写一篇关于为什么修改法律的有说服力的论文	写一篇关于修改当前法律的建议并教给相应的立法者
阅读一篇教师选择的文本片段	在班上阅读自己选择的课文	制作一篇故事的录音磁带,供图书馆使用

（二）知识的结构化理解作为评价标准

表现性评价基于真实性学习任务旨在识别学生能够将所学知识实现联系、综合、结构化地开展知识运用实践,对此知识的结构化、概括化等处理体现了表现性评价的素养标准。这是因为化知识为素养的教学过程中,素养虽然是教学的终点,但这一终点却并非实体性的,而是体现在知识的结构化、综合性运用过程之中。因此,知识的结构化运用程度就是素养的体现与表现差异。

约翰·比格斯(John Biggs)基于知识的结构化程度来理解预期学习结果的程度差异,进而区分出学习结果的"质"的层面的差异。在比格斯看来,学习任务不仅包括掌握一些资料性的知识,如事实、技能、概念或问题解决的策略,还应懂得以某种方式来利用这些技能、实际和概念,比如对所学的内容做出解释、解决问题、从事某项工作或进行判断等等。应用知识或技能解决问题的活动方式很多,但每种方式都需要利用一系列知识成分(事实或概念,程序或技能),这些知识成分或是被单一地利用,或者综合在一起利用。[1]

---

[1] John B. Biggs, Kevin F. Collis. Evaluating the Quality of Learning: The SOLO Taxonomy (Structure of the Observed Learning Outcome) [M]. New York, NY: Academic Press, 1982: 1-3.

在此基础上,比格斯将结构化区分为了前结构、单点结构、多点结构、关联结构和抽象拓展五个结构层次,其中前结构表现为字面理解,不完整地运用,只涉及一个要点;单点结构只是运用一个相关点,结论有限度,并且可能存在武断;多点结构体现为能够选择要点中多个相互一致的方面,但忽视了不一致的方面或矛盾;关联结构是能够建立起相互联系,对信息的矛盾关系做出解释;抽象拓展能够认识到抽象与具体的联系,能够提升到更高的理论水平进行概念建构,应用于崭新而更广泛的领域。[1] 具体如图9-2。

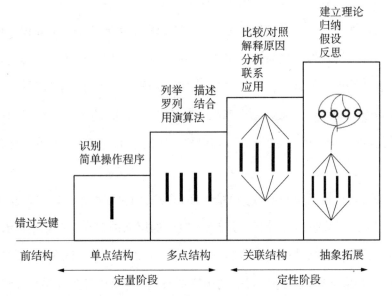

图9-2 SOLO用于制定预期学习成效的动词层级结构[2]

1　John B. Biggs, Kevin F. Collis. Evaluating the Quality of Learning: The SOLO Taxonomy (Structure of the Observed Learning Outcome) [M]. New York, NY: Academic Press, 1982: 3-30. (澳)约翰·比格斯,凯瑟琳·唐. 卓越的大学教学:建构教与学的一致性(第四版) [M]. 王颖,等,译. 上海:复旦大学出版社,2015:61—62.
2　(澳)约翰·比格斯,凯瑟琳·唐. 卓越的大学教学:建构教与学的一致性(第四版)[M]. 王颖,等,译. 上海:复旦大学出版社,2015:63.

综上，比格斯提出的五类不同的知识结构化表现，代表了学生基于知识的结构化理解差异，进而体现出预期学习质量的区别，体现出素养表现从低到高的基本层次，进而这五种结构化表现也成为了表现性评价的基本标准。其中前结构与多点结构之间主要体现在知识量的多与少，驱动的是浅层学习，而关联到抽象拓展这一结构阶段评价的是学生如何深入理解相关知识，进而能够分析、联系、归纳、概括、假设与反思，体现了知识的灵活运用，此时可以将这一任务的解决定义为素养的发生，同时也驱动了深层学习。

第十章 化知识为素养的教学策略

化知识为素养的教学策略为推动知识与素养间的转化、共生提供行动性、方法性的策略与指导,至少包括:从简化到复杂情境的驱动策略、学科与跨学科相协作的策略、高阶思维包裹低阶思维的策略、嵌入学习过程的教师支持策略以及认知与非认知的整合策略。

第一节 从简化到复杂情境的驱动策略

素养生成于复杂情境驱动下知识运用实践过程之中,这一预期学习结果具有高度的情境依存性,表现出能够适应情境变化,又超越特定情境的限制,具备跨情境性和超境脉性等属性。可见,唯有将知识与复杂情境相结合,历经知识运用的情境化过程,个体所习得的才不仅是内容之知,而是能够建构关于知识与情境如何联系、知识如何解决情境中问题的能力之知。由此,复杂情境成为了驱动知识情境化、实践化的载体,搭建内容之知向能力之知转化的桥梁,促进、实现知识与素养间转化的中介。

自新课程改革以来,课程回归生活、尊重学生生活经验等理念广受认可,虽然教材设计、课堂教学设计环节中注重了与现实生活情境的联系,但由于情境设计的成人取向,所设计的问题情境更多的是简化的、不充分的、形式主义的虚假情境,甚至是一道"真人秀"式的"应用题",是传统学习的一种"变式",没有甚至不允许学习者与情境中不确定性因素开展互动。这样的情境只是另有所获的暂时凭借,情境进入后必须去情境化出来,以便进入一页页个体"不在场"的作业簿和考试卷。[1] 实际上,不同类别的情境对思维参与、知识运用的驱动价值有所不同。简化、虚假或结构良好的情境,如:2/3杯白软干酪的3/4是多少,以简化为特征的情境形态具有较强的暗示性、套路性,没有将知识深埋进情境之中,难以激发学生对情境的概念化理解与分析,难以驱动学生进行有挑战性的深度思考。这样的情境实际上是一种虚假的情境,依然是去情境化的表现,所习得的知识难免异化为惰性知识、死知识与无活力的知识,难以推动知识与素养间的转化。正如有学者指出,"在传统的课堂中,由于缺少相应的机会对解决结构不良的问题进行论证、进行自我调节学习和同学合作构建知识,学生难以充分发展21世纪素养。相反,真实性学习方式在帮助学生发展21世纪素养上是非常可信的。通过在真实的情境中合作以解决问题,学生能进行批判性思维,合作地构建知识,自我调节,发展可迁移到新情境的知识和技能。因此,为了帮助学习者发展21世纪素养,应考虑真实学习"。[2]

化知识为素养的教学策略应实现从简化到复杂情境的转变,复杂情境即真实情境,意味着个体、共同体和学习任务间能够建立有意义的联系。学习科学研究表明,这一情境体现出的关键特征有:与现实世界相连,包括像真实生活一样复杂、结构不良的问题;通过完成任务提供实现不同学科的关联或联系的机会;需要一段时间内实现的复杂目标;从不同角度运用各种资

---

[1] 杨九诠.学科核心素养与复杂情境[N].中国教育报,2016-11-30(9).
[2] (韩)高恩静,(新)阿曼达·S.卡雷恩,(新)马努·卡普尔.真实问题解决和21世纪学习[M].杨向东,许瑜函,鲍孟颖,译.长沙:湖南教育出版社,2020:5.

源定义情境中的问题;能够提供在课堂中、现实情境中必要的合作机会,提供自我表达的机会;运用过程结束后出现不同结果;包括过程和结果两方面的评价以及允许多样的解释和问题解决成果等。[1] 显然,越发复杂的情境越是真实的生活,愈发真实的情境就更加模糊不定、复杂多变。学生通过分析情境中的问题、项目与任务,驱动深度思考、知识运用与问题探究,激发高阶思维运用,如通过分析、综合、设计、讨论和评价等展现所知、所学与所悟,进而实现知识建构与素养生成。

第二节 学科与跨学科相协作的策略

素养作为能够胜任复杂情境挑战的学习结果,具有跨学科、可迁移等属性。这是因为,复杂情境、真实问题等具有较强的整体性与跨学科性,这便要求学生能够激活学科间的联系,跨越学科的边界,建立跨学科性、联系性与综合性的知识基础。[2] 同时,学科知识与核心素养之间的关系不是一一对应的,所有的知识领域和学科门类都有助于多种素养的发展,没有一种素养的发展专门只依赖一种学科。由此,重建学科间的联系,旨在增强学科间的互补、融合,进而为学生提供解决复杂问题和满足生活情境挑战的跨学科知识基础。

化知识为素养的教学策略应重组学科知识间的内容体系,在保留学科边界、差异的同时,基于复杂情境、真实问题的驱动,增强学科间知识的联系、互补与融合,帮助学生整合、运用两门或多门学科知识、方法与思维方式,建立起两门或多门学科展开协作、融合的跨学科学习形态,进而帮助学

---

[1] Young Hoan Cho, Imelda S. Caleon, Manu Kapur. Authentic Problem Solving and Learning in the 21st Century [M]. Springer, 2015:9-22.

[2] Domunique Simone Rychen, Laura Hersh Salganik. Key Competencies for a Successful Life and a Well-functioning Society [M]. Göttinggen, Germany: Hogerfe&Huber, 2003:53.

生能够运用跨学科、多学科的知识、观念、思维与方法聚焦同一问题与任务情境,建立能够胜任复杂问题和真实情境挑战所需的跨学科知识基础。

当前,科学研究呈现出高度综合化的趋势,学科与学科之间的边界日益淡化、模糊,多学科、交叉学科以及超学科研究已经成为科学研究的新常态。同时,人工智能等现代技术的运用逐渐诉求于以开放、共享、交叉等为学科特征的知识生产模式,知识创新的生产点、新视野主要来自学科交叉与融合。那么,能够胜任未来挑战的学生应具备灵活运用多学科立场与思维、跨学科知识与方法解决现实生活的问题、议题,进而提出创造性观念与理解的能力。这便意味着化知识为素养的教学策略必然是跨学科学习导向的,强调以真实生活问题、学科议题为切入点,能够基于跨学科意识与思维,整合多学科知识、观念与思维,灵活运用、问题解决与实践创新,进而胜任未来工作生活的挑战。可见,跨学科学习形态要求化知识为素养的教学策略中,教师应引导学生能够以全面、综合的视野审视问题的产生、发展与解决,理解学科知识与真实问题、多学科与学科间的内在联系,进而发展跨学科思维、批判意识和创新能力。同时,这一基于多学科知识、思维与能力整合的学习形态,是以真实问题、议题解决为核心的问题学习或项目学习,不是多门学科的内容拼盘,也并非停留于多学科知识的了解和知晓,而是强调学习者以学科专家、科学家的思维和责任建立起知识间的深度联系,以协同的方式解决实际问题。

学科与跨学科相协作的教学策略体现了当代知识生产与科学研究走向开放、共享、交叉的时代精神。在这一时代精神的指导下,学校教育中知识学习的展开是以真实问题、复杂情境为切入点,帮助学生形成跨学科的意识与思维,能够建立多学科间知识、观念与思维的联系与整合,并以学科知识相协作的方式开展真实问题的解决实践。经合组织在《OECD学习罗盘

2030》的报告中指出,基于学科重组而开展的多学科、跨学科与交叉学科的知识学习,正成为了新世纪以来核心素养导向下教学方式转型的主要策略。这一系列做法的核心并非单独创建跨学科课程,而是在保留学科边界的同时,将跨学科问题、议题、主题、项目等问题情境纳入现行课程体系之中,基于问题解决的需要,学科间的边界在这一协作策略下正日益淡化、模糊。[1] 显然,只要直面复杂情境、真实问题,任意一门学科内的知识、概念及其结构的限度都十分明显,这便需要个体建立跨学科的意识,跨越学科间的边限,丰富学科间的联系,能够游刃有余地开展跨学科学习与解决问题。对此,学科与跨学科相协作教学策略旨在回应这一系列挑战,帮助学生识别、构建学科与学科、知识与生活之间的连接点,超越特定学科领域的限度,更好地理解生活世界、真实问题的相互关联与复杂性,形成关于知识之间联系、互动、交叉的理解力,促进知识运用能力的生成。

  学科与跨学科的协作策略通过跨学科的视野,增强知识的联系与互动,确保知识的活力,实现知识的运用。跨学科本身一定是基于学科本身,而不是消解、遗忘学科的独特育人价值。如若忽视学科中关键概念、学科思维与学科方法,势必引发混沌的、模糊的认识世界、解决问题,知识间内在联系也将缺乏必要的条件与联系。哈佛大学教育研究生院霍华德·加德纳(Howard Gardner)教授通过区分学科(discipline)与教材(subject matter)的区别,提出大多数学生都认为自己的学习任务是完成对事实、信息和共识的学习,而忽视了学科代表着一种与众不同的世界观。[2] 在他看来,学科的兴起代表人类长久以来不断增加我们对世界认识所做出的努力。生物学科

---

[1] OECD. OECD Future of Education and Skill 2030: OECD Learning Compass 2030(A series of concept notes) [M]. Paris: OECD Publishing, 2019:77.
[2] Howard Gardner. Five Minds for the Future [M]. Cambridge, MA: Harvard Business School Press, 2006:25.

告诉我们生物世界的现象与演进过程；物理学科向我们描述了物质世界的特性和控制宇宙物体的力量；社会学科告诉我们关于人性、人类的行为和动机以及人类潜能方面的信息；人文学科与艺术学科很大程度上增进了我们对不同形态的关系与道德的理解，让我们理解生活在不同时期中的人类，对人类自身、人类生活的世界、人类的选择和人类命运的不同看法。学科之间的分工很明确。自然学科努力发现关于物体、物种或人类的普遍模式；艺术与人文学科则侧重于某个人、某件作品或某种经验的特殊之处。[1] 在此基础上，加德纳教授提出，学科代表了人类系统地思考世界上各种问题所做出的最佳努力，也是跨学科工作开展的重要准备，进而应培养学生面向未来所需要的学科之智（disciplined mind）。[2] 概言之，学科与跨学科相协作的策略是一项基于学科并超越学科，在发挥某一具体学科的育人价值基础上，又能够与其他学科建立起关联，进而提升知识的联系、活力与综合性，为化知识为素养奠定扎实的、综合的内容基础。

第三节 高阶思维包裹低阶思维的策略

高阶思维不仅是学生能够开展运用知识解决问题的关键条件，而且也是支撑素养发展与生成最为重要的构成性要素。美国课程促进协会苏珊·布鲁克哈特（Susan M. Brookhart）研究后指出，高阶思维并非识记、回忆，而是迁移，是学习者能将知识和技能运用在新的情境之中。[3] 在这个角度，

1　Howard Gardner. The Disciplined Mind: Beyond Facts and Standardized Tests, The K-12 Education That Every Child Deserves [M]. New York: NY, Penguin Books, 2000:32.
2　Howard Gardner. The Disciplined Mind: Beyond Facts and Standardized Tests, The K-12 Education That Every Child Deserves [M]. New York: NY, Penguin Books, 2000:53-54.
3　Susan M. Brookhart. How to assess higher-order thinking skills in your classroom [M]. Alexandria, VA: Association for Supervision and Curriculum Development, 2010:4-5.

高阶思维也成为了全世界在推动素养导向下课程与教学变革的实践过程中,常将素养等同于高阶思维、高阶思维技能和21世纪思维技能,这四者往往相互替换使用的缘由。

对于高阶思维的认识和发展,由于深受美国教育心理学家本杰明·布鲁姆(Benjamin Bloom)教育目标分类学的影响,认知领域常被细化为记忆、释义或理解、应用、分析、综合和评价,识记、理解、应用被视为低阶思维,而分析、综合、评价被视为高阶思维。这样一个目标分类的划分中,势必形成了这样一种假设——低阶思维是高阶思维的基础,即高阶思维是由低阶思维一步一步发展起来的。先后论过于强调由低到高的层级假设,不仅将识记、掌握等同于知识的获得、记忆,而且还潜在地认为:识记、理解等低阶思维一直被视为高阶思维的基础,思维发展的过程按照由低向高,先后性地展开,进而误读了思维作为高级认知、高阶心智操作的本质。现代心理学研究得出的一个基本结论在于,思维是指在超出现实的情境下,分析有关条件以求得问题解决的高级认知过程。思维是大脑在解决问题时的高级认知过程,是运用观念、表象、符号、语词、命题、记忆、概念、信念的内隐的认知操作或心智操作。[1] 可见,思维的本质即高级认知过程,是对知识等诸多样态进行的组织、操作与运用等的认知操作或心智操作。如若缺乏对知识的反思、运用、转化等高级认知过程,思维发展难免异化为思维术或思维技能的训练,其实质并非在发展思维,而仅是掌握程序性、策略性的知识而已。

先后论的机械性理解难免引发低阶思维所获得的知识难以支撑高阶思维发生、发展等症结。由于缺乏高阶思维参与的课堂教学,学生所累积的记忆、识别、描述、解释等,异化为浅层学习,其结果依旧是以记忆型、接受型的

1　黄希庭.心理学导论(第二版)[M].北京:人民教育出版社,2007.383.

"知道分子"为目标。在怀特海看来:这正是儿童"惰性知识"产生的根源,"仅为大脑所接受却不加以利用,或不进行检验,或没有与其他新颖的思想有机地融为一体"。[1] 概言之,即便根据思维参与的程度与层级区分出高阶思维与低阶思维,思维的发生与发展也并非由低向高,按照先后顺序那般的线性发展。先后论的实质不仅误读了思维的本质,而且一旦缺乏高阶思维参与的识记、理解等,所习得、累积的知识难免异化为惰性知识,不足以支撑高阶思维的发生与发展。

化知识为素养的教学策略在于秉持高阶思维包裹低阶思维。包裹这一动词形象地表达出两者间相互卷入、一体化发展的关系样态。在高阶思维的发生、发展过程中,将低阶思维卷入、融入高阶思维的发展过程之中,实现两者的共同发展、提升。这一教学策略的实质在于改变先学后用的学习过程,强调学习过程及其结果都来自学生对所学知识开展的分析、综合、评价、应用等高阶心智操作,通过知识运用与问题解决过程,自然而然地实现知识的巩固、识记与理解。此时,以识记、理解为代表的低阶思维就发生在高阶思维实践进程之中,知识的巩固、掌握与识记等成为了高阶思维实践的衍生物与副产品。杰伊·麦克泰格指出,素养导向的学习应以概念化(conceptualizing)、概念提炼与总结(note making and summarizing)、比较(comparing)、为理解而阅读(reading for understanding)、预测与假设(predicting and hypothesizing)、可视化和图像表征(visualizing and graphic representation)、观点采撷与共情(perspective taking and empathizing)等高阶思维实践为主。[2] 可见,在

---

[1] (英)阿尔弗雷德·怀特海.教育的目的(汉英双语版)[M].靳玉乐,等,译.北京:中国轻工业出版社,2016:122—123.

[2] Jay McTighe, Harvey F. Silver. Teaching For Deeper Learning: Tools to Engage Students in Meaning Making [M]. Alexandria, VA: Association for Supervision and Curriculum Development, 2020:13-111.

这一学习进程中,高阶思维的发展与低阶思维的提升相得益彰、共生共在。同时,这一教学策略也体现了学习科学最新研究的基本结论,2018年,美国国家研究理事会颁布的《人是如何学习的Ⅱ:学习者、境脉与文化》(How People Learn II: Learners, Contexts, and Cultures)研究报告中指出,记忆是大多数学习类型的重要基础。今天对记忆的定位发生了改变,记忆是个体运用已有知识包裹、重建新知的思维过程,而并非获得精准副本的心理表征过程。[1] 可见,识记、记忆对于人类学习依旧是重要的、必备的,但其发生机制已经发生转变,体现为通过高阶思维参与而实现知识的识记,识记被溶解、包裹在高阶思维导向的知识运用过程之中。概言之,化知识为素养的教学策略旨在重构思维发展的学习过程,通过亲历高阶思维的认知操作,实现知识运用与问题解决,知识识记、掌握与建构便发生在其中。

第四节　嵌入学习过程的教师支持策略

素养的实践性表明,这一预期学习结果虽然不是由教师直接教出来的,但却需要教师创设条件、指导与支持学生开展知识的情境性、对象化、道德性实践。素养作为预期的学习结果为课程与教学带来了一系列的改变,但不变的是教师作为学习支持者、指导者的身份。

教师的支持、指导依旧重要。教师所提供的学习指导、支持的方向需要发生转型,指导、支持的内容也发生了变革。这不仅是因为现代信息技术的广泛运用可以帮助教师从备课、学情与需求分析、批改作业、学业评价等机械的、繁琐的事务性工作中解脱出来。同时,"普遍存在的数字工具和数字

---

[1] National Research Council. How People Learn II: Learners, Contexts, and Cultures [M]. Washington, DC: The National Academies Press, 2018. 3.

资源让任何人在任何时候得以学习知识内容。这一信息技术的教育运用正在给教育历史发展过程中提供一个极其重要的转折点——教师不需要再亲自传授广泛的知识内容；学校也无须传授那些理论上学生以后生活所需的全部知识"。[1] 更重要的原因在于，预期学习结果与教学任务已经从知识导向转型为化知识为素养的要求，对此教师的教学支持正面临挑战。

化知识为素养的教学过程中，教师的角色从教的组织者、管理者，知识的单向度传授者转型为学习任务的设计者、开发者、组织者与支持者，教师的支持、指导也从外置于学习过程转型为嵌入在学习过程之中。其间，教师是作为真实性学习任务的设计者、组织者，教师的指导、支持将内置、嵌入在任务完成过程之中，以资源包、参考意见等方式，推动学生实现概念转化、知识建构、方法选择、问题提出、问题解决、个性化表达、成果设计等。嵌入在学习过程之中的指导是指教师教的活动是以促进化知识为素养的学为主。正如杜威指出，教师的任务莫如说是提供材料和条件，使生物性的好奇心被引导到有目的、能产生结果的、增长知识的探究，使社会性的探索精神转化为向别人求教的能力，一种不仅向人求教、同时也向书本求教的能力。此时，教师的教不再是传统教学中的独断主义，而是成为了激发学生求知的好奇心与学习欲望的指导者。[2] 可见，基于复杂情境、真实性学习任务的设计，教师的教不再是割裂学生的学，在学习展开前进行布置与讲解，而是体现在激发动机、指导探究的方向，此时的教不再是单向度的讲授与传递，而是嵌入在学习过程的有意义、有合作精神的支持与指导。

化知识为素养的教学策略需重建教师教学指导、支持的方向，至少包括

---

[1] Michael Fullan, Maria Lang Worthy. A Rich Seam: How New Pedagogies Find Deep learning [M]. Pearson, 2014:33.

[2] (美)约翰·杜威. 我们怎样思维——再论反省思维与教学的关系[A]. 吕达,刘立德,邹海燕. 杜威教育文集(第五卷)[C]. 姜文闵,译. 北京:人民教育出版社,2008:77.

以下几个方面:其一,设计支持知识运用的真实性学习任务。教师的指导、支持应始终围绕开发、设计、评价真实性、有意义、高质量的学习任务而展开,将学科核心概念等融入到学习任务之中,将具体教学指导转化为学习资源包、学习参考、学习指引等,支持学生知识运用、创造而展开。教师的角色与任务从外置性的辅助转变为内源性的激发,支持学生亲历联想与反思、交流与协作、应用与创新知识。其二,促进学生个性化理解的创生。教师的指导、支持是以发现每一位学生的独特性为宗旨,帮助学生彻底发挥自我潜能与独特天赋,形成自我的理解、创新性的猜想与判断以及精彩观念的诞生。其三,引领学生持续、深度的思考。教师的指导、支持应重在培养学生的创新思维、知识运用与迁移、问题解决能力等。传统人才培养体系中教师的指导主要以知识传授、问题解答为主,依旧体现了以接受、掌握为核心的学习结果。时至素养的发展与培养,这一学习结果已经受到强烈的冲击与挑战,教师的学习指导、支持主要在于促进学生从知识掌握到知识运用的转变,以实现高阶思维的培养。其四,引导学生追问学习的意义。教师的指导与支持更加关注学生思想境界的提升、情感的认同、意义的理解与价值观的引领等,培养学生的共情能力、社会责任感和社会主义核心价值观。这一层面的指导要求而教师更多关注学生的非认知层面,为创新思维、问题解决能力以及知识运用与创新能力提供意义导向与价值引领。

第五节 认知与非认知的整合策略

素养作为道德性运用知识的高级能力,不仅涉及认知维度,而且还需调动情感、态度和价值观等非认知维度,推动个体发展和社会福祉,实现文化昌盛与社会繁荣。在这个角度,素养已经突破认知学习的范畴,是一个整体性概念。[1] 素养的内涵中不仅包括认知层面的觉察、理解,还包括非认识层面的伦理、道德等。由此,化知识为素养的教学策略旨在破解认知与非认知层面的割裂,实现认知与非认知层面的共生与共存,并从预期学习结果的角度实现两者间的互动,并形成整体性的学习结果。

化知识为素养的教学策略之所以注重非认知因素的学习意义,其核心原因在于发挥非认知因素对个体做出判断、优先考虑以及寻求改进时的决定性作用,发挥其调节、激活、引导、规范人类生活、工作与社会发展的功能。概言之,非认知因素为认知因素发挥实践价值、育人功能提供了导航仪与方向标。近年来,心理学、认知科学、脑神经科学的研究不断揭示出非认知要素(包括情感、情怀、期望、动机、信念、人格特质、态度、意志力、乐观、自律等)在人们生活、学习、工作过程中的重要作用。大量研究表明,非认知因素对个体的创造力产生各种程度的影响。[2] 因此,为了发挥非认知要素在个体生活、学习与工作中的作用,注重非认知因素的调节、激活、引导以及控制等功能,通常将其视为一种能力,即"非认知能力"。美国密西根大学克里斯托·皮特森(Crystal Peterson)教授指出,毅力、自制力、兴趣、社会适应能力、感恩、乐观主义和好奇心等与人生满意度和成就感密切相关,并将其视为一种能力,即"非认知能力"。美国高校学生学业成果评估中心的高级学者、印第安纳大学高等教育学名誉教授乔治·库(George D. Kuh)更将其视为"非认知能力:培养面向 21 世纪的核心胜任力"。[3] 由此可见,近年来心理学、脑科学的研究表明,非认知因素越发重要,在个体生活、学习与工作中

---

1 OECD. OECD Future of Education and Skill 2030:OECD Learning Compass 2030(A series of concept notes) [R]. Paris: OECD Publishing, 2019:109.
2 李晓巍,刘艳,曾荣,王英羊.非认知因素对个体创造力的影响[J].北京师范大学学报(社会科学版),2015(2):50—62.
3 (美)乔治·库.非认知能力:培养面向 21 世纪的核心胜任力[J].北京大学教育评论,2019(7):2—12.

的作用可以和认知能力相互媲美,因而将其视为一种"能力"。一般来说,认知能力是一种解决具体问题的硬性能力,或称之为"硬能力",而非认知能力则指的是个性特质,被称之为"软能力"。正是在这个角度,联合国教科文组织颁布的《反思教育:向"全球共同利益"的理念转变?》研究报告中便重申道,"为了避免在情感、认知、道德等方面的传统二元认识论,需要运用整体的学习方法。消除认知和价值观学习、传统学术学习与情感、社会和伦理学习的矛盾对立,提倡一种知识与价值观共生的学习理念"。[1]

化知识为素养的教学策略旨在实现认知与非认知的整合,既注重反省性、批判性、创造性等高阶思维的发展,又强调道德、社会情感以及价值观等非认知层面的提升。两层面之间相互交织,相互影响。唯有使这两类学习均衡、互动并协调发展,才能为素养的培育与生成奠定整体性的基础与保障。简言之,化知识为素养的教学变革不仅注重高阶思维导向的理性认知,而且还需要发挥情感的调节、价值观的引领、道德的导向等功能。在这样一个整体性的学习进程中,学生通过与生活世界的对话、与他者的协作以及对美好生活的创造实践,实现知识构建、思维提升、社会理解、价值反思与意义澄清,进而构建出内容之知、能力之知与德性之知三位一体的整体性、完满性学习结果。

---

1 UNESCO. Rethinking Education: Towards A global Common Good? [R]. Pairs: UNESCO Publishing, 2015:38.

参考文献

一、中文

[1] (英)阿尔弗雷德·怀特海.过程与实在:宇宙论研究(修订版)[M].杨富斌,译.北京:中国人民大学出版社,2013.
[2] (英)阿尔弗雷德·怀特海.教育的目的(汉英双语版)[M].靳玉乐,等,译.北京:中国轻工业出版社,2016.
[3] (法)埃德加·莫兰.整体性思维:人类及其世界[M].陈一壮,译.北京:中国人民大学出版社,2020.
[4] (美)爱莉诺·达克沃斯.精彩观念的诞生——达克沃斯教学论文集[M].张华,等,译.北京:高等教育出版社,2005.
[5] (美)艾瑞克·唐纳德·赫希.知识匮乏:缩小美国儿童令人震惊的教育差距[M].杨妮,译.福州:福建教育出版社,2017.
[6] 蔡清田.素养:课程改革的 DNA [M].台北:高等教育文化事业有限公司,2011.
[7] 蔡清田.课程改革中的"素养"与"核心素养"[J].教育研究月刊,2011(6).
[8] 蔡清田.核心素养与课程设计[M].张咏梅,审校.北京:北京师范大学出版社,2018.
[9] 蔡清田.核心素养的课程与教学[M].台北:五南图书出版股份有限公司,2020.
[10] (美)查尔斯·菲德尔.21世纪素养[J].盛群力,吴新静,译.课程教学研究,2017(4).
[11] 陈伯璋.课程美学[M].台北:五南图书有限公司,2011.
[12] 陈嘉映.语言哲学[M].北京:北京大学出版社,2003.
[13] 陈侠.课程论[M].北京:人民教育出版社,1989.
[14] 陈佑清.在与活动的关联中理解素养问题——一种把握学生素养问题的方法论[J].教育研究,2019(6).
[15] 陈晏清,王南湜,李淑梅.现代唯物主义导论:马克思哲学的实践论研究[M].北京:北京师范大学出版社,2017.
[16] 成尚荣.核心素养的中国表达[N].中国教育报,2016-9-19(3).
[17] 辞海编辑委员会.辞海[Z].上海:上海辞书出版社,1999.
[18] 崔允漷,夏雪梅."教-学-评一致性":意义与含义[J].中小学管理,2013(1).
[19] 崔允漷.素养与知识、技能、能力的区别[J].基础教育课程,2018(2).
[20] (美)丹·罗斯坦,鲁兹·桑塔纳.老师怎么教,学生才会提问[M].李晨,译.北京:中国青年出版社,2013.
[21] 徐斌艳.数学核心能力研究[M].上海:华东师范大学出版社,2019.
[22] (英)戴维·伯姆.论对话[M].王松涛,译.北京:教育科学出版社,2007.
[23] 杜维明.论儒家的体知——德性之知的涵义[A].孔祥来,陈佩钰.杜维明思想学术文选[C].上海:上海古籍出版社,2014.
[24] 方克立.论中国哲学中的体用范畴[J].中国社会科学,1984(5).

[25] 冯俊.后现代主义哲学讲演录[M].北京:商务印书馆,2005.
[26] 冯契.中国古代哲学的逻辑发展(上)[M].上海:华东师范大学出版社,2016.
[27] 冯契.认识世界和认识自己(增订版)[M].上海:华东师范大学出版社,2017.
[28] (韩)高恩静,(新加坡)阿曼达·S.卡雷恩,(新加坡)马努·卡普尔.真实问题解决和21世纪学习[M].杨向东,等,译.长沙:湖南教育出版社,2020.
[29] 高向斌.小学数学教学与研究[M].北京:人民出版社,2011.
[30] 高宣扬.结构主义[M].上海:上海交通大学出版社,2017.
[31] (美)格兰特·威金斯.教育性评价[M].国家基础教育课程改革"促进教师发展与学生成长的评价研究"项目组,译.北京:中国轻工业出版社,2005.
[32] (美)格兰特·威金斯,(美)杰伊·麦克泰格.追求理解的教学设计(第二版)[M].闫寒冰,等,译.上海:华东师范大学出版社,2017.
[33] 顾红亮.对德性之知的再阐释——论杜维明的体知概念[J].孔子研究,2005(5).
[34] 赫伯特·马尔库塞.单向度的人[M].刘继,译.上海:上海译文出版社,2006.
[35] 黄光雄.能力本位教师教育[M].高雄:复文图书出版社,1983.
[36] 黄希庭.心理学导论(第二版)[M].北京:人民教育出版社,2007.
[37] 黄孝棪.能力本位职业教育[M].台北:正文书局,1984.
[38] 黄欣荣.复杂性科学的方法论研究[M].重庆:重庆大学出版社,2006.
[39] (美)霍华德·加德纳.受过学科训练的心智[M].张开冰,译.北京:学苑出版社,2008.
[40] (美)Jackie Acree Walsh,Beth Dankert Sattes.优质提问教学法——让每个学生都参与学习[M].盛群力,等,译.北京:中国轻工业出版社,2018.
[41] 《基础教育课程》编辑部.科学修订普通高中课程,提升人才培养质量——访教育部部长助理、教材局局长郑富芝[J].基础教育课程,2018.
[42] (英)吉尔伯特·赖尔.心的概念[M].徐大健,译.北京:商务印书馆,1992.
[43] (美)加里·鲍里奇,马丁·汤巴里.中小学教育评价[M].国家基础教育课程改革——促进教师发展与学生成长的评价研究项目组,译.北京:中国轻工业出版社,2004.
[44] 教育部基础教育课程教材专家工作委员会.普通高中课程方案和课程标准修订情况说明[J].基础教育课程,2018(1).
[45] 金炳华.哲学大辞典(修订本)[Z].上海:上海辞书出版社,2001.
[46] 金吾伦.生成哲学[M].保定:河北大学出版社,2000.
[47] (美)Grant Wiggins.教育性评价[M].国家基础教育课程改革"促进教师专业发展与学生成长的评价研究"项目组,译.北京:中国轻工业出版社,2005.
[48] (澳)凯·斯坦西,(澳)罗斯·特纳.数学素养的测评——走进PISA测试[M].曹一鸣,等,译.北京:教育科学出版社,2017.
[49] 邝孔秀,宋乃庆.发达国家小学数学教科书编写改革趋势及其启示[J].比较教育究,2016(5).
[50] (美)理查德·鲁玛纳.罗蒂[M].刘清平,译.北京:中华书局,2003.
[51] (美)理查德·罗蒂.真理与进步[M].杨玉成,译.北京:华夏出版社,2003.
[52] (美)理查德·罗蒂.哲学和自然之境[M].李幼蒸,译.北京:商务印书馆,2003.
[53] (美)理查德·罗蒂.后形而上学希望——新实用主义社会、政治和法律哲学

[M].张国清,译.上海:上海译文出版社,2003.
[54] 李其维."认知革命"与"第二代认知科学"刍议[J].心理学报,2008(12).
[55] 李艺,钟柏昌.谈"核心素养"[J].教育研究,2015(9).
[56] 李泽厚.实用理性与乐感文化[M].北京:生活·读书·新知三联书店,2005.
[57] 李泽厚.中国古代思想史论[M].北京:生活·读书·新知三联书店,2008.
[58] 李泽厚.论语今读[M].北京:生活·读书·新知三联书店,2015.
[59] 林崇德.中国学生发展核心素养:深入回答"立什么德、树什么人"[J].人民教育,2016(19).
[60] 林崇德.21世纪学生发展核心素养研究[M].北京:北京师范大学出版社,2016.
[61] 林崇德.构建中国化的学生发展核心素养[J].北京师范大学学报(社会科学版),2017(1).
[62] (美)琳达·达林-哈蒙.高效学习:我们所知道的理解性教学[M].冯锐,译.上海:华东师范大学出版社,2010.
[63] (美)林恩·埃里克森,洛伊斯·兰宁.以概念为本的课程与教学:培养核心素养的绝佳实践[M].鲁效孔,译.上海:华东师范大学出版社,2018.
[64] 林永丰.迈向素养导向的课程教学改革[M].台北:五南图书出版股份有限公司,2019.
[65] 刘放桐.从认识的转向到实践的转向看现当代西方哲学的发展趋势[J].江海学刊,2019(1).
[66] (美)罗伯特·B.塔利斯.杜威[M].彭国华,译.北京:中华书局,2002.
[67] 罗少茜.任务型语言教学:任务、任务研究、任务型教学与评价及教师培训[M].北京:高等教育出版社,2011.
[68] 马云鹏.关于数学核心素养的几个问题[J].课程.教材.教法,2015(9).
[69] (英)迈克尔·波兰尼.个人知识——迈向后批判哲学[M].许泽民,译.贵阳:贵州人民出版社,2000.
[70] (英)迈克尔·波兰尼.科学、信仰与社会[M].南京:南京大学出版社,2020.
[71] (美)尼尔·布朗,斯图尔特·基利.学会提问(原书第11版)[M].吴礼敬,译.北京:机械工业出版社,2021.
[72] (美)诺姆·乔姆斯基.句法理论的若干问题[M].黄长著,等,译.北京:中国社会科学出版社,1986.
[73] (美)诺姆·乔姆斯基.语言与心智(第3版)[M].熊仲儒,张孝荣,译.北京:中国人民大学出版社,2009.
[74] 诺姆四达集团.解码胜任力[M].北京:光明日报出版社,2014.
[75] 欧阳康.马克思主义认识论研究[M].北京:北京师范大学出版社,2017.
[76] 欧用生.深度的核心素养观.引自:杨俊鸿.素养导向课程与教学:理论与实践[M].台北:高等教育文化事业有限公司,2018.
[77] 裴新宁,刘新阳.为21世纪重建教育——欧盟"核心素养"框架的确立[J].全球教育展望,2013(12).
[78] 彭聃龄.普通心理学(修订版)[M].北京:北京师范大学出版社,2001.
[79] (美)R.基思·索耶.剑桥学习科学手册[M].徐晓东,等,译.北京:教育科学出版社,2010.

[80] 饶从满.美国"素养本位教师教育"运动再探——以教师素养的界定与选择为中心[J].外国教育研究,2020(7).

[81] 邵朝友,崔允漷.指向核心素养的教学方案设计:大观念的视角[J].全球教育展望,2017(6).

[82] 邵朝友,韩文杰.作为连续体的素养:对特质与表现二元论的超越[J].2018(12).

[83] 盛晓明,李恒威.情境认知[J].科学学研究,2007(5).

[84] 石鸥.核心素养的课程与教学价值[J].华东师范大学学报(教育科学版),2016(1).

[85] 史宁中.推进基于学科核心素养的教学改革[J].中小学管理,2016(2).

[86] 石伟平.比较职业技术教育[M].上海:华东师范大学出版社,2001.

[87] 宋岭,牛宝荣.论素养本位的知识教学——从"离身的知识"到"具身的知识"[J].现代基础教育研究,2020(2).

[88] 孙美堂.从实体思维到实践思维——兼谈对存在的诠释[J].哲学动态,2003(9).

[89] (美)汤姆·马卡姆.PBL项目学习:项目设计与辅导指南[M].董艳,译.北京:光明日报出版社,2015.

[90] 唐孝威,黄华新."第二代认知科学"的认知观[J].哲学研究,2006(9).

[91] (美)梯利,(美)伍德.西方哲学史[M].葛力,译.北京:商务印书馆,1995.

[92] (日)田中耕治,松下佳代,西冈加名惠,三藤亚沙美.学习评价的挑战:表现性评价在学校中的应用[M].郑谷心,译.上海:华东师范大学出版社,2015.

[93] 王策三.教学认识论(修订本)[M].北京:北京师范大学出版社,2002.

[94] 王策三.教学论稿(第二版)[M].北京:人民教育出版社,2005.

[95] 王宁,巢宗琪.普通高中语文课程标准(2017年版)解读[M].北京:高等教育出版社,2018.

[96] 魏亚楠,严卿.数学核心素养理念下对情境问题的思考与设计[J].教学与管理,2019(3).

[97] 吴碧纯,詹志禹.从能力本位到素养导向教育的演进、发展及反思[J].教育研究与发展期刊,2018(2).

[98] 夏雪梅.项目化学习设计:学习素养视角下的国际与本土实践[M].北京:教育科学出版社,2018.

[99] 夏征农.辞海(缩印本)[Z].上海:上海辞书出版社,1990.

[100] 徐斌艳.在问题中建构数学[M].广州:广东教育出版社,2006.

[101] 杨富斌,(美)杰伊·麦克丹尼尔.怀特海过程哲学研究[M].北京:中国人民大学出版社,2018.

[102] 杨耕.马克思主义哲学基础理论研究[M].北京:北京师范大学出版社,2017.

[103] 杨惠雯.核心素养理论建构的人本论取向:德性伦理学的启示[J].中国教育学刊,2019(8).

[104] 杨九诠.学科核心素养与高阶思维[N].中国教育报,2016-12-21(9).

[105] 杨九诠.好的问题与好的提问[N].中国教育报,2016-3-23(9).

[106] 杨向东.基于核心素养的基础教育课程标准研制[J].全球教育展望,2017(9).

[107] 杨向东.指向学科核心素养的考试命题[J].全球教育展望,2018(10).

[108] (比)易克萨维耶·罗日叶.为了整合学业获得:情境的设计和开发[M].汪凌,

译.上海:华东师范大学出版社,2010.
[109] (苏联)伊·阿·凯洛夫.教育学[M].陈侠,等,译.北京:人民教育出版社,1957.
[110] (美)伊曼努尔·华勒斯坦.学科·知识·权力[M].刘健芝,等,译.北京:三联书店出版社.1999.
[111] 于泽元,王丹艺.核心素养对课程意味着什么[J].现代远程教育研究,2017(5).
[112] 郁振华.人类知识的默会维度[M].北京:北京大学出版社,2012.
[113] (美)约翰·杜威.确定性的寻求——关于知行关系的研究[M].傅统先,译.上海:上海人民出版社,2005.
[114] (美)约翰·杜威.民主主义与教育[M].王承绪,译.北京:人民教育出版社,2005.
[115] (美)约翰·杜威.儿童与课程//(美)约翰·杜威.杜威教育文集(第1卷)[C].顾岳中,译.北京:人民教育出版社,2008.
[116] (美)约翰·杜威.我们怎样思维.经验与教育[M].姜文闵,译.北京:人民教育出版社,2004.
[117] (美)约翰·杜威.我们怎样思维——再论反省思维与教学的关系[C]//吕达,刘立德,邹海燕.杜威教育文集(第五卷).姜文闵,译.北京:人民教育出版社,2008.
[118] (美)约翰·杜威.艺术即经验[M].高建平,译.北京:商务印书馆,2010.
[119] (美)约翰·杜威.哲学的改造[M].许崇清,译.北京:商务印书馆,2013.
[120] (新西兰)约翰·哈蒂.可见的学习与学习科学[M].彭正梅,等,译.北京:教育科学出版社,2018.
[121] 张春兴.张氏心理学辞典[M].台北:台湾东华书局,1991.
[122] 张岱年.中国哲学大纲[M].北京:中国社会科学出版社,1982.
[123] 张华.论探究精神是一种教育人文精神[J].全球教育展望,2006(6).
[124] 张华.研究性教学论[M].上海:华东师范大学出版社,2010.
[125] 张华.论核心素养的内涵[J].全球教育展望,2016(4).
[126] 张华.迈向素养本位教育评价观[J].教育发展研究,2019(6).
[127] 张立文.宋明理学研究(增订版)[M].北京:中国人民大学出版社,2016.
[128] 张良.具身认知理论的课程与教学意蕴[J].全球教育展望,2013(4).
[129] 张良.具身认知理论视域中课程知识观的重建[J].课程.教材.教法,2016(3).
[130] 张良.课程知识观研究——从表征主义到生成主义[M].重庆:西南师范大学出版社,2017.
[131] 张良.热闹的"核心素养"与冷落的"素养"[J].教育发展研究,2018(6).
[132] 张良.核心素养的发展需要怎样的学习方式——迈克尔.富兰的深度学习理论与启示[J].比较教育研究,2019(10).
[133] 张良.核心素养的生成——以知识观重建为路径[J].教育研究,2019(9).
[134] 张良.从表征主义到生成主义——论课程知识观的重建[J].中国教育科学,2019(1).
[135] 张良,靳玉乐.核心素养的发展需要怎样的教学认识论?——基于情境认知理论的勾画[J].教育研究与实验,2019(5).
[136] 张良,靳玉乐.知识运用与素养生成——探讨素养生成的知识路径[J].教育学报,2019(5).
[137] 张良,罗生全.论"用以致学":指向素养发展的教学认识论[J].华东师范大学学报

（教育科学版），2021(2).
[138] 张茂泽.论德性之知[J].孔子研究,2019(6).
[139] 张民选,黄华.自信·自省·自觉——PISA2012数学测试与上海数学教育特点[J].教育研究,2016(1).
[140] 张掌然."问题"的哲学研究[M].北京:人民出版社,2005.
[141] 张汝伦.重思智慧[J].杭州师范大学学报(社会科学版),2010(5).
[142] (宋)张载.张子正蒙[M].上海:上海古籍出版社,2000.
[143] 郑雅丰,陈新转.能力概念及其教育意义之探计[J].教育研究与发展期刊,2011(6).
[144] 中华人民共和国教育部.普通高中课程方案(2017年版2020年修订)[S].北京:人民教育出版社,2020.
[145] 钟启泉.基于核心素养的课程发展:挑战与课题[J].全球教育展望,2016(1).
[146] 钟启泉."核心素养"的习得养成[N].中国教育报,2016-11-2(5).
[147] 钟启泉.学会提问:砥砺多样思维能力的方略[J].比较教育学报,2020(3).
[148] 邹广文,崔唯航.从现成到生成——论哲学思维方式的现代转换[J].清华大学学报(哲学社会科学版),2003(2).

二、英文

[1] Bernie Trilling, Charles Fadel. 21st Century Skills: Learning for Life in Our Times [M]. San Francisco, CA, John Wiley & Sons, 2009.
[2] Beverly J. Irby, Genevieve Brown, Shirley Jackson. The Handbook of Educational Theories [M]. Charlotte, N.C.: Information Age Publishing, 2013.
[3] Brent Davis, Dennis Sumara, Rebecca Luce-Kapler. Engaging Minds: Changing teaching in complex time [M]. New York, NY: Rutledge, 2008.
[4] Charles Fadel, Bernie Trilling, Maya Bialik. Four-Dimensional Education: The Competencies Learners Need to Succeed [M]. La Vergne, TN: Lightning Source Inc, 2015.
[5] Council of Europe. Competences For Democratic Culture: Living Together as Equals in Culturally Diverse Democratic Societies [R]. Council of Europe, 2016.
[6] C. T. Oninos, G. W. S. Friedrichsen, R. W. Burchfield. The Oxford Dictionary of English Etymology [Z]. Oxford: Oxford University Press, 1966.
[7] Daisuke Kimura, Madoka Tatsuno, Global Incubation x Fostering Talents (GiFT). Advancing 21st Century Competencies in Japan [R]. New York, NY: Asia Society, 2017.
[8] David H. Jonassen. Learning to Solve Problems: A Handbook for Designing Problem-Solving Learning Environments [M]. New York, NY: Routledge, 2011.
[9] David Winberger. Too Big to Know: Rethinking Knowledge Now That the Facts Aren't the Facts, Experts Are Everywhere, and the Smartest Person in the Room Is the Room [M]. New York, NY: Basic Books, 2011.
[10] Deborah Osberg, Gert J. J. Biesta. The Emergent Curriculum: Navigating a Complex Course Between Unguided Learning and Planned Enculturation [J].

Journal of Curriculum Studies, 2008(3).
[11] John Dewey. How We Think: A Restatement of the Relation of Reflective Thinking to the Educative Process [M]. D.C. Heath & Co, 1933.
[12] Domunique Simone Rychen, Laura Hersh Salganik. Defining and Selecting Key Competencies [C]. Göttinggen, Germany: Hogerfe & Huber, 2001.
[13] Domunique Simone Rychen, Laura Hersh Salganik. Key Competencies for a Successful Life and a Well-Functioning Society [M]. Göttinggen, Germany: Hogerfe & Huber, 2003.
[14] Domunique Simone Rychen, Laura Hersh Salganik, Mary Elizabeth McLaughlin. Contributions to the Second DeSeCo Symposium [C]. Neuchâtel, Swiss Federal Statistical Office, 2003.
[15] Donna Trueit. Pragmatism, Post-Modernism, and Complexity Theory: The "Fascinating Imaginative Realm" of William E. Doll, Jr. [C]. New York and London: Routledge, 2012.
[16] Elena Silva. Measuring Skills for 21st-century Learning [J]. Phi Delta Kappan, 2009(9).
[17] European Union. The Key Competences for Lifelong Learning — A European Framework [R]. Luxembourg: Office for Official Publications of the European Communities, 2007.
[18] Eurydice European Unit. Key Competencies: A Developing Concept in General Compulsory Education [R]. Brussels: Eurydice European Unit, 2002.
[19] Felix Rauner, Lars Heinemann. Competence Development and Assessment in TVET(COMET): Theoretical Framework and Empirical Results [M]. Springer, 2013.
[20] Francisco J. Varela, Evan T. Thompson, Eleanor Rosch. The Embodied Mind: Cognitive Science and Human Experience [M]. Boston, MA: Massachusetts Institute of Technology Press, 1991.
[21] Franz Weinert. Concepts of competence [R]. Munich: Max Planck Institute for Psychological Research, 1999.
[22] Grant Wiggins, Jay McTighe. Understanding by Design(Expanded 2nd edition) [M]. Alexandria, VA: Association for Supervision and Curriculum Development, 2005.
[23] Grant Wiggins, Denise Wilbur. How to Make Your Questions Essential [J]. Educational Leadership, 2015(1).
[24] Hanna Dumont, David Istance, Francisco Benavides. The Nature of Learning: Using Research to Inspire Practice [M]. Paris: OECD Publishing, 2010.
[25] H. Lynn Erickson, Lois A. Lanning, Rachel French. Concept-based Curriculum and Instruction for the Thinking Classroom [M]. Thousand oaks, CA: Corwin, 2017.
[26] Howard Gardner. The Disciplined Mind: Beyond Facts and Standardized Tests, The K-12 Education That Every Child Deserves [M]. New York: NY, Penguin

Books, 2000.

[27] James Bellanca. 21st Century Skills: Rethinking How Students Learn [M]. Bloomington, IN:2010.

[28] James C. Lang. Epistemologies of Situated knowledge: "Trouble" knowledge in Philosophy of Education [J]. Educational Theory, 2011(1).

[29] Jane Gilbert. Catching the Knowledge Wave? The Knowledge Society and the Future of Education [M]. Wellington, New Zealand Council for Educational Research Press, 2008.

[30] James W. Pellegrino, Margaret L. Hilton. Education for Life and Work: Developing Transferable Knowledge and Skills in the 21st Century [M]. Washington, D.C.: The National Academies Press, 2012.

[31] James W. Pellegrino. Teaching, learning and accessing 21st century skills [C]// Sonia Guerriero. Pedagogical knowledge and the changing nature of the teaching process. Paris: OECD Publishing, 2017.

[32] Jay McTighe, Grant Wiggins. Essential Questions: Opening Doors to Student Understanding [M]. Alexandria, VA: Association for Supervision and Curriculum Development, 2013.

[33] Jay McTighe, Grant Wiggins. Understanding By Design, Expanded 2nd Edition [M]. Alexandria, VA: Association for Supervision and Curriculum Development, 2005.

[34] Jay McTighe, Kristina J. Doubet, Eric M. Carbaugh. Designing Authentic Performance Tasks and Project: Tools for Meaningful Learning and Assessment [M]. Alexandria, VA: Association for Supervision and Curriculum Development, 2020.

[35] Jean Lave, Etienne Wenger. Situated Learning: Legitimate Peripheral Participation [M]. Cambridge: Cambridge University press, 1991.

[36] Jean Gordon, et al. Key Competences in Europe: Opening Doors for Lifelong Learners Across the School Curriculum and Teacher Education [R]. Warsaw: Center for Social and Economic Research, 2009.

[37] John Dewey. Democracy and Education: An Introduction to the Philosophy of Education [M]. New York: The Free Press, 1916.

[38] John Dewey. The Quest for Certainty —— A Study of the Relationship of Knowledge and Action [M]. New York: Minton, Balch & Company, 1929.

[39] John Dewey. How We Think: a Restatement of the Relation of Reflective Thinking to the Educative Process [M]. Boston, MA: D. C. Heath and Company, 1933.

[40] John Dewey. Art as Experience [M]. New York: The Berkley Publishing Group, 1934.

[41] Kieran Egan. Learning in Depth: A Simple Innovation That Can Transform Schooling [M]. Chicago, IL: The University of Chicago Press, 2011.

[42] Norm Friesen, Klaus Mollenhauer. Forgotten Connections: On Culture and

Upbringing [M]. New York, NY: Routledge, 2014.

[43] John R. Anderson, Lynne M. Reder, Herbert A. Simon. Situated Learning and Education [J]. Educational Researcher, 1996(4).

[44] John Seely Brown, Allan Collins and Paul Duguid. Situated Cognition and the Culture of Learning [J]. Educational Researcher, 1989(1).

[45] John W. Burke. Competency Based Education and Training [M]. The Falmer Press, 2005.

[46] Richard Menary. Introduction to the Special Issue on 4E Cognition [J]. Phenomenology and the Cognitive Science, 2010(9).

[47] Knud Illeris. How We Learn: Learning and Non-learning in School and Beyond [M]. New York, NY: Routledge, 2007.

[48] Laura Greenstein. Assessing 21st Century Skills: A Guide to Evaluating Mastery and Authentic Learning [M]. Thousand Oaks: CA, Corwin Publishers, 2012.

[49] Lawrence Shapiro. Embodied Cognition [M]. London and New York: Routledge, 2011.

[50] Tracey K. Shiel. Designing and Using Performance Tasks: Enhancing Student Learning and Assessment [M]. Thousand Oaks, CA: Corwin, 2017.

[51] Lene Tanggaard. A Situated Model of Creative learning [J]. European Educational Research Journal, 2014(1).

[52] Linda Torp, Sara Sage. Problems as Possibilities: Problem-Based Learning for K-16 Education (2nd Edition) [M]. Alexandria, VA: Association for Supervision and Curriculum Development, 2002.

[53] Linda Darling-Hammond. Next Generation Assessment: Moving Beyond the Bubble Test to Support 21st Century Learning [M]. San Francisco: CA, Jossey-Bass, 2014.

[54] Lyle M. Spencer, Signe M. Spencer. Competence at Work: Models for Superior Performance [M]. New York: John Wiley& Sons Inc, 1993.

[55] Micheal Fullan, Maria Langworthy. A Rich Seam: How New Pedagogies Find Deep learning [M]. London: Pearson, 2014.

[56] National Research Council. How People Learn: Brain, Mind, Experience, and School: Expanded Edition [M]. Washington, DC: The National Academies Press, 2000.

[57] National Research Council. How People Learn II: Learners, Contexts, and Cultures [M]. Washington, DC: The National Academies Press, 2018.

[58] Norbert M. Seel(Ed.). Encyclopedia of the Sciences of Learning [Z]. Springer, 2012.

[59] OECD. The Future of Education and Skills: Education 2030[R]. Paris: OECD Publishing, 2018.

[60] OECD. OECD Future of Education and Skill 2030:OECD Learning Compass 2030 (A series of concept notes) [R]. Paris: OECD Publishing, 2019.

[61] OECD. Definition and Selection of Key Competencies: Executive Summary

[R]. Paris: OECD Publishing, 2005.
[62] Patrick Griffin, Barry McGaw, Esther Care. Assessment and Teaching of 21st Century Skill [M]. Springer:2012.
[63] Patrick Griffin, Barry McGaw, Esther Care. Assessment and Teaching of 21st Century Skill: Methods and Approach [M]. Springer:2015.
[64] Paul Cilliers. Complexity and Postmodernism: Understanding Complex Systems [M]. London and New York: Routledge, 1998.
[65] Paulo Freire. Pedagogy of the Oppressed (30th Anniversary Edition) [M]. Translated by Myra Bergman Ramos. New York: The Continuum International Publishing Group Inc, 2005.
[66] Paul Hager, David Beckett. Philosophical Underpinnings of the Integrated Conception of Competence [J]. Educational Philosophy and Theory, 1995(1).
[67] Paul Hager. The Integrated View on Competence [A]. Martain Mulder. Competence-based Vocational and Professional Education: Bridge the Worlds of Work and Education [C]. Springer, 2017.
[68] Pojman, L. P. What Can We Know? An Introduction to the Theory of Knowledge (Second Edition) [M]. Belmont, CA: Wadsworth Publishing, 2001.
[69] R. Keith Saywer. The Cambridge Handbook of the Learning Sciences (Second Edition) [M]. Cambridge University Press, 2014.
[70] Richard Rorty. Philosophy and Mirror of Nature [M]. New Haven, CT: Princeton University Press, 1979.
[71] Robert W. White. Motivation Reconsidered: the Concept of Competence [J]. Psychological Review, 1959(5).
[72] Steven Hodge. The Origins of Competency-based Training [J]. Australian Journal of Adult Learning, 2007(47).
[73] Thom Markham. Project Based Learning Design and Coaching Guide: Expert Tools for Innovation and Inquiry for K-12 Educators [M]. San Rafael, California: Heart IQ Press, 2012.
[74] UNESCO. Learning —— The Treasure Within [M]. Pairs: UNESCO Publishing, 1996.
[75] UNESCO International Bureau of Education. IBE Glossary of Curriculum Terminology [R]. Geneva: UNESCO, 2013.
[76] UNESCO Mahatma Gandhi Institute of Education for Peace and Sustainable Development. 21st Century Skills: The need for Social and Emotional Learning [R]. New Delhi: UNESCO Mahatma Gandhi Institute of Education for Peace and Sustainable Development, 2019.
[77] United Nations Educational, Scientific and Cultural Organization. Rethinking Education: Towards a global common good? [R]. Pairs: UNESCO Publishing, 2015.
[78] William E. Doll. Complexity and the Culture of Curriculum [J]. Educational philosophy and theory, 2008(1).

[79] Yelena Butova. The History of Development of Competency-based Education [J]. European Scientific Journal, 2015(10).
[80] Young Hoan Cho, Imelda S. Caleon, Manu Kapur. Authentic Problem Solving and Learning in the 21st Century [M]. Springer, 2015.